ACCESO GRATIS *a la Lectura en la Nube*

Para visualizar el libro electrónico en la nube de lectura envíe junto a su nombre y apellidos una fotografía del código de barras situado en la contraportada del libro y otra del ticket de compra a la dirección:

ebooktirant@tirant.com

En un máximo de 72 horas laborables le enviaremos el código de acceso con sus instrucciones.

La visualización del libro en **NUBE DE LECTURA** excluye los usos bibliotecarios y públicos que puedan poner el archivo electrónico a disposición de una comunidad de lectores. Se permite tan solo un uso individual y privado.

LA MEDIACIÓN COMO MECANISMO DE ARREGLO PACÍFICO DE CONTROVERSIAS EN DERECHO INTERNACIONAL PÚBLICO

LA MEDIACIÓN COMO MECANISMO DE ARREGLO PACÍFICO DE CONTROVERSIAS EN DERECHO INTERNACIONAL PÚBLICO

María Isabel Torres Cazorla

Prólogo:
Profesora Dra. Pilar Diago Diago

tirant lo blanch
Valencia, 2024

En caso de erratas y actualizaciones, la Editorial Tirant lo Blanch publicará la pertinente corrección en la página web www.tirant.com.

La presente obra ha sido sometida a la revisión de pares ciegos según el protocolo de publicación de la editorial a efectos de ofrecer el rigor y calidad correspondiente tanto en su contenido como en su forma, aplicándose los criterios específicos aprobados por la Comisión Nacional E 016 (BOE num. 286, de 26 de noviembre de 2016).

EDITA: TIRANT LO BLANCH
C/ Artes Gráficas, 14 - 46010 - Valencia
TELFS.: 96/361 00 48 - 50
FAX: 96/369 41 51
Email: tlb@tirant.com
www.tirant.com
Librería virtual: www.tirant.es
DEPÓSITO LEGAL: V-996-2024
ISBN: 978-84-1056-580-7

Si tiene alguna queja o sugerencia, envíenos un mail a: *atencioncliente@tirant.com*. En caso de no ser atendida su sugerencia, por favor, lea en *www.tirant.net/index.php/empresa/politicas-de-empresa* nuestro procedimiento de quejas.

Responsabilidad Social Corporativa: *http://www.tirant.net/Docs/RSCTirant.pdf*

"Italia sigue representando, gracias al alegre brillo de su cielo, la más consistente noción de Europa, la visión más bonita de un arte nuevo y necesario, por fortuna, ligado al antiguo: el mejor camino al mundo eterno. Para nosotros, Italia sigue siendo la arcadia, la imagen mística de una esfera sumergida y pura, eternamente nueva como el primer día y placentera cada vez que se la vuelve a ver".

Stefan Zweig, *Viajes. Una selección.*
Del capítulo "Volver a ver Italia", Catedral,
Barcelona, trad. de Esther Cruz, 2021, p. 90.

Dedicado a Isabel y Remedios Cazorla,
apoyos incondicionales de toda una vida.

Igualmente, y no menos importante, a
Elena, Ricardo y Estela, por su cariño infinito.

A Urbino y sus pobladores, por su acogida

Índice

Capítulo III

Capítulo IV

Capítulo V

Prólogo

La mediación como mecanismo de arreglo pacífico de controversias en Derecho Internacional Público

El contexto internacional actual está caracterizado por la conflictividad y la imprevisibilidad. Una muestra de ello la encontramos en los momentos dramáticos que estamos viviendo con ocasión de la crisis desatada en octubre de 2023 en Israel y Gaza. En este marco, la mediación y la diplomacia se presentan como luces en un firmamento lleno de oscuridad.

La mediación es un tema clásico, que no por ello deja de merecer un tratamiento actualizado desde una perspectiva práctica. Como va a tener ocasión de comprobar el lector, esta monografía dedicada a la mediación internacional, es ante todo un instrumento útil al servicio del conocimiento de este mecanismo de arreglo de controversias. Su lectura es altamente recomendable no sólo para los estudiosos del tema, sino también, para los discentes de la asignatura de mediación internacional, que en la actualidad se imparte en diversas Universidades españolas.

Mención especial merece la Universidad de Málaga, que cuenta con uno de los Máster más prestigiosos de mediación que existen en la actualidad, junto con el Máster de Cultura de Paz. La asignatura de mediación internacional, ha sido el campo de prueba sobre el cual se ha gestado esta obra, que aborda con rigor, no sólo el por qué y el cómo de la mediación, sino también los desafíos a los que se enfrenta y los beneficios que puede aportar.

Al respecto conviene tener presente que la perspectiva adoptada por la autora es la propia de su especialidad: el Derecho internacional Público. Es por ello, que la mediación internacional objeto de estudio, es el instrumento para resolver o mitigar las consecuencias negativas de las controversias interestatales, de forma prioritaria.

Resulta curioso comprobar el paralelismo que existe con la proyección de la mediación en el ámbito del Derecho Internacional Privado. En este caso, los conflictos son interpersonales y los contextos pueden llegar a ser, igualmente, hostiles, como ocurre en los supuestos de sustracción internacional de menores. Las ventajas de la mediación han llevado a su reforzamiento en el Reglamento 2019/1111 Bruselas II ter (art. 25). Por las mismas razones, desde la perspectiva publicista, sus ventajas la configuran como una herramienta necesaria para la resolución pacífica de conflictos, delineada ya en la Carta de las Naciones Unidas (art. 2.3 y 33).

En el corazón de esta obra palpita la idea de que la mediación es un instrumento muy valioso, lo que se ha constatado a lo largo de la Historia con supuestos exitosos, de los que da buena cuenta el presente estudio. Esta valoración, debe mantenerse aun cuando no se haya logrado el objetivo en contextos muy adversos, pues la mediación representa la esperanza (puede que la última) de resolución del conflicto.

Desde este enfoque resulta muy atractivo el tratamiento que aporta la Dra. Torres Cazorla sobre la propia evolución de la mediación, al igual que lo hacen las controversias contemporáneas. Nada es estático y así surge una especie de mediación 3.0 con presencia de actores no estatales, así como ganan protagonismo mediador como el Papa Francisco en controversias internas, de carácter no gubernamental. Acierta la autora en vislumbrar la necesaria adaptación a los cambios en las controversias objeto de mediación.

Para la consecución de los objetivos expuestos, la obra se divide en cinco capítulos más las conclusiones. El arranque de los mismos es necesariamente teórico, para poder sobre ello, anclar el estudio analítico que, con tanto acierto, construye la Dra. Torres.

Tras la presentación de cuestiones previas, la autora analiza los diferentes mecanismos de arreglo pacífico de controversias, entre los que destaca la mediación. Por tal se debe entender el procedimiento en el que una tercera parte, imparcial y neutral, facilita el diálogo y la negociación entre las partes en conflicto. Lo mismo cabe decir de la identificación de este mecanismo en el ámbito del Derecho Internacional Privado.

En la tercera parte, se analizan los rasgos esenciales de la mediación, tanto desde el punto de vista teórico como práctico. En este sentido, al igual que ocurre en la perspectiva internacional privatista, se destaca la importancia de la imparcialidad y la neutralidad del mediador, así como de la voluntariedad de las partes en conflicto. Se trata de cuestiones nucleares que son tratadas con claridad y acierto.

La cuarta parte de la obra la autora la dedica a la presentación y análisis de la labor de Naciones Unidas en materia de mediación. El importante papel desempeñado por Naciones Unidas en la promoción y el desarrollo de la mediación (como mecanismo de arreglo pacífico de controversias,) merecía de un tratamiento especial que es abordado junto con la práctica internacional en la materia. En línea con este tratamiento se aborda, en la quinta parte, el papel de distintos organismos regionales e instituciones para incentivar la mediación.

A lo largo de la obra, la autora destaca el auge de este instrumento en los últimos años, especialmente en el contexto de crisis internacionales y ofrece un interesante estudio de casos.

Frente a la conflictividad y la violencia, la mediación es la esperanza para el arreglo pacífico de las controversias. Esta monografía contiene las claves para adentrarse con soltura en el mundo de la mediación internacional. La solvencia de la obra viene avalada por su autoría, ya que la Profesora Mª Isabel Torres Cazorla posee una brillante trayectoria científica y docente y ello juega como garantía de un libro que, sin duda, estimulará a sus lectores.

Zaragoza a 10 de diciembre de 2023.
Día de los Derechos Humanos.

DRA. Mª PILAR DIAGO DIAGO
Catedrática de Derecho Internacional Privado. Universidad de Zaragoza. Responsable editorial de Bitácora Millennium DIPr http://www.millenniumdipr.com/bitacora

Índice de abreviaturas utilizadas

AEPDIRI: Asociación Española de Profesores de Derecho Internacional y Relaciones Internacionales

AFDI: *Annuaire Français de Droit International*

AJIL: *American Journal of International Law*

ASEAN: Asociación de Naciones del Sudeste Asiático

BIRF: Banco Internacional de Reconstrucción y Fomento

BOE: *Boletín Oficial del Estado*

CIADI: Centro Internacional de Arreglo de Diferencias Relativas a Inversiones

CICR: Comité Internacional de la Cruz Roja

CIJ: Corte Internacional de Justicia

CIJ Recueil: *Cour Internationale de Justice. Recueil des arrêts, avis consultatifs et ordonnances*

CPJI: Corte Permanente de Justicia Internacional

CTS: *Consolidated Treaty Series* (Clive Parry)

CSCE: Conferencia para la Seguridad y la Cooperación en Europa

DOUE: *Diario Oficial de la Unión Europea*

EPIL: *Max Planck Encyclopedia of Public International Law*

EU: European Union

GATT: General Agreement on Tariffs and Trade (Acuerdo General sobre Aranceles y Comercio)

ICJ Reports:	*International Court of Justice. Reports of Judgments, Advisory Opinions and Orders*
ILM:	*International Legal Materials*
ILR:	*International Law Reports*
IEEE:	Instituto Español de Estudios Estratégicos
LNTS:	*League of Nations Treaty Series*
OACI:	Organización de la Aviación Civil Internacional
OEA:	Organización de Estados Americanos
OMC:	Organización Mundial del Comercio
OMI:	Organización Marítima Internacional
OMPI:	Organización Mundial de la Propiedad Intelectual
ONU:	Organización de las Naciones Unidas
OSCE:	Organización para la Seguridad y la Cooperación en Europa
OUA:	Organización para la Unidad Africana
Rec. des Cours:	*Recueil des Cours de l'Académie de Droit International de La Haye*
REDI:	*Revista Española de Derecho Internacional*
TIJ:	Tribunal (o Corte) Internacional de Justicia
UA:	Unión Africana
UE:	Unión Europea
URSS:	Unión de Repúblicas Socialistas Soviéticas
UNESCO:	Organización de Naciones Unidas para la Educación, la Ciencia y la Cultura

Introducción

El convulso contexto internacional en que estamos inmersos desde hace años, así como la imprevisibilidad del mismo, hacen enormemente necesario volver la vista atrás, intentando replantearnos los bases sobre las que se sustenta la sociedad internacional contemporánea, buscando especialmente su punto de arranque en lo acontecido tras la II Guerra Mundial y la fundación de Naciones Unidas en 1945. La puesta en funcionamiento del sistema *onusiano*, con todo lo que ello ha llevado consigo, no ha estado exenta de dificultades. Y muy especialmente todo lo relacionado con el arreglo pacífico de controversias, que como obligación sustancial se desprende de la propia Carta de la ONU, como tendremos ocasión de analizar a lo largo de las páginas de este trabajo. Los mecanismos de arreglo pacífico de controversias que dibujó dicho tratado internacional, que encuentran su origen mucho más allá en el tiempo, nos permitirán acercarnos de manera específica a una figura que será el centro fundamental de este libro: la mediación internacional. Dicho mecanismo de arreglo pacífico (con la dicotomía buenos oficios-mediación) será abordada desde la perspectiva del Derecho Internacional Público, esto es, como instrumento que permita –o al menos intente- resolver o mitigar las consecuencias negativas de las controversias interestatales, de forma prioritaria.

Para llevar a cabo este análisis de la mediación, se ofrece un punto de vista omnicomprensivo, que tenga en cuenta los elementos teóricos fundamentales que explican los contornos de esta figura, así como la práctica internacional en la materia. El uso de la mediación a lo largo de la historia, así como los aspectos difusos y nexos ineludibles existentes entre buenos oficios y mediación, conformarán un hito para comprender la relevancia que este mecanismo de arreglo pacífico de controversias internacionales sigue presentando en nuestros días. Por todo ello, el análisis de la práctica internacional será un elemento configurador indispensable que permite estudiar la figura de la mediación en el pasado y contraponerla con el uso que se hace de la misma en las controversias actuales.

La cuestión del arreglo pacífico de controversias en Derecho Internacional constituye sin duda un tema clásico, al que han dedicado atención los internacionalistas desde el comienzo de los tiempos. Por ello, como base fundamental que permita el abordaje concreto de la figura de la mediación, dedicaremos unas páginas previas al estudio pormenorizado de las diferentes figuras de arreglo pacífico, de manera breve, cimentando de esta forma el abordaje particular, seguidamente, de la mediación internacional, objeto específico de este libro. La distinción entre medios de arreglo pacífico no jurisdiccionales (entre los que destaca la mediación) frente a los jurisdiccionales, constituirá un elemento reseñable, que permite comprender esa variedad de fórmulas a las que se puede acudir para resolver las controversias internacionales. Obligación de comportamiento, que no de resultado, dejando libertad de medios a los Estados para resolver (o no) pacíficamente las controversias, tal y como ha dejado delineado la Carta de las Naciones Unidas en su artículo 2.3, desarrollando posteriormente este concepto en el artículo 33 de su articulado.

Un estudio analítico de la práctica internacional en materia de mediación debe estar necesariamente precedido por un entorno teórico que analice los rasgos esenciales que las figuras (a las que separa una "delgada línea roja") del buen oficiante/ mediador han de tener, conforme al Derecho Internacional Público. Este soporte teórico sirve de antesala necesaria para estudiar cómo los instrumentos internacionales (especialmente los tratados internacionales, pero veremos que no solamente ellos) abordan la mediación.

La labor de las Naciones Unidas en la materia y en particular de algunos de sus órganos principales, constituye sin duda un apartado sustancial de este libro, permitiendo estudiar la vida de la Organización y su evolución a través de los ojos de la mediación. Igualmente, es importante el estudio de los intentos llevados a cabo para permitir el incentivo en el uso de esta figura, así como de las mujeres mediadoras, como idea que permita incentivar la presencia femenina en un ámbito en el que tradicionalmente ha estado ausente.

La labor de otras Organizaciones Internacionales, así como otros entes que desarrollan tareas en el ámbito de la mediación internacional, permiten analizar diversos intentos de mediación a lo largo del tiempo. Una figura que ha resurgido –al menos en apariencia- en los últimos años, a la luz de crisis recientes, de la mano de las aspiraciones de grandes potencias y potencias regionales para tratar de lograr protagonismo –y si puede ser, resolver la controversia- en el contexto actual. Por ello, se analiza una institución que siempre ha existido en Derecho Internacional Público, pero que parece experimentar un auge sin precedentes, si bien no exento de polémica, en los últimos tiempos.

A lo largo de esta obra se pueden vislumbrar una serie de ideas clave acerca de la práctica internacional en materia de mediación, poniendo énfasis en el escenario que está por venir, especialmente en controversias que aún persisten (o que permanecen desde hace décadas). Esto permite entender la mediación en conflictos actuales, en los que este mecanismo de solución pacífica de controversias está cada vez más presente.

Esta obra pretende cubrir un doble objetivo: en primer término, realizar un estudio riguroso del arreglo pacífico de controversias y en particular, de la mediación internacional en nuestros tiempos, constituyendo un pequeño granito de arena que se suma a las numerosas aportaciones doctrinales que se han vertido en la materia. En segundo lugar, ofrecerá un instrumento que esperamos sea útil, para los estudiosos (y también estudiantes) de diversas disciplinas como la asignatura Mediación Internacional (que quien suscribe estas líneas imparte en el Master de Mediación de la Universidad de Málaga, junto a la profesora Pilar Diago Diago, que prologa esta obra). Asimismo, se revela como un instrumento que facilita el estudio de la asignatura Prevención de Conflictos y Gestión de Crisis Internacionales (que se imparte en el Master de Cultura de Paz de la Universidad de Málaga), y la de Derecho Internacional Público (impartida en los Grados de Derecho, ADE-Derecho, y Derecho-Criminología, en esta misma Universidad). Esta labor de difusión ha permitido obtener una financiación por parte del Plan Propio Integral de Docencia de la Universidad de Málaga (acción sectorial 221), del Vicerrectorado de Estudios de dicha Universidad, a quien agradecemos la confianza en quien suscribe estas líneas para realizar el libro que el lector tiene entre sus manos. Una apuesta decidida por la mediación como mecanismo de arreglo pacífico de controversias, como fórmula flexible que permita paliar crisis que, de otro modo, pueden continuar enconadas durante décadas.

Capítulo I

Cuestiones previas: aspectos generales sobre los medios de arreglo pacífico de controversias en Derecho Internacional Público

Una visión general del actual contexto internacional nos ofrece como primer elemento el desasosiego: las crisis internacionales de toda índole, siendo la guerra la peor de todas ellas, se desarrollan por doquier, en una especie de espiral de violencia que aparentemente va *in crescendo* en esta segunda década del siglo XXI. La guerra desatada en Ucrania, cuyo recrudecimiento en el momento en que redactamos estas líneas parece no tener fin, ha llevado al propio Secretario General de Naciones Unidas, António Guterres, a afirmar que "No es posible ahora la paz en Ucrania: las dos partes creen que pueden ganar"[1]. Estas guerras sacuden nuestras conciencias y nos hacen rememorar un mundo y unas atrocidades reiteradas a lo largo y ancho de todo el siglo XX y que creíamos olvidadas ya, producto de un sistema irracional en el que la lucha encarnizada por el poder no encontraba otro medio útil que el recurso a las armas. Los acontecimientos producidos a partir del 7 de octubre de 2023, en Israel y posteriormente en la Franja de

---

1 Palabras pronunciadas por el Secretario General de Naciones Unidas en una entrevista concedida al *Diario El País*, el martes 9 de mayo de 2023.

Gaza, nos devuelven visiones que recuerdan a nuestras peores pesadillas. Lamentablemente, esta situación no ha sido ni mucho menos superada, y el siglo XXI nos sigue ofreciendo múltiples ejemplos de lo que Carl von Clausewitz[2] denominó como "la política por otros medios", haciendo referencia a la guerra como instrumento del que el poder se vale para perpetuarse y conseguir sus objetivos.

Un análisis de nuestro planeta azul en lo que a conflictos bélicos se refiere -ya sean estos de intensidad alta, media o baja- nos ofrece muestras de que la guerra sigue siendo, lamentablemente, un recurso al que pocos – o ninguno, siendo realistas – de los continentes escapa. Resultan ilustrativos, entre otros, los análisis que realiza el Instituto Español de Estudios Estratégicos desde el año 2011 hasta la actualidad[3]. Concretamente, el último de estos análisis -que corresponde al año 2022 en el momento en que redactamos estas líneas- da cuenta de las situaciones que se viven en Ucrania, Afganistán, Líbano, Filipinas, Nigeria, República Centroafricana, Sudán del Sur, Mozambique, Haití, a lo que cabe sumar los movimientos étnicos en América Latina y los conflictos desarrollados en este marco regional, así como el impacto de fenómenos como la ciberguerra y el cibercrimen global[4]. Situaciones como la que

---

2 La obra original de Carl von Clausewitz, *Vom Kriege (De la guerra,* en español), fue publicada originalmente en 1832, en Berlín. Una traducción completa moderna titulada *De la guerra: versión integra,* puede verse en la traducción de Carlos Fortea, La esfera de los libros, Madrid, 2005.

3 Véase https://www.ieee.es/publicaciones-new/panorama-geopolitico-de-los-conflictos/. Este vínculo web, y el conjunto de los citados en este trabajo, han sido objeto de consulta por última vez el 20 de noviembre de 2023.

4 Véase *Panorama Geopolítico de los Conflictos 2022,* Ministerio de Defensa, 2022, accesible en https://www.ieee.es/publicaciones-new/panorama-geopolitico-de-los-conflictos/2022/PGC2022.html.

se continúa viviendo en Siria, Taiwán, Myanmar, Yemen, en regiones como Oriente Medio o el Sahel, perduran como focos de inestabilidad donde la guerra y sus espirales constantes son un hecho[5]. Esta y no otra, es la cara amarga de la realidad internacional que sale al paso, cuando reflexionamos acerca del papel que el Derecho Internacional Público debe jugar para que desterremos la palabra "guerra" de nuestro vocabulario para siempre, intentando crear un orden mundial más justo, en el que el arreglo pacífico de controversias pase a ser la regla y no la excepción, tal y como proclamó la Carta de Naciones Unidas hace bastante más de medio siglo.

El actual escenario internacional en que nos movemos se caracteriza por su inestabilidad e imprevisibilidad, especialmente si tenemos presentes los cambios radicales que se han experimentado en la sociedad internacional, desde finales del siglo XX hasta la actualidad. Los "múltiples polos de poder" que caracterizan la misma, han sido definidos de manera muy clara por Esther Barbé, que describe la situación actual del modo siguiente:

> "Desde la perspectiva del poder, en tres décadas la estructura ha cambiado enormemente, tanto en lo relativo a la distribución de poder (polaridad), como a la competición por el poder (rivalidad, lucha por la influencia). De manera simplificada, la estructura ha pasado de la unipolaridad (hegemonía estadounidense entre 1989 y 2001) a la multipolaridad, a partir de 2008, con la emergencia de nuevas potencias que cada vez juegan un papel más determinante en ámbitos diversos. Asimismo, la dinámica del sistema internacional se ha visto profundamente transformada, pasando del mundo sin amenazas y sin rivalidad, propio de la etapa 1989-2001, a un mundo donde, sobre

---

5 Como puede verse en *Panorama Geopolítico de los Conflictos 2021*, Ministerio de Defensa, 2021, accesible en https://www.ieee.es/Galerias/fichero/panoramas/panorama_geopolitico_conflictos_21.pdf.

todo a partir de 2008, ha crecido la competición por el poder con claras manifestaciones de lucha por la influencia"[6].

Todo lo anterior, sin duda, condiciona el actual escenario internacional[7], plagado de incertidumbres; ello incide de manera especial en el tema que nos ocupa, esto es, el arreglo pacífico de las controversias y los mecanismos utilizados para tratar de resolver las mismas. La reconfiguración del panorama internacional y la aparición de numerosas potencias (tanto con capacidad y/o tendencia a influir en el panorama global, como regional), hace que las mismas traten de jugar un papel preponderante en la resolución de controversias internacionales (o al menos intentando alcanzar acuerdos o jugar un papel activo como mediadores). Este se sitúa como un fenómeno creciente en la actualidad, como tendremos ocasión de abordar posteriormente. En esa medida, resulta crucial tener en cuenta las circunstancias concretas del momento que vivimos, para comprender el uso –o no- de la mediación como mecanismo de arreglo pacífico en este convulso siglo XXI en que estamos inmersos. Como se ha señalado:

---

6 Véase Esther Barbé, "El sistema internacional: imagen y análisis de las relaciones internacionales", en *Concepto y fuentes del Derecho Internacional*, José María Beneyto y Carlos Jiménez Piernas (dirs.), Tirant lo Blanch, Valencia, 2022, pp. 103-164, en p. 143.

7 Como señalaba el Informe del Secretario General de 25 de junio de 2012 (Doc. A/66/811), titulado "Fortalecimiento de la función de mediación en el arreglo pacífico de controversias, la prevención de conflictos y su solución", en p. 6, párr. 13, "los mediadores tienen que hacer frente a una amplia gama de cuestiones sustantivas. En contraste con los conflictos de los decenios de 1970 y 1980, que en su mayoría se basaban en cuestiones ideológicas, en la actualidad predominan los conflictos sobre el control del gobierno, así como los recursos naturales y económicos. Esas controversias están cargadas de polarización étnica, tensiones socioeconómicas y mala gobernanza y están agravadas por el cambio climático".

> "More generally, it would be useful to analyze how mediation adapts to a changing world order not only with a shifting polarity and blurred intra- or inter-state issues, but also with a global pandemic and new conflict issues, such as urban violence, economic violence, and other unsustainable practices still prevalent around the globe. The new normative framework that may eventually emerge from a renegotiated international order might set different parameters for mediation"[8].

1. LAS CONTROVERSIAS INTERNACIONALES Y SU EXISTENCIA INELUDIBLE EN EL ÁMBITO INTERNACIONAL

La controversia es necesaria para que la humanidad progrese. Es más, un escenario en el que aparentemente no existen las diferencias no equivale de manera inequívoca a un escenario donde reine la paz. Situaciones de inestabilidad larvadas durante años o décadas -o latentes- pueden estallar en cualquier momento, provocando crisis cuyas consecuencias, en este mundo globalizado en que vivimos, pueden llegar a ser imprevisibles.

En Derecho Internacional, y muy especialmente en el ámbito de las Relaciones Internacionales, se suelen utilizar múltiples expresiones para dar cuenta de la existencia de una "situación" de la cual se derive la necesidad de poner en práctica mecanismos para arreglar pacíficamente la misma. Expresiones tales como diferencia, situación, conflicto, crisis, o controversia, entre otras, se suelen utilizar de manera intercambiable en la literatura dedicada a estas cuestiones. Como internacionalista, me decanto por la utilización del término controversia,

---

8 Como señalan Sara Hellmüller, Jamie Pring y Oliver P. Richmond, "How Norms Matter in Mediation: An Introduction", *Swiss Political Science Review* (2021), vol. 26, n. 4, pp. 345-363, en p. 355.

que desde antaño ha venido siendo utilizado por los tribunales internacionales (en particular por la Corte Permanente de Justicia Internacional, CPJI en adelante, así como por la Corte Internacional de Justicia de La Haya, CIJ en adelante, como ejemplos paradigmáticos de tribunales a los que los Estados pueden acudir para resolver las controversias). Pueden, dado que en el estadio actual del Derecho Internacional Público no existe ningún tribunal internacional que con carácter general como los ejemplos mencionados (la antigua CPJI o la actual CIJ) ejerza su jurisdicción con carácter obligatorio en el ámbito universal[9]. En este sentido, las diferencias que sean sometidas a estos tribunales internacionales lo serán porque los Estados así lo hayan decidido, atendiendo a las diversas fórmulas jurídicas previstas para ello (un tratado internacional, una cláusula compromisoria, una declaración unilateral de aceptación de la

---

9 Cuestión diferente es lo que acontece en el ámbito regional, donde diversas Organizaciones Internacionales contemplan la existencia de tribunales que se encargan de solventar cuestiones jurídicas que surjan entre sus miembros, respecto a los fines y objetivos perseguidos por la Organización. Y en muchos casos, especialmente en lo que a la protección de los derechos humanos respecta, permitiendo el planteamiento de demandas no solamente interestatales sino también de particulares, frente al Estado presuntamente vulnerador. Son emblemáticos los casos del Tribunal Europeo de Derechos Humanos (con sede en la ciudad de Estrasburgo, Francia), el Tribunal de Justicia de la Unión Europea (con sede en Luxemburgo), la Corte Interamericana de Derechos Humanos (con sede en Costa Rica), o la Corte Africana de Derechos Humanos y de los Pueblos (con sede en Arusha, Tanzania). Todos los datos acerca de los mismos, así como la información acerca de la jurisprudencia de cada uno de los tribunales internacionales mencionados puede consultarse en sus respectivas páginas web, que serían las siguientes: https://www.echr.coe.int/Pages/home.aspx?p=home; https://curia.europa.eu/jcms/jcms/j_6/es/; https://www.corteidh.or.cr/historia.cfm; y https://www.african-court.org/wpafc/.

jurisdicción) bien antes de que la controversia haya surgido o una vez que se ha producido la misma.

Siguiendo dicha línea argumental, el término controversia, diferencia o disputa, que es el que utilizaremos en este trabajo, para adentrarnos seguidamente en el estudio particularizado de los mecanismos de arreglo que el Derecho Internacional Público pone a nuestro alcance, y que permiten descender hasta el análisis especifico de los buenos oficios/mediación como objetivo concreto, puede definirse, trayendo a colación las palabras de la CPJI, como:

> "Un différend est un désaccord sur un point de droit ou de fait, une contradiction, une opposition de thèses juridiques ou d'intérêts entre deux personnes"[10].

Y que la CIJ reiteraría en diversas ocasiones, como por ejemplo en su sentencia de 1962, respecto a los casos del *Sudoeste Africano*, donde dijo así:

> "Before undertaking this task, however, the Court finds it necessary to decide a preliminary question relating to the existence of the dispute which is the subject of the Applications. The view has been advanced that if no dispute within the purview of Article 7 of the Mandate and Articles 36 and 37 of the Statute of the Court exists in fact, a conclusion of incompetence or fin de non-recevoir must follow.
>
> It is to be noted that this preliminary question really centres on the point as to the existence of a dispute between the Applicants and the Respondent, irrespective of the nature and subject of the dispute laid before the Court in the present case. In the case of the *Mavrommatis Palestine Concessions* (P.C.I.J., Series A, No. 2, p. II) the Permanent Court defines a dispute as

---

10 Véase *Affaire des concessions Mavrommatis en Palestine* (Série A, n. 2, 30 de agosto de 1924), sentencia de la CPJI, p. 11, en el texto francés que da fe, y que puede consultarse en https://www.icj-cij.org/sites/default/files/permanent-court-of-international-justice/serie A/A 02/06 Mavrommatis en Palestine Arret.pdf.

"a disagreement on a point of law or fact, a conflict of legal views or interests between two persons". The said Judgment, in proceeding to examine the nature of the dispute, enunciates this definition, only after establishing that the conditions for the existence of a dispute are fulfilled. In other words, it is not sufficient for one party to a contentious case to assert that a dispute exists with the other party. A mere assertion is not sufficient to prove the existence of a dispute any more than a mere denial of the existence of the dispute proves its nonexistence. Nor is it adequate to show that the interests of the two parties to such a case are in conflict. It must be shown that the claim of one party is positively opposed by the other. Tested by this criterion there can be no doubt about the existence of a dispute between the Parties before the Court, since it is clearly constituted by their opposing attitudes relating to the performance of the obligations of the Mandate by the Respondent as Mandatory"[11].

Estas definiciones de qué se entiende por una controversia a los efectos que aquí nos ocupan, se han ido aquilatando gracias a otros pronunciamientos de la CIJ a lo largo de su dilatada jurisprudencia[12]. Son múltiples los ejemplos de ello, por lo que reproduciremos uno de los que se han vertido ya en este siglo XXI, que ofrecen claramente una visión acerca del desarrollo llevado a cabo por la Corte en este sentido:

---

11 Véase *ICJ Reports 1962, South West Africa Cases* (Ethiopia v. South Africa; Liberia v. South Africa), Preliminary Objections, Judgment of 21 December 1962, p. 328; accessible en https://www.icj-cij.org/sites/default/files/case-related/46/046-19621221-JUD-01-00-EN.pdf.

12 Sobre ello, a mayor abundamiento, véase María Isabel Torres Cazorla, *El Derecho Internacional Público explicado a través de las sentencias y opiniones consultivas de la Corte Internacional de Justicia/Public International Law explained through the Judgments and Advisory Opinions of the International Court of Justice*, Tirant lo Blanch, Valencia, 2020, especialmente pp. 225-237 donde se contiene la referencia a algunos de los casos más ilustrativos que la CIJ ha dedicado al arreglo pacífico de controversias.

> "37. According to the established case law of the Court, a dispute is "a disagreement on a point of law or fact, a conflict of legal views or of interests" between parties (*Mavrommatis Palestine Concessions, Judgment No. 2, 1924, P.C.I.J., Series* A, No. 2, p. 11). In order for a dispute to exist, "[i]t must be shown that the claim of one party is positively opposed by the other" (*South West Africa (Ethiopia v. South Africa; Liberia v. South Africa), Preliminary Objections, Judgment, I.C.J. Reports 1962*, p. 328). The two sides must "'hold clearly opposite views concerning the question of the performance or non-performance of certain' international obligations" (*Alleged Violations of Sovereign Rights and Maritime Spaces in the Caribbean Sea (Nicaragua v. Colombia), Preliminary Objections, Judgment, I.C.J. Reports 2016 (I)*, p. 26, para. 50, citing *Interpretation of Peace Treaties with Bulgaria, Hungary and Romania, First Phase, Advisory Opinion, I.C.J. Reports 1950*, p. 74).
>
> 38. The Court's determination of the existence of a dispute is a matter of substance, and not a question of form or procedure (cf. *Application of the International Convention on the Elimination of All Forms of Racial Discrimination (Georgia v. Russian Federation), Preliminary Objections, Judgment, I.C.J. Reports 2011 (I)*, p. 84, para. 30; *Interpretation of Judgments Nos. 7 and 8 (Factory at Chorzów) [Germany v. Poland], Judgment No. 11, 1927, P.C.I.J., Series A*, No. 13, pp. 10-11) (...)"[13].

De manera habitual, suele considerarse que son dos los elementos que permiten verificar la existencia de una controversia internacional, siguiendo a la profesora Paz Andrés:

---

13 Véase *Obligations concerning negotiations relating to cessation of the nuclear arms race and to nuclear disarmament (Marshall Island v. United Kingdom)*, Preliminary Objections, Judgment of 5 October 2016, *ICJ Reports 2016*, p. 849, accesible también en https://www.icj-cij.org/sites/default/files/case-related/160/160-20161005-JUD-01-00-EN.pdf.

> "uno de carácter objetivo, consistente en la existencia de un conflicto de intereses, entre dos o más Estados, otro de índole formal, que radica en la exteriorización de la controversia"[14].

El segundo elemento, esto es, el aspecto formal, en cierta medida parece acusar cierto rigorismo, si analizamos alguno de los casos de la CIJ en los que se pone de relieve dicha cuestión. Como el profesor José Manuel Sánchez Patrón ha puesto de relieve, en el *Asunto relativo a la Aplicación del Convenio Internacional sobre la Eliminación de la Discriminación Racial (Georgia c. Federación de Rusia)*, la aplicación de condiciones de carácter formal, propiciando "una nueva concepción de controversia más formalista; y, en consecuencia, una ruptura del sentido jurisprudencial que ha sido, hasta la fecha -según los propios jueces del TIJ- 'claro, coherente, continuo y convincente'"[15].

A esto se une, además, la presencia de las Organizaciones Internacionales como sujetos de Derecho Internacional, lo que provoca "una transformación de la noción clásica de controversia, que ya no opone solamente a dos Estados, sino que puede incluir también a la organización"[16].

Son numerosos los ejemplos de tribunales internacionales que han tenido ocasión de pronunciarse acerca de esta

---

14 Sobre ello, véase Paz Andrés Sáenz de Santa María, "El arreglo pacífico de controversias en el ámbito de las Organizaciones Internacionales", *Cursos de Derecho Internacional de Vitoria-Gasteiz*, 1986, pp. 79-144, en p. 84.

15 Véase José Manuel Sánchez Patrón, "La existencia de una controversia internacional en la jurisprudencia del Tribunal Internacional de Justicia", en *El arreglo pacífico de controversias internacionales*, Eva María Vázquez Gómez, María Dolores Adam Muñoz y Noé Cornago Prieto (coords.), Tirant lo Blanch, Valencia, 2013, pp. 129-136, en p. 130.

16 Véase Paz Andrés Sáenz de Santa María, "El arreglo pacífico de controversias en el ámbito de las Organizaciones Internacionales", *loc. cit.*, p. 88.

cuestión: la noción de controversia internacional y los principales elementos que la conforman. Inclusive en el ámbito de las inversiones, donde las controversias suelen ir más allá de las diferencias puramente interestatales, el Centro Internacional para la Resolución de Controversias en Materia de Inversiones (CIADI) ha tenido la oportunidad de pronunciarse acerca del significado de esta expresión, también en tiempos relativamente recientes[17].

Sin lugar a dudas, las controversias suelen ser un elemento demostrativo de la insatisfacción con las normas existentes. Pero también ha de ponerse el acento en ciertos rasgos positivos que puedan derivarse de su existencia. Parafraseando al profesor Rodríguez Carrión:

> "Solo una mente rígidamente conservadora puede detenerse en los aspectos negativos del conflicto social, puesto que tal valoración implicaría una creencia en la sociedad existente como la mejor de las sociedades posibles y en el conflicto como la amenaza explícita a los valores sociales consolidados. Ello no es cierto, y de ahí las notas positivas que el conflicto cumple en la sociedad internacional"[18].

---

17 Sin ánimo de exhaustividad, valga como ejemplo el caso *Maffezini c. España* (caso n. ARB/97/7, decisión de 25 de enero de 2000, en especial p. 38, párr. 98), accesible en http://icsidfiles.worldbank.org/icsid/ICSIDBLOBS/OnlineAwards/C163/DC565_Sp.pdf. Sobre otros casos citados, también en relación con la definición del término "controversia jurídica", véase Víctor Rodríguez Cedeño, Milagros Betancourt Catalá y María Isabel Torres Cazorla, *Diccionario de Derecho Internacional,* 3ª ed., Editorial UPC, Lima, 2023, pp. 88-89.

18 Véase Alejandro J. Rodríguez Carrión, *Lecciones de Derecho Internacional Público,* 6ª ed., Tecnos, Madrid, 2006, p. 497.

Siguiendo con esa misma línea de pensamiento[19], es un hecho característico y tradicional que las controversias pueden cohesionar al propio grupo. El ejemplo clásico del "enemigo exterior", cuando en un determinado Estado existen problemas graves, que los gobiernos de todo signo suelen utilizar para desviar la atención de los verdaderos problemas que aquejan al país, funcionando en realidad como una verdadera "cortina de humo", constituye un tópico.

Las controversias internacionales pueden cohesionar a grupos que antes no tenían relación (por ejemplo, grupos minoritarios o rivales por razones históricas que convivían dentro del Estado). Al existir un "enemigo exterior" común, esas antiguas fricciones pueden ser dejadas en un segundo plano y son sustituidas por un sentimiento común de unidad, en grupos que antes se encontraban totalmente separados.

En ocasiones, algunas controversias pueden llegar a ser funcionales para el sistema, dado que permiten, si se dan las circunstancias favorables para ello, descolapsar la situación, mediante la puesta en práctica de mecanismos de resolución que permitan alcanzar una solución para la misma. Ello, en el mejor de los casos. En sentido contrario podemos encontrar controversias internacionales de larga data, que han extendido su impacto incluso en Estados vecinos, con una *vis expansiva,* que puede en ocasiones hacer peligrar la situación de paz en la región. La situación existente entre Israel y Palestina, y las implicaciones que para todo el Oriente Medio tiene este conflicto, constituye un ejemplo paradigmático de ello.

Los estudiosos de los conflictos en el marco del Derecho Internacional y las Relaciones Internacionales ponen de

---

19 Véase Alejandro J. Rodríguez Carrión, *Lecciones de Derecho Internacional Público, op. cit.,* especialmente pp. 497-498.

manifiesto otro elemento al que se debe hacer referencia: la ausencia de conflicto -o la apariencia de tal- no equivale, ni mucho menos, a paz social. En ocasiones, un conflicto larvado, de baja intensidad, prolongado en el tiempo, puede tener unas repercusiones enormemente negativas a medio-largo plazo, desembocando en luchas encarnizadas. La historia nos demuestra que, a lo largo de los siglos, el ser humano se ha caracterizado por dirimir sus controversias acudiendo a todos los medios que permitían salir vencedor de dicha situación. El gran reto, especialmente desde el siglo XX, y que todavía sigue siéndolo en este siglo XXI, es conseguir que las controversias que surjan, de toda índole, puedan resolverse de manera pacífica. Gran reto, aun no alcanzado, pero respecto al cual intentaremos señalar sus aspectos fundamentales en las páginas que siguen.

Otra cuestión de interés acerca de la cual la doctrina se ha pronunciado, al igual que han terminado haciendo los tribunales internacionales, la constituye la distinción entre controversias políticas y/o jurídicas. El alcance fundamental de dicha distinción se basaba en el planteamiento siguiente: tal vez, para las controversias internacionales con un cariz más político que jurídico, resultase más útil y práctico, en aras a una eventual resolución de la misma, el recurso a los medios de resolución de cariz más político, más flexible, no vinculante. A *sensu contrario*, aquellas controversias con un matiz mas jurídico, donde el elemento del derecho estuviese más presente (por ejemplo, una disputa territorial, relacionada con la interpretación de un tratado), se consideraban una tipología más apta de controversias que podrían resolverse con mayor facilidad acudiendo a los mecanismos de arreglo de índole jurídica (tales como el arbitraje o el arreglo judicial).

La práctica internacional, sin embargo, ha demostrado la enorme dificultad existente que permita diferenciar ambas posibilidades. Distinguir si una controversia es política y/o jurídica, se revela la mas de las veces como algo completamente imposible, de lo cual se deduce, y así lo han puesto de manifiesto los tribunales internacionales, que de dicha imposibilidad de discernimiento de los elementos jurídicos y políticos de una determinada controversia, no debe colegirse la restricción del papel que puedan jugar dichas instituciones internacionales en materia de arreglo pacífico de controversias[20]. En palabras de la CIJ, en el *asunto relativo al personal diplomático y consular de los Estados Unidos en Teherán*:

> "This was the more necessary because legal disputes between sovereign States by their very nature are likely to occur in political contexts, and often form only one element in a wider and longstanding political dispute between the States concerned. Yet never has the view been put forward before that, because a legal dispute submitted to the Court is only one aspect of a political dispute, the Court should decline to resolve for the parties the legal questions at issue between them. Nor can any basis for such a view of the Court's functions or jurisdiction be found in the Charter or the Statute of the Court; if the Court were, contrary to its settled jurisprudence, to adopt such a view, it would impose a far-reaching and unwarranted restriction upon the role of the Court in the peaceful solution of international disputes"[21].

No faltan, sin embargo, ejemplos en los que de manera un tanto más reciente, se ha vuelto sobre esta cuestión, como sucedió por parte de la Sala de Apelaciones del Tribunal Penal

---

[20] Y ello, a pesar de que desde *larga data* autores tan insignes como Emeric de Vattel, Hans Morgenthau, sir Hersch Lauterpacht o Charles De Visscher han tratado de discernir dicha diferencia, con el objetivo de determinar si una controversia era o no justiciable. Véase un tratamiento de este debate, así como de las posiciones de estos autores al respecto, en Lucius Caflisch, «Cent ans de règlement pacifique des différends interétatiques», 288 *Rec. des Cours* (2001), pp. 265-267.

[21] Véase *ICJ Reports 1980. Case concerning United States Diplomatic and Consular Staff in Tehran (United States of America v. Iran)*, Judgment of 24 May 1980, p. 20, párr. 37.

para la Antigua Yugoslavia que, en el asunto *Tadić* afirmaría lo siguiente, zanjando la situación, siguiendo una argumentación similar a la ya plasmada anteriormente en otros tribunales internacionales:

> "[t]he doctrines of "political questions" and "non-justiciable disputes" are remnants of the reservations of "sovereignty", "national honour", etc. in very old arbitration treaties. They have receded from the horizon of contemporary international law, except for the occasional invocation of the "political question" argument before the International Court of Justice in advisory proceedings, and, very rarely, in contentious proceedings as well.
>
> The Court has consistently rejected this argument as a bar to examining a case. It considered it unfounded in law"[22].

Ciertamente, la realidad internacional nos lleva a plantear lo que se ha denominado por algún autor como "la diversificación de las disputas en las relaciones internacionales" actuales[23]. En

---

22 Véase Decisión de 2 de octubre de 1995 relativa a una demanda de la defensa para interponer una apelación en materia de competencia, IT-94-1-AR72, p. 11, par. 24, accesible en https://ucr.irmct.org/scasedocs/case/IT-94-1#eng.

23 Así lo hace, por ejemplo, Yoshifumi Tanaka, en *The Peaceful Settlement of International Disputes*, Cambridge University Press, Cambridge, 2018, p. 17, donde distingue las diferencias que tradicionalmente se presentaban en la práctica (de carácter interestatal), frente a las que emergen en la práctica reciente, donde el resurgir de actores no estatales ha ampliado el panorama, ejemplificado en cuatro clases de disputas adicionales, como las siguientes: a) intra-estatales entre el gobierno y un movimiento de liberación; b) la disputa entre Estados y personas naturales o jurídicas; c) la disputa entre una Organización Internacional y sus miembros; d) la disputa entre una Organización Internacional e individuos. A los efectos de este libro, primaremos con carácter esencial el estudio de la mediación en controversias entre Estados, dado que es en este ámbito donde en mayor medida se ha acudido a este mecanismo de arreglo, con carácter prioritario.

esa misma línea, cabe argumentar que lo relevante en tiempos recientes es, no tanto el cariz que revista la controversia[24], sino la voluntad real para solventar la misma acudiendo al mecanismo que las partes en liza consideren más adecuado para resolverla. Por supuesto, cuando ello es así, pues no faltan voces que ponen de relieve las dificultades para que esto ocurra en el escenario internacional que vivimos desde hace algún tiempo. Así, como nos relata la profesora García Picazo:

> "El mundo globalizado se parece cada vez más a lo que Zygmunt Bauman denomina "un archipiélago de excepciones", donde lo que crece y se instala a perpetuidad son las poblaciones excedentes que el sistema imperante produce sin cesar como "despojos" o "residuos humanos", desalojándolos de sus orígenes y realojándolos tanto en los márgenes como en el núcleo de un mundo caótico, violento, degradado e indeciblemente hipócrita para los miles de personas excluidas de otra categoría que no sea la catástrofe, individual y colectiva, decretada *a priori* por quienes ostentan el poder mundial, que no sólo son gobernantes sino grupos fácticos"[25].

El actual escenario internacional no ayuda a vislumbrar un horizonte optimista en lo que al arreglo pacífico de controversias se refiere. Pese a todo, y aunque pueda parecer que

---

[24] Sobre esta cuestión nos advierte Anna Badia Martí, *El arreglo pacífico de controversias en la Organización de Naciones Unidas,* J.M. Bosch Editor, S.A., Barcelona, 1994, p. 22, al señalar lo siguiente: "Si la calificación de unos hechos concretos como "controversia internacional" está imbuida de un alto componente político, no sólo por las partes en la controversia, sino también por la opinión que le merece a la comunidad internacional, el componente político se agudiza cuando a la indicada calificación se le añade la posibilidad de que pueda afectar, o que en realidad afecte, al mantenimiento de la paz y la seguridad internacional".

[25] En palabras de la profesora Paloma García Picazo, "Dialéctica de la secularización: una fenomenología de los conflictos en la sociedad internacional", en *El arreglo pacífico de controversias internacionales, op. cit.,* pp. 965-1002, en p. 988.

volver la vista atrás, con cierta melancolía, puede permitirnos enfrentar el presente convulso que vivimos, dedicaremos el siguiente epígrafe al surgimiento de la obligación de resolver las controversias de manera pacífica, así como a la evolución que la misma ha experimentado en el Derecho Internacional.

2. LA OBLIGACIÓN DE ARREGLO PACÍFICO DE LAS CONTROVERSIAS INTERNACIONALES: ORIGEN Y EVOLUCIÓN EN EL ÁMBITO DEL DERECHO INTERNACIONAL PÚBLICO

El Derecho Internacional Público, y de la mano del mismo, la prohibición del recurso a la fuerza en el contexto de las mutuas relaciones entre las entidades estatales, ha evolucionado muy lentamente. Pudiera decirse que, como producto jurídico, es quizá uno de los menos avanzados, al haber dependido directamente de la voluntad soberana de quienes han sido las entidades primordiales de este sistema durante siglos: los Estados. No resulta extraño, por tanto, que durante mucho tiempo algunos Estados instituyesen como Ministerio encargado de las relaciones en el exterior el que denominaban "Ministerio de la guerra", en vez de la expresión utilizada en tiempos actuales, como "Ministerio de Asuntos Exteriores" u otros nombres similares[26]. Es justamente el siglo XIX el que

---

26 En el caso de España, las denominaciones también han ido cambiando, sobre todo tendiendo a la inclusión de diversos ámbitos cada vez más amplios, dada la expansión que lo "internacional" cobra en todos los sectores. Prácticamente no existe en la actualidad ningún terreno donde lo internacional no tenga cabida, muy especialmente de la mano de la pertenencia de nuestro país a ámbitos organizativos complejos, como sucede con la Unión Europea. Actualmente, el Ministerio dedicado a asuntos internacionales se denomina "Ministerio de Asuntos Exteriores, Unión Europea y Cooperación", y su página web es https://www.exteriores.gob.es/es/Ministerio/Paginas/index.aspx.

sirve de punto de arranque en el que la guerra, en palabras del profesor Rodríguez Carrión:

> "atributo del Estado soberano, era una forma más de arreglo de controversias; pero, por otra parte, la guerra iba a empezar a ser considerada como la forma extrema de arreglo, lo que significaba la prioridad, ante situaciones conflictivas determinadas, de otras formas pacíficas de arreglo, como serían el arbitraje y otros medios similares cercanos a la solución jurídica. No significa ni derogación ni supremacía de los medios pacíficos de arreglo sobre la facultad estatal de recurrir a la guerra, sino un nuevo dato a ser considerado para desarrollos posteriores"[27].

A algunos de esos desarrollos esenciales dedicaremos las líneas que siguen.

a. Las Conferencias de La Haya de 1899 y 1907

Un hito fundamental para el progreso, lento pero adaptado al devenir de la sociedad internacional de la época, lo constituyen las Conferencias internacionales celebradas en La Haya en 1899[28] y 1907[29]. Dos ideas nucleares se pusieron de relieve en

---

[27] Véase Alejandro J. Rodríguez Carrión, *Uso de la fuerza por los Estados*, Málaga, Organización Sindical, 1974, p. 32.

[28] En particular, teniendo presentes los logros de dicha Conferencia de 1899 y la evolución del arreglo pacífico de controversias, especialmente a raíz del centenario de la misma, véase Rosa M. Riquelme Cortado, "La promoción de medios y métodos de arreglo pacífico de las controversias en la conmemoración del centenario de la primera conferencia internacional de la Paz (1899-1999)", *Anuario de Derecho Internacional*, vol. 15, 1999, pp. 385-478, accesible en https://revistas.unav.edu/index.php/anuario-esp-dcho-internacional/article/view/28501/24410.

[29] En particular, sobre ambas conferencias, véase Hans Wehberg, "La contribution des Conférences de la Paix de La Haye au progrès du droit international", *Rec. des Cours*, t. 37 (1931-III), pp. 527-669. No es casualidad que La Haya sea una ciudad especialmente elegida en

las mismas, sin que se obtuviese un éxito rotundo en ninguna de ellas, verdaderamente: la proscripción de la guerra como fórmula a la que los Estados acudían entonces de manera usual, y la discusión acerca de la posibilidad de establecer mecanismos de arreglo pacífico -se pensaba originalmente en el arbitraje- que permitiesen superar la etapa anterior. Ninguna de las dos ideas se plasmó de manera real en los instrumentos convencionales que surgieron de sendas Conferencias, dado que el contexto internacional de la época no se encontraba lo suficientemente maduro para ello. Son muy clarificadoras las palabras del profesor Carrillo Salcedo, que describía la situación del modo siguiente:

> "En lo que respecta al arreglo pacífico de las controversias, los Estados participantes en las Conferencias de La Haya no podían ignorar que el recurso a la guerra era, según el Derecho internacional de la época, una competencia discrecional de los Estados soberanos, ni la actitud hostil de las Grandes Potencias del momento respecto de la solución arbitral"[30].

De manera particular, la Conferencia de Paz de La Haya de 1899 (reunida del 18 de mayo al 29 de julio) constituye un hito histórico cuya relevancia para el tema que nos ocupa no debemos pasar por alto[31]. En realidad, su relevancia radica en

---

el contexto internacional para la celebración de estas conferencias, y de muchas otras instituciones que después se crearán, teniendo una especial predisposición para que en la misma se establezcan órganos, organismos, conferencias internacionales e instituciones, como lo atestigua entre otros hechos que la propia Academia de Derecho Internacional tenga su sede en dicha ciudad. Sobre ello, véase https://www.hagueacademy.nl/about/.

30 Véase Juan Antonio Carrillo Salcedo, *El Derecho Internacional en perspectiva histórica*, Tecnos, Madrid, 1991, p. 32.

31 Los textos adoptados, tanto en la Conferencia de La Haya de 1899 como en la de 1907, a la que nos referiremos posteriormente, pueden consultarse en su versión inglesa en *First and Second International*

todo lo concerniente al arreglo pacífico (los buenos oficios y la mediación de forma particular) y también en el avance y modernización del Derecho Internacional como un todo. Ello, si bien las reticencias existentes en la época eran notables: en primer lugar, para reunirse, puesto que tuvieron que lanzarse dos convocatorias de la Conferencia, fructificando finalmente la segunda y, en segundo término, la desconfianza de las Potencias acerca del desarme en un contexto donde el pacifismo no era la tónica dominante, hacían presagiar lo peor. Como nos describe el profesor Jiménez Piernas, a propósito de los grandes temas objeto de debate durante el desarrollo de la citada Conferencia:

> "(...) la limitación de armamentos y de medios de guerra, el Derecho de la Guerra y el arreglo pacífico de las diferencias internacionales, a sabiendas de que los resultados serían mediocres y que el tema del desarme no contaba con el favor de las grandes potencias. No obstante, se logró la adopción de un Acta Final y -en actas separadas- de tres convenios y tres declaraciones sobre prohibición de ciertas armas de guerra, que solo firmaron por completo pocos Estados, entre ellos España"[32].

Mediocridad de los resultados alcanzados en materia de desarme, cosa esperada, al igual que habría de suceder respecto al arreglo pacífico de las controversias. Pero la labor del internacionalista debe poner el acento en los avances positivos que sin duda se llevaron a cabo durante la Conferencia en dos ámbitos, para el tema que nos ocupa: en primer término, puesto que se pudo elaborar la "Convención de 1899 para la

---

Peace Conference held at The Hague 1899 and 1907, Government Printing Office, Washington, 1914. En particular, la Convención para la resolución pacífica de controversias internacionales, es el primer texto que aparece en dicho documento recopilatorio, en pp. 3-19.

32 Véase Carlos Jiménez Piernas, "El papel de España en la Conferencia de La Haya de 1899", 51 *REDI* (1999), pp. 775-782, en p. 777.

resolución pacífica de controversias internacionales"[33] (uno de los documentos en los que sin duda se desarrollan con mayor detalle en la historia las figuras de los buenos oficios/mediación, en su Título II, artículos 2 a 8)[34]; en segundo lugar, el hecho de que "la Conferencia contribuyó al desarrollo del arbitraje facultativo codificando el Derecho consuetudinario arbitral, (...) regulando el procedimiento arbitral y creando el Tribunal Permanente de Arbitraje, con sede en La Haya"[35].

Tribunal Permanente de Arbitraje[36], que perdura en la actualidad, y que por otra parte, como es sabido, en realidad no

---

33 Véase el texto íntegro de la misma en su versión en español en https://docs.pca-cpa.org/2016/01/Convenci%C3%B3n-de-1899-para-la-resoluci%C3%B3n-pac%C3%ADfica-de-controversias-internacionales.pdf.

34 De hecho, España mantenía una posición favorable, al igual que otros pequeños Estados de la época, a que la Conferencia dedicase atención especial en sus trabajos a los mecanismos de arreglo de controversias tales como los buenos oficios, la mediación y el arbitraje. Véase Carlos Jiménez Piernas, "El papel...", *ibíd.*, p. 778.

35 Véase Carlos Jiménez Piernas, "El papel de España en la Conferencia de La Haya de 1899", *ibíd.*, p. 778.

36 Toda la información acerca del mismo, véase en https://pca-cpa.org/es/home/. A dicha institución, así como al auge que ha experimentado el recurso al arbitraje internacional en los últimos años, nos referiremos con posterioridad, al analizar separadamente cada uno de los medios de arreglo pacífico individualmente considerados. Valga apuntar simplemente el hecho de que el número de casos sometidos al Tribunal Permanente de Arbitraje se ha elevado sustancialmente. En el momento en que redactamos estas líneas están pendientes de resolución 4 casos interestatales, 105 casos de inversionistas- Estados, y 65 relacionados con contratos que involucran Estados y entidades estatales. Dicha información, así como acceso a los diferentes casos puede verse concretamente en https://pca-cpa.org/es/cases/. Sobre la Corte Permanente de Arbitraje, entre otros, véase Margarita Badenes Casino, "La Corte Permanente de Arbitraje: una institución decimonónica en el siglo XXI", en *Nuevas*

es un Tribunal como tal, ni tiene carácter permanente. Más bien consiste en una lista de árbitros que los Estados que han aceptado dicho régimen someten a esta institución, lo que permitirá en un futuro, si se acepta acudir a un arbitraje para dirimir la cuestión, nombrar a alguna de las personas incluidas en la misma. Sin duda alguna, la instauración de este Tribunal (o Corte) Permanente de Arbitraje constituyó un logro importante de estos Convenios de La Haya que, en palabras de Carrillo Salcedo:

> "(...) en realidad consistía -y sigue consistiendo en la actualidad- en una lista de árbitros, una secretaría permanente y un procedimiento preestablecido.
>
> En todo caso, las Conferencias de La Haya consolidaron y perfeccionaron el recurso a terceros como vía para el arreglo pacífico de controversias, bien a través de procedimientos políticos (mediación, buenos oficios, investigación) o mediante el recurso al procedimiento jurisdiccional del arbitraje"[37].

El arbitraje facultativo -cabe recordar que potencias como la Alemania de entonces se oponían frontalmente a cualquier intento de que dicho medio de arreglo pudiese devenir obligatorio- configura por ello uno de los temas fundamentales objeto de debate.

La que devendría Conferencia de La Haya de 1907 debe ser objeto de nuestra atención, dado que la convocatoria de la misma, así como su desenlace, volvería sobre los temas antedichos, en los que el arreglo pacífico constituirá un elemento central. El contexto no difería mucho del de la Conferencia

---

controversias internacionales y nuevos mecanismos de solución, Valentín Bou Franch (coord.), Tirant lo Blanch, Valencia, 2005, pp. 13-66.

37 En palabras del profesor Juan Antonio Carrillo Salcedo, "Don Rafael de Altamira, Magistrado español en la Corte Permanente de Justicia Internacional", en *El arreglo pacífico de controversias internacionales, op. cit.*, Tirant lo Blanch, Valencia, 2013, pp. 33-34.

previa[38]. Así lo pone de relieve la profesora Crespo Navarro, al comentar el planteamiento de Rusia, como convocante de la Conferencia y los problemas en presencia:

> "El programa presentado por Rusia se limitaba prácticamente a plantear el desarrollo de las normas adoptadas en la primera Conferencia, en particular las disposiciones de la Convención sobre arreglo pacífico de controversias, y la elaboración de nuevas convenciones sobre la guerra marítima. No se mencionaban, en cambio, los que seguían siendo los dos problemas principales de la época, el arbitraje obligatorio (excluido por la oposición del gobierno alemán) y el desarme (descartado por el escepticismo ruso)"[39].

El papel protagonista jugado por Rusia en este contexto trae causa de los trabajos previos llevados a cabo por el *International Bureau* de la Corte Permanente de Arbitraje, que preparó la agenda de la nueva Conferencia, a iniciativa de Estados Unidos[40]. El papel mediador de Roosevelt en la guerra ruso-japonesa de 1905 puso fin a dicho conflicto, y dio lugar a un activo papel por parte de Rusia en aras a la convocatoria de la citada Conferencia[41]. En la misma, desarrollada del 15 de junio al 18 de octubre de 1907, participaron 256 delegados de

---

38 Sobre el desarrollo de esta Conferencia de 1907, resulta de sumo interés el volumen monográfico que dedicó la revista *American Journal of International Law* a estas cuestiones. En particular, véase la contribución de James Brown Scott, "The Work of the Second Hague Peace Conference", *AJIL*, vol. 2, issue 1, January 1908, pp. 1-28.

39 Véase Elena Crespo Navarro, "La Segunda Conferencia de Paz de La Haya (1907) y la posición de España", LX *REDI* (2008), pp. 113-128, en p. 116.

40 Véase Elena Crespo Navarro, "La Segunda Conferencia de Paz de La Haya (1907) y la posición de España", *loc. cit.*, p. 115.

41 Véase Bob Reinalda, "The 1899 and 1907 Peace Conferences in The Hague and The Hague System", *Routledge History of International Organizations: from 1815 to the Present Day*, Taylor and Francis Group, Londres y Nueva York, 2009, p. 78.

44 Estados, un numero un poco más elevado que en 1899, sumándosele 18 a los participantes de entonces. Sin embargo, las enmiendas introducidas a la Convención de 1899 sobre el arreglo pacífico de controversias, centradas esencialmente en el arbitraje, no consiguieron resolver los problemas prácticos que, como indica Reinaldo, subyacían en la institución arbitral, tales como la inexistencia de un sistema estable preestablecido y la necesidad de que muchos aspectos del desarrollo del arbitraje hubiesen de dilucidarse sobre la marcha, cuando el asunto era sometido a dicha regulación[42]. La oposición alemana a que se realizasen sustanciales avances en dicha institución (por ejemplo, la posibilidad de que el arbitraje fuese obligatorio) ofrece datos acerca del exiguo resultado alcanzado, al menos en lo que concierne a los mecanismos de arreglo pacífico de controversias.

Un hito de interés lo constituyo la adopción de un Protocolo, el día previo al inicio oficial de la Conferencia (14 de mayo de 1907), firmado por los Estados participantes en la primera Conferencia para permitir que los que se habían sumado a esta nueva Conferencia pudiesen adherirse a la Convención de 1899 sobre arreglo pacífico de controversias internacionales[43].

Hubo resultados notables, fruto de dicha Conferencia: la eliminación de la guerra para el cobro de deudas contractuales o la regulación de la guerra marítima, entre otros, fueron logros a destacar[44]. Un hecho simbólico lo constituyó la construcción

---

[42] Véase Bob Reinalda, "The 1899 and 1907 Peace Conferences in The Hague and The Hague System", *op. cit.*, p. 79.

[43] Véase Elena Crespo Navarro, "La Segunda Conferencia de Paz de La Haya (1907) y la posición de España", *loc. cit.*, pp. 116-117.

[44] Todos los instrumentos adoptados durante la Conferencia de 1907 pueden consultarse en su versión en inglés en *AJIL*, "Supplement: Official Documents", vol. 2, issue S1-S2, April 1908.

del Palacio de la Paz en La Haya[45], promovida por las donaciones que el millonario estadounidense Andrew Carnegie llevó a cabo, y que incentivó la construcción de otros edificios relacionados con la promoción de la paz, tales como el edificio de la Unión Pan-Americana en Washington, los edificios de la Corte Centroamericana de Justicia en Costa Rica y el mencionado Palacio de la Paz. La máxima "if you want peace, cultivate justice", es una idea subyacente en dichas donaciones.

Sin embargo, en lo que concierne al arreglo pacífico y los mecanismos de solución, los logros de la Conferencia de 1907 resultaron ser bastante exiguos[46]. Ello, a pesar de que los trabajos de la Primera Comisión de la Conferencia, dedicados al arreglo pacífico, intentaron avanzar en diversas líneas, tales como la revisión del Convenio de 1899, la idea del arbitraje obligatorio (lejos de ser aceptada), la conformación de un Tribunal Internacional de Presas y de un Tribunal de Justicia Arbitral, así como la adopción de la Convención sobre la prohibición del uso de la fuerza para el cobro de las deudas contractuales (Convención Drago-Porter)[47]. La mera discusión de

---

45 Toda la información acerca del Palacio de la Paz, así como de las instituciones que acoge, fundamentales para el Derecho Internacional (Tribunal Permanente de Arbitraje, Corte Internacional de Justicia -y a su antecesora, la Corte Permanente de Justicia Internacional-, la Academia de Derecho Internacional de La Haya, así como la Biblioteca del Palacio de la Paz) pueden verse en https://www.vredespaleis.nl/?lang=en.

46 Véase Elena Crespo Navarro, "La Segunda Conferencia de Paz de La Haya (1907) y la posición de España", *loc. cit.*, pp. 124-126.

47 El texto de la Convención Drago-Porter puede consultarse en inglés en https://avalon.law.yale.edu/20th_century/hague072.asp. Sobre dicha Convención, y sus orígenes, véanse, entre otros, George Windfield Scott, "International Law and the Drago Doctrine", *The North American Law Review*, vol. 183, n. 600 (October 5, 1906), pp. 602-610; del mismo autor, "Hague Convention Restricting the Use of Force to Recover on Contract Claims", *AJIL*, vol. 2, issue 1, January

la cuestión ya hacia entrever un avance, siquiera incipiente, en la regulación y control del uso de la fuerza, aún lejos de ser erradicada, en el marco de las Relaciones Internacionales.

En palabras de la profesora Elena Crespo, que suscribimos:

> "A pesar del carácter limitado y condicionado de la prohibición del uso de la fuerza reconocida en dicho Convenio, es preciso destacar su importancia como precedente simbólico en el camino hacia la sustitución de la guerra por los medios pacíficos para el arreglo de las controversias internacionales"[48].

Esa institucionalización, o al menos los diversos intentos para alcanzar la misma, fueron llevados a cabo tras la Primera Guerra Mundial, con la Sociedad de Naciones como protagonista, así como diversos tratados que pretendieron alcanzar estos fines, lamentablemente sin mucho éxito, como tendremos ocasión de verificar a continuación.

b. De la Sociedad de Naciones a Naciones Unidas

Si bien las Conferencias de La Haya constituyen hitos relevantes para el avance del Derecho Internacional, así como también para la evolución del arreglo pacífico de las controversias internacionales, debe destacarse que las mismas no consiguieron erradicar la guerra como instrumento. Una prueba

---

1908, pp. 78-94; Wolfgang Benedek, "Drago-Porter Convention (1907)", *EPIL* January 2007, accesible en https://opil.ouplaw.com/display/10.1093/law:epil/9780199231690/law-9780199231690-e73. Véase sobre dicha convención Hans Wehberg, "La contribution des Conférences de la Paix de La Haye au progrès du droit international", *loc.cit.*, p. 633, donde considera que la Convención Porter constituye una primera etapa, un resultado muy favorable que cabe resaltar de esta Segunda Conferencia.

48 Véase Elena Crespo Navarro, "La Segunda Conferencia de Paz de La Haya (1907) y la posición de España", *loc. cit.*, p. 126.

terrible de ello la constituyó la I Guerra Mundial. La Organización Internacional fraguada tras ese periodo, instaurada en virtud del Tratado de Versalles (por el que se creaba además la Organización Internacional del Trabajo-OIT- que aún pervive en nuestros días) tampoco conseguiría poner coto a las contiendas bélicas, estableciendo únicamente una especie de "moratoria" para recurrir a las armas[49]. La denominada Sociedad o Liga de Naciones, a pesar de sus buenos propósitos, como acertadamente ha tenido la ocasión de señalar Truyol y Serra:

> "(...) no pudo cumplir la función de instrumento de cambio pacífico de las situaciones internacionales, del *peaceful change*, entonces en el primer plano de las preocupaciones. Éxitos en la protección de minorías y la organización del plebiscito del Saar (Sarre) (1935) no pudieron compensar el fracaso en cuestiones tan graves como el conflicto chino-japonés (a partir de 1931) y la guerra entre Italia y Etiopía (1935-1936)"[50].

La Sociedad de Naciones determinaría en su Pacto[51], entre otras cuestiones, la siguiente, expuesta en el artículo 12:

---

49 Véase Francis Paul Walters, *Historia de la Sociedad de Naciones,* trad. de Federico Fernández de Castillejo, Tecnos, Madrid, 1971, especialmente pp. 66-68 sobre los artículos del Pacto relacionados con la cuestión que nos ocupa. De manera gráfica, Alejandro J. Rodríguez Carrión, *Uso de la fuerza, op. cit.,* p. 33, explica claramente la plasmación del recurso a la guerra en el Pacto, del modo siguiente: "La guerra ya no puede ser un instrumento más al servicio de las políticas nacionales con la misma vigencia y justificación que cualesquiera otros medios pacíficos de solución de conflictos. No desaparece, sin embargo, la idea de la legalidad de la guerra; lo que sucede es que se somete a la guerra a determinados trámites procesales".

50 Véase Antonio Truyol y Serra, *Historia del Derecho Internacional Público,* versión española de Paloma García Picazo, Tecnos, Madrid, 1998, pp. 130-131.

51 Véase 225 *CTS*, así como el texto original del mismo, publicado en el *Diario Oficial de la Organización,* y que se reproduce en https://libraryresources.unog.ch/ld.php?content_id=32971179.

> "Tous les Membres de la Société conviennent que, s'il s'élève entre eux un différend susceptible d'entraîner une rupture, ils le soumettront soit à la procédure de l'arbitrage, soit à l'examen du Conseil. Ils conviennent encore qu'en aucun cas ils ne doivent recourir à la guerre avant l'expiration d'un délai de trois mois après la sentence des arbitres ou le rapport du Conseil.
>
> Dans tous les cas prévus par cet article, la sentence des arbitres doit être rendue dans un délai raisonnable et le rapport du Conseil doit être établi dans les six mois à dater du jour où il aura été saisi du différend"[52].

Ello, unido al sistema de seguridad colectiva previsto en el artículo 16 del Pacto[53], al determinar que el recurso a la guerra por parte de un Miembro de la Sociedad sería considerado como si se hubiese cometido un acto de guerra contra todos los demás Miembros de dicha entidad.

El sistema, como es sabido, no llegó a funcionar de manera real, dada la no pertenencia a la Organización de algunos Estados importantes del escenario internacional de la época, a la salida de algunos de sus miembros de la Organización, y finalmente al fracaso de la misma, que no logró evitar el advenimiento de la II Guerra Mundial.

Pese a todo, son numerosas las lecciones que se desprenden del Tratado de Versalles y de la obra de Sociedad de Naciones, a pesar de los múltiples obstáculos que la misma encontró para llevar a cabo su labor. Como el profesor Casanovas y La Rosa puso de relieve, cuando se conmemoraba el centenario de dicho tratado:

> "Todo esto puede parecer muy lejano y propio de una época pasada. La Segunda Guerra Mundial no se debió al Tratado de

---

52 Véase https://libraryresources.unog.ch/ld.php?content_id=32971179, p. 6.

53 Véase https://libraryresources.unog.ch/ld.php?content_id=32971179, pp. 7-8.

> Versalles sino a las decisiones que tomaron los gobernantes y los pueblos en momentos cruciales posteriores a su conclusión. (...) De la época del Tratado de Versalles, sin embargo, se derivan enseñanzas que son plenamente válidas en la actualidad: la necesidad del respeto al Derecho internacional y el cumplimiento de las obligaciones internacionales, el multilateralismo para hacer frente a los nuevos desafíos y la unidad de Europa"[54].

En línea con los aspectos delineados en el Pacto, el sistema ginebrino continuaría, concretamente con la adopción en Ginebra del Acta General para el Arreglo Pacífico de las Diferencias Internacionales, el 28 de septiembre de 1928, en virtud de la cual la Asamblea de la Sociedad de Naciones instauraría un sistema en el que la conciliación se planteaba como sistema obligatorio, delineándose además numerosos elementos respecto del arbitraje y del arreglo judicial ante la Corte Permanente de Justicia Internacional. Como señala con toda razón Fernández Illanes, "no obstante sus imperfecciones, constituye un importante avance y sus disposiciones pasaron al sistema de las Naciones Unidas"[55].

---

54 Véase Oriol Casanovas y La Rosa, "En el centenario del Tratado de Versalles", *REDI*, vol. 71, 2019, pp. 17-22, en p. 22.

55 Sobre esta cuestión, véase Samuel Fernández Illanes, "La solución pacífica de controversias y el mantenimiento de la paz", *Revista Chilena de Derecho* (1985), vol. 12, pp. 279-311, en especial p. 283. Concretamente, habría de ser el Acta General Revisada para el Arreglo Pacífico de las Controversias Internacionales, adoptada mediante la Resolución 268 A (III) de la Asamblea General de Naciones Unidas, de 28 de abril de 1949, la que asumiría ese nuevo rol, intentando restituir, en el marco de Naciones Unidas, la puesta en funcionamiento que el Acta General preveía en el contexto de la Sociedad de Naciones y de las instituciones que habían desaparecido, junto a la Sociedad (por ejemplo, la Corte Permanente de Justicia Internacional).

Otro hito al que debe hacerse una mención especial durante este período histórico lo constituye el Pacto Briand-Kellogg o Pacto de Renuncia a la guerra, firmado en París el 27 de agosto de 1928[56]. Walters nos ofrece una visión acerca del Pacto Briand-Kellogg y sus aspectos esenciales, refiriéndose al mismo en los siguientes términos:

> "(...) el Pacto había sido concebido por el pueblo y el Gobierno de los Estados Unidos. Aunque la primera propuesta oficial había surgido de Briand, se inspiró en fuentes americanas: fue librado del olvido por un resurgimiento de la opinión americana, cuya importancia acabó con la indiferencia del Departamento de Estado; las negociaciones subsiguientes fueron dominadas cada vez más por el Secretario de Estado americano y el texto final fue presentado al mundo por el Gobierno de los Estados Unidos. Los Miembros de la Sociedad habían visto frustrados sus esfuerzos durante diez años debido a la actitud negativa de los Estados Unidos. Ahora parecía que la cooperación americana, que nunca se había dejado de pedir, iba a ser finalmente conseguida"[57].

Se habían depositado numerosas expectativas en dicho instrumento, "la primera prohibición jurídica sobre el recurso a la guerra", en palabras del profesor Rodríguez Carrión, "depositario de una fe llamativa por desproporcionada, en la medida en que no contaba con garantías jurídicas de respaldo"[58]. Además, el Pacto Briand-Kellogg tuvo un efecto no querido, dado que, en palabras de este mismo autor:

> "en la medida en que no se prohibía el recurso a la fuerza, sino a la guerra, los Estados tendieron a camuflar sus utilizaciones de la fuerza alegando, como hicieran China y Japón, en 1931 y 1937, que no se encontraban en guerra, como demostraba

---

56 Véase 94 *LNTS*, p. 57.

57 Véase Francis Paul Walters, *Historia de la Sociedad de Naciones*, *op. cit.*, p. 380.

58 Véase Alejandro J. Rodríguez Carrión, *Lecciones de Derecho Internacional Público*, 6ª ed., Tecnos, Madrid, 2006, p. 537.

> el hecho de que continuaran manteniendo relaciones diplomáticas, por mucho que las hostilidades fueran manifiestas"[59].

Los acontecimientos desarrollados durante las décadas de los años treinta y cuarenta del siglo XX darían al traste con los vanos intentos que la Sociedad de Naciones trató de alcanzar en aras a mantener un mundo en paz. El comienzo de la Segunda Guerra Mundial dio pie a la celebración durante el transcurso de la misma de numerosas conferencias internacionales, si bien van a corresponder a otra época. Como bien nos describe Walters:

> "La Carta del Atlántico, la Declaración de las Naciones Unidas, las Conferencias de Moscú y Yalta, la reunión de Dumbarton Oaks y la Conferencia de San Francisco corresponden a la historia de las Naciones Unidas, no de la Sociedad (...) prefirieron concebirlos no como una vuelta al pasado, sino de cara al futuro. Sin embargo, el establecimiento de las Naciones Unidas arroja una luz reveladora sobre la historia de la vida y muerte de la Sociedad de las Naciones"[60].

Resulta igualmente ilustrativo acerca de la situación experimentada en la sociedad internacional del momento (durante e inmediatamente después de la II Guerra Mundial), la explicación que a este respecto nos suministra el profesor Rodríguez Carrión, quien, acerca de dicho momento histórico, señala lo siguiente:

---

59 Véase Alejandro J. Rodríguez Carrión, *Lecciones de Derecho Internacional Público, op. cit.*, p. 537.

60 Véase Francis Paul Walters, *Historia de la Sociedad de Naciones, op. cit.*, p. 774. Sobre todos estos precedentes, que desembocaron finalmente en la Conferencia de San Francisco y la creación de la Organización de las Naciones Unidas, véase la información que suministra la web de la Organización, en https://www.un.org/es/about-us/history-of-the-un/1941-1950.

"Si la Segunda Guerra Mundial superó los horrores de todas las anteriores, también registró una paralela acentuación del sentimiento pacifista y renovador, la búsqueda de un nuevo y definitivo orden internacional, garantía de preservación de la paz mundial en el futuro. Bien es verdad que los aliados –las Naciones Unidas- eran ante todo una asociación por y para la guerra, pero por encima de ello aleteaba el espíritu de una gran reconstrucción. Recogen esta idea las conferencias aliadas de Teherán (diciembre 1943), Dumbarton Oaks (agosto-septiembre 1944), Yalta (febrero 1945) y Potsdam (julio 1945), que, si por un lado trazaban estrategias militares, por otro recogían la antorcha de la Sociedad de Naciones en el intento de hacer de aquella guerra la última de la humanidad. Sin embargo, superaban a la Sociedad de Naciones al intentar situar la paz en un marco mucho más amplio que el representado por la simple prohibición de las guerras: la construcción de un entramado de relaciones interestatales en el que las relaciones sociales, culturales, humanitarias y económicas fueran la primera y gran barrera para hacer frente al recurso a la guerra"[61].

En línea con la anterior, debemos señalar que la base fundamental del sistema aprobado en la Conferencia de San Francisco, en relación con el tema que nos ocupa, es el principio del arreglo pacífico de las controversias que, tal y como aparece descrito en el art. 2.3 de la Carta[62], señala lo siguiente:

---

61 Véase Alejandro J. Rodríguez Carrión, *Uso de la fuerza por los Estados,* Málaga, Organización Sindical, 1974, p. 19.

62 La Carta de Naciones Unidas, así como el Estatuto de la Corte Internacional de Justicia, fueron adoptados en la Conferencia de Naciones Unidas, celebrada en San Francisco. La publicación oficial en el *BOE* en nuestro país es bastante posterior a la admisión como miembro de España en Naciones Unidas, como se sabe, teniendo lugar la misma, junto con la Declaración unilateral española de aceptación de la jurisdicción de la Corte Internacional de Justicia en el *BOE* n. 275, de 16 de noviembre de 1990. Al texto de la Carta en español, una de las lenguas oficiales de la Organización, se puede acceder en https://www.un.org/es/about-us/un-charter.

> "Los Miembros de la Organización arreglarán sus controversias internacionales por medios pacíficos de tal manera que no se pongan en peligro ni la paz y la seguridad internacionales ni la justicia".

Se puede realizar como colofón de este apartado una comparación entre los logros alcanzados por Sociedad de Naciones en este tema, así como los que la Carta de Naciones Unidas preconizaba. De manera muy matizada, el profesor White señala:

> "Moreover, the UN Charter did not represent a complete break in the international legal order. The Covenant did not represent the constitution of the old order and the Charter that of the new. Indeed, one might speculate that an argument against the Charter being the constitution of the post-1945 legal order is that the international legal order would survive the demise of the UN, just as it survived the demise of the League. Thus, there was no break in the international legal order in 1919 or in 1945, a continuity embodied in some ways by the unchanging nature of the International Court —from the PCIJ to the ICJ— with a continuation in the rule of recognition of the international legal order in the list of sources found in Article 38 of the Statute of the ICJ (which faithfully reproduced Article 38 of the Statute of the PCIJ)"[63].

En ese mismo sentido, y a pesar de reconocer que "*la Carta de las Naciones Unidas expresa por tanto una concepción del orden internacional profundamente distinta de la tradicional*"[64], el profesor Carrillo Salcedo nos advierte de lo siguiente:

> "Sin embargo, es preciso *no exagerar el alcance de estos datos* pues la Carta de las Naciones Unidas *no ha eliminado el conjunto de principios que inspiraron el orden internacional de Westfalia; no ha establecido un auténtico sistema de seguridad colectiva* que obligue jurídicamente a los Estados soberanos

---

63 Véase Nigel D.White, "The Legacy of the League of Nations: Continuity or Change?", *REDI*, vol. 71, 2019, pp. 277-283, en p. 283.

64 Véase Juan Antonio Carrillo Salcedo, *El Derecho Internacional en perspectiva histórica..., op. cit.*, p. 83. En cursiva en el original.

> al arreglo judicial o arbitral de las controversias en que sean partes y prive a los Estados soberanos de la legitimación para el uso jurídico de la fuerza; y, finalmente, *no ha establecido*, al crear la Organización de las Naciones Unidas, *una instancia de autoridad pública internacional superior a los Estados soberanos*"[65].

Por tanto, la Carta de Naciones Unidas, y la instauración de esta Organización con tendencia a la universalidad, si bien constituyó un paso adelante, no se puede calificar como "el paso definitivo para la humanidad en lo que al arreglo de controversias se refiere". La soberanía estatal y la voluntariedad continúan siendo las premisas fundamentales sobre las que se asienta el sistema plasmado en la Carta. Sobre el sistema del Capítulo VI y los diversos órganos implicados en el arreglo pacífico de las controversias internacionales volveremos más adelante, en el Capítulo dedicado a esta cuestión de manera exclusiva.

c. La Resolución 2625 (XXV) de la Asamblea General y la Declaración de Manila, como mecanismos incentivadores del arreglo pacífico de controversias

Pudiera parecer que se ha producido un salto temporal excesivo entre la instauración de Naciones Unidas y la década de los setenta del pasado siglo. Esto no quiere decir que no haya existido preocupación alguna en el contexto internacional respecto a la necesidad de elaborar instrumentos jurídicos acerca de la solución pacífica de controversias. Cabe mencionar como hito en ese intervalo temporal -si bien la mediación no encuentra reflejo a lo largo de su articulado, por lo que no nos detendremos en demasía en la misma-, la Convención Europea para

---

65 Véase Juan Antonio Carrillo Salcedo, *El Derecho Internacional en perspectiva histórica...*, *op. cit.*, p. 83. En cursiva en el original.

el Arreglo Pacífico de Controversias, adoptada en el marco del Consejo de Europa el 29 de abril de 1957, y cuya entrada en vigor internacional se produjo un año después, si bien con un número bastante limitado de ratificaciones[66]. La mediación no figura entre los mecanismos a los que las partes se comprometen a acudir conforme a dicha Convención, decantándose la misma por figuras como la conciliación, el arbitraje o la Corte Internacional de Justicia, inclinándose de manera preeminente por los mecanismos de carácter jurisdiccional, frente a los que no lo son[67].

Un documento clave en materia de arreglo pacífico de controversias entre los Estados lo constituye la "Declaración sobre los principios de Derecho Internacional referente a las relaciones de amistad y a la cooperación entre los Estados de conformidad con la Carta de las Naciones Unidas", Resolución 2625 (XXV), adoptado el 24 de octubre de 1970, sin votación[68]. Se

---

66 Tal y como puede consultarse en https://www.coe.int/en/web/conventions/full-list?module=signatures-by-treaty&treatynum=023.

67 Un análisis exhaustivo de esta Convención, poco tiempo después de su adopción, en la doctrina española, puede verse en José Luis Pardos Pérez, "Notas sobre la Convención Europea de 1957 para la resolución pacífica de controversias internacionales", en *Anales de la Universidad de Murcia (Derecho)*, vol. XVII; n.1, 1959, pp. D-79-D-119, accesible en https://revistas.um.es/analesumderecho/article/view/104041.

68 Doc. A/RES/2625(XXV), accesible en https://documents-dds-ny.un.org/doc/RESOLUTION/GEN/NR0/352/86/PDF/NR035286.pdf?OpenElement. Sobre los orígenes de la Declaración, y todos los pasos previos que han dado lugar a la misma, véanse, entre otros, los trabajos de Robert Rosenstock, "The Declaration of Principles of International Law Concerning Friendly Relations: A survey", vol, 65, n.5 *AJIL* (1971), pp. 713-735; Elisa Pérez Vera, *Naciones Unidas y los principios de la coexistencia* pacífica, Tecnos, Madrid, 1973; Ángela Trujillo del Arco, "The 50th anniversary of the Declaration of Friendly Relations and its Role on the Jurisprudence of the

trata de un texto calificado como, en palabras del profesor Antonio Remiro, "la resolución más señera de la Asamblea General, por su valor y relevancia jurídica y política"[69]. Continuando con esa misma línea argumental, dicho profesor señala que la resolución antedicha:

> "se considera el tabernáculo que guarda los principios fundamentales del orden internacional, las normas imperativas o *ius cogens*, el núcleo de un sistema frente al que deben ceder por nulidad absoluta o terminación irrevocable cualesquiera reglas que ose desafiarlas, la medida cabal para juzgar las conductas de quienes forman la sociedad internacional"[70].

De dicho texto se desprenden numerosas ideas que guardan una relación directa con la necesidad de promover el arreglo pacífico: el fomento de las relaciones de amistad y cooperación entre los vecinos, la tolerancia y la convivencia en paz, la necesidad de hacer realidad los propósitos de Naciones Unidas, la abstención por parte de los Estados de recurrir a la amenaza o al uso de la fuerza en sus relaciones mutuas. Dichas ideas, proclamadas en su parte preambular conforman una base indispensable para ello. Lo mismo sucede con el párrafo conforme al cual, esta vez de manera clara referido al tema que nos ocupa, señala:

> "*Considerando* que es indispensable igualmente que todos los Estados arreglen sus controversias internacionales por medios pacíficos de conformidad con la Carta".

International Court of Justice", *Anuario Español de Derecho Internacional*, t. 37 (2021), pp. 251-277, en especial pp. 252-256.

69 Véase Antonio Remiro Brotóns, "La declaración sobre los principios cumple cincuenta años. Rondó del poder taimado", *REDI*, vol. 72, num. 1, 2020, pp. 17-25 en p. 17.

70 Véase Antonio Remiro Brotóns, "La declaración sobre los principios cumple cincuenta años. Rondó del poder taimado", *ibid.*, p. 17.

De la misma manera, la citada Resolución parte de que la consideración de que el desarrollo progresivo y la codificación de toda una serie de principios, consagrados en la Carta de Naciones Unidas, entre los que se encuentra "el principio de que los Estados arreglarán sus controversias internacionales por medios pacíficos de tal manera que no se pongan en peligro ni la paz y la seguridad internacionales ni la justicia", fomentarían la realización de los propósitos de Naciones Unidas.

El párrafo dispositivo 1 de la mencionada Resolución 2625 (XXV) se refiere a toda una serie de principios que constituyen la base fundamental del sistema ideado por Naciones Unidas[71]. Son multitud los párrafos que guardan una relación directa y/o indirecta con el tema que nos ocupa (esto es, el arreglo pacífico de las controversias), aludiendo en este lugar a las cuestiones que se refieren de manera directa al tema específico objeto de nuestra atención.

En relación con el principio "de que los Estados, en sus relaciones internacionales, se abstendrán de recurrir a la amenaza o al uso de la fuerza contra la integridad territorial o la independencia política de cualquier Estado, o en cualquier otra forma incompatible con los propósitos de las Naciones Unidas", son numerosas las ideas que resultan de interés. De manera particular, el que "todo Estado tiene el deber de abstenerse de recurrir a la amenaza o al uso de la fuerza para violar las fronteras internacionales existentes de otro Estado o como medio de resolver controversias internacionales, incluso las controversias territoriales y los problemas relativos a las fronteras de los Estados", constituye una idea nuclear, que desde luego enlaza de manera directa con el principio segundo, el

71 El texto de la misma puede consultarse en https://documents-dds-ny.un.org/doc/RESOLUTION/GEN/NR0/352/86/PDF/NR035286.pdf?OpenElement.

que verdaderamente ha de ser objeto de nuestra atención de manera pormenorizada. Este dice así:

> "El principio de que los Estados arreglarán sus controversias internacionales por medios pacíficos de tal manera que no se pongan en peligro ni la paz y la seguridad internacionales ni la justicia.
>
> Todos los Estados arreglarán sus controversias internacionales por medios pacíficos de tal manera que no se pongan en peligro ni la paz y la seguridad internacionales ni la justicia.
>
> Los Estados, en consecuencia, procurarán llegar a un arreglo pronto y justo de sus controversias internacionales mediante la negociación, la investigación, la mediación, la conciliación, el arbitraje, el arreglo judicial, el recurso a los organismos o sistemas regionales u otros medios pacíficos que ellos mismos elijan. Al procurar llegar a ese arreglo las partes convendrán en valerse de los medios pacíficos que resulten adecuados a las circunstancias y a la naturaleza de la controversia.
>
> Las partes en una controversia tienen el deber, en caso de que no se logre una solución por uno de los medios pacíficos mencionados, de seguir tratando de arreglar la controversia por otros medios pacíficos acordados por ellas.
>
> Los Estados partes en una controversia internacional, así como los demás Estados, se abstendrán de toda medida que pueda agravar la situación al punto de poner en peligro el mantenimiento de la paz y la seguridad internacionales, y obrarán en conformidad con los propósitos y principios de las Naciones Unidas.
>
> El arreglo de las controversias internacionales se basará en la igualdad soberana de los Estados y se hará conforme al principio de libre elección de los medios. El recurso a un procedimiento de arreglo aceptado libremente por los Estados, o la aceptación de tal procedimiento, con respecto a las controversias existentes o futuras en que sean partes, no se considerará incompatible con la igualdad soberana.
>
> Ninguna de las disposiciones de los párrafos precedentes prejuzga o deroga las disposiciones aplicables de la Carta, en particular las relativas al arreglo pacífico de controversias internacionales".

En buena medida, todo lo dicho en estos párrafos de la Resolución 2625 (XXV) sigue muy de cerca tanto la filosofía como la letra que la Carta de Naciones Unidas había proclamado en 1945. Los artículos 2.3 y 33 de dicho texto son una prueba irrefutable de ello. La noción de igualdad soberana de los Estados, así como la libre elección de medios, configura otro elemento indispensable a tener en cuenta.

Sin duda alguna, la buena fe constituye una base fundamental de todo el sistema, puesto de relieve también en la citada Resolución, al que se une la imbricación de todos y cada uno de los principios, que no pueden entenderse de forma separada. Así es como interpretamos lo contenido en el primer párrafo de la parte dispositiva 2, donde, bajo el título de Disposiciones Generales se afirma lo siguiente:

> "Por lo que respecta a su interpretación y aplicación, los principios que anteceden están relacionados entre sí y cada uno de ellos debe interpretarse en el contexto de los restantes".

En esa medida, el principio de arreglo pacífico de las controversias guarda una relación directa con el conjunto de los propósitos y principios que la Carta de Naciones Unidas señala. La presente Resolución los incardina todos ellos, desarrollando algunos de sus aspectos esenciales, y poniendo de relieve la implicación de Naciones Unidas en todo este proceso. Dejando patente un elemento fundamental: la necesidad de que los Estados se impliquen verdaderamente en la consecución de estos principios como un todo. Este es precisamente uno de los elementos fundamentales, o carencias que este texto presenta en lo relacionado con la necesidad de avanzar en este ámbito. Como Rosenstock puso de relieve, al analizar la Declaración cuando la misma fue adoptada:

> "In the opinion of the writer, the failure of the international community over the years to make progress in this area (as the text reflects) is the main reason why so many disputes are allowed to fester for so long as they are not an immediate threat

> to world peace. If there were a wider acceptance of peaceful modes of settlement, much anguish and suffering, not to mention danger, could be avoided"[72].

Este autor, además, pone el acento de forma crítica en numerosas cuestiones respecto de las cuales la Declaración se quedó corta; cierto es que fue producto de una época en la que la necesidad de establecer equilibrios entre los bloques se reveló como un elemento absolutamente necesario. Con sus carencias, sin embargo, constituye un elemento fundamental que todavía está lejos de haber sido alcanzado en todos sus postulados básicos y que, atendiendo a su formulación, ha dado lugar a un arduo debate acerca de su valor jurídico, al contener los fundamentos sobre los que se asienta -aún hoy día- la sociedad internacional. Como afirmaba Rosenstock:

> "The text of the Declaration on Friendly Relations is incomplete if viewed as a blueprint for world order. Too many issues are not covered; too many of those that are covered are dealt with in a vague manner. Moreover, there is room for debate as to the nature of the binding force of the Declaration among states"[73].

Cabe preguntarnos, después de haber transcurrido más de cincuenta años desde la adopción de la mencionada Resolución 2625, cual es el grado de consecución de los principios propugnados por la misma, en especial todo lo relacionado con el arreglo pacífico de controversias. Como el profesor Pons Rafols ha puesto de relieve, tras un detenido análisis del contenido de dicha Declaración y, en particular, en lo referente a los aspectos relacionados con el arreglo pacífico de las controversias internacionales a los que se refiere la misma:

---

72 Véase Robert Rosenstock, "The Declaration of Principles of International Law Concerning Friendly Relations: A Survey", *AJIL* (October 1971), vol. 65, num. 5, pp. 713-735, en p. 726.

73 Véase Robert Rosenstock, "The Declaration of Principles of International Law Concerning Friendly Relations: A Survey", *ibid.*, p. 735.

> "son los Estados los que, mediante su consentimiento, deben acordar el medio de su elección; y (...) el catálogo de medios enunciados no es, en ningún caso, excluyente, pudiendo los Estados elegir cualquier otro medio, siempre que se trate de un medio pacífico. Lo único que concreta la Declaración es que los Estados utilizarán los medios pacíficos "que resulten adecuados a las circunstancias y a la naturaleza de la controversia"[74].

En el mismo contexto histórico, en plena década de los setenta del pasado siglo XX, cabe mencionar otro instrumento internacional en el que el arreglo pacífico de las controversias -y por ende la referencia a la mediación, también- encuentra su acomodo. Concretamente, el Acta final de la Conferencia sobre la Seguridad y la Cooperación en Europa (Helsinki, 1975), dedica su apartado V al "Arreglo de las controversias por medios pacíficos", con el siguiente tenor:

> "Los Estados participantes arreglarán las controversias entre ellos por medios pacíficos, de manera que no se pongan en peligro la paz internacional y la seguridad, y la justicia.
>
> Procurarán, de buena fe y con espíritu de cooperación, lograr una solución rápida y equitativa, basada en el derecho internacional.
>
> A este fin, se servirán de medios tales como la negociación, la investigación, *la mediación*, la conciliación, el arbitraje, el arreglo judicial u otros medios pacíficos de su elección, incluyendo cualquier procedimiento de arreglo convenido con anterioridad a las controversias en las que sean parte.
>
> En caso de no lograr una solución mediante cualquiera de los medios pacíficos anteriormente mencionados, las partes en la controversia continuarán buscando una forma mutuamente convenida para arreglar pacíficamente la controversia.

---

74 Véase Xavier Pons Rafols, "Los principios estructurales del Derecho Internacional", en *Concepto y Fuentes del Derecho Internacional*, José María Beneyto y Carlos Jiménez Piernas (dirs.), Tirant lo Blanch, Valencia, 2022, pp. 411-483, en p. 456.

> Aquellos Estados participantes que sean parte en una controversia entre ellos, así como otros Estados participantes, se abstendrán de toda acción que pueda agravar la situación hasta el punto de poner en peligro el mantenimiento de la paz y la seguridad internacionales y que, por tanto, pueda dificultar el arreglo de la controversia por medios pacíficos"[75].

Esta sería la disposición general, que va acompañada de una visión de futuro -y de cierto grado de compromiso, al menos aparente, por otra parte- reflejado en el apartado X de dicha Acta final, que se refiere al "Cumplimiento de buena fe de las obligaciones contraídas según el derecho internacional": se pergeñaba la posibilidad de que en el futuro se celebrasen reuniones posteriores, a iniciativa de Suiza, con el objetivo de llevar a cabo un "Proyecto de Convención para instituir un Sistema Europeo de Arreglo Pacífico de Controversias"[76]. Hubo varias iniciativas, con reuniones en Montreaux en 1978 y en Atenas en 1984, pero "se expresaron opiniones divergentes y no se alcanzó ningún consenso sobre un método"[77]. Habría de ser ya la década de los noventa la que permitiese, tras la reunión de La Valetta en 1991, la configuración de un método que, dibujado en esas fechas, va a pervivir en sus rasgos básicos, una vez que se crea la Organización para la Seguridad y la Cooperación en Europa (1994): el denominado Centro de

---

75 Véase el texto de dicha Acta final en la versión española del mismo, que es la que aquí reproducimos, en https://www.osce.org/files/f/documents/7/b/39506.pdf.

76 Véase https://www.osce.org/files/f/documents/7/b/39506.pdf, pp. 9-10 concretamente.

77 Un tratamiento exhaustivo de todo lo relacionado con esta cuestión de la labor de la entonces CSCE en materia de arreglo pacífico de controversias en Europa, de manera pormenorizada, véase en Paz Andrés Sáenz de Santa María, "Nuevas perspectivas del arreglo pacífico de conflictos en Europa: teoría y práctica", *Revista de Instituciones Europeas*, vol. 19, n.2 (1992), pp. 461-490, en especial pp. 464-475.

Prevención de Conflictos de la OSCE, que cuenta entre sus misiones las relacionadas con arreglo pacífico de diferencias, de mediación, facilitación del diálogo y apoyo a la mediación[78]. La cooperación con Naciones Unidas en este ámbito es crucial, como puso de relieve el Secretario General de la ONU, al mencionar los cursos de capacitación conjunta, con el fin de planificar estrategias de diálogo y mediación, entre otras cuestiones[79].

Se puede afirmar que, a diferencia de la Resolución 2625 a la que nos hemos referido con anterioridad, la Declaración de Manila (Resolución 37/10)[80], de 15 de noviembre de 1982, se dedica de manera exclusiva a la cuestión que nos ocupa: el arreglo pacífico de las controversias internacionales[81]. Con

---

78 Toda la información relacionada con este organismo puede consultarse en https://www.osce.org/files/f/documents/7/b/39506.pdf; de manera particular con la mediación, véase: https://www.osce.org/secretariat/107488. Son diversos los frentes en los que la OSCE ha tratado de jugar su papel en lo que a la resolución de conflictos concierne. Véase concretamente Lucía Ferreiro Prado, "La cooperación entre la OSCE y la alianza de las civilizaciones como mecanismo para resolver conflictos internacionales culturales", *El arreglo pacífico de controversias internacionales, op. cit.*, pp. 841-849.

79 Véase Doc. A/66/811, p. 14, párr. 48.

80 Véase Declaración de Manila sobre el Arreglo Pacífico de Controversias Internacionales (Resolución 37/10 de la Asamblea General de Naciones Unidas) de 15 de noviembre de 1982, accesible en https://peacemaker.un.org/sites/peacemaker.un.org/files/GA-RES_ManilaDeclaration_ARES3710%28spanish%29.pdf.

81 Un tratamiento de los antecedentes previos que condujeron a la Declaración de Manila, desde la Resolución de 17 de diciembre de 1979 de la Asamblea General (37/147), hasta el ofrecimiento del Gobierno de Filipinas para que el Comité Especial de la Carta de las Naciones Unidas y del Fortalecimiento del Papel de la Organización se reuniese en Manila, del 28 de enero al 22 de febrero de 1980, y el resultado de dichas reuniones, véase en Jorge Peirano Basso, *Buenos*

una base ineludible en la Carta de Naciones Unidas, así como en el Capítulo VI del citado instrumento y en los órganos de la ONU que pueden jugar algún papel incentivador del arreglo pacífico, en dicho texto destacan algunos elementos básicos, sin perjuicio de que se realicen referencias posteriores al mismo, en el apartado concreto referido a los medios de arreglo pacífico específicos. Naciones Unidas tiene los medios, pero *debe aumentar su eficacia* para que el arreglo pacífico se configure como una realidad[82].

Respecto al arreglo pacífico de las controversias y su configuración en la Declaración de Manila, varias ideas merecen ser destacadas. Como señala la profesora Badia Martí:

> "trata el arreglo pacífico en un sentido amplio: como principio estructural del ordenamiento, como función de la Organización, así como las vías de aplicación en uno u otro enfoque"[83].

En primer término, en el apartado I de la mencionada Declaración destaca la similitud con la idea reflejada en el artículo 33 de la Carta de Naciones Unidas, tanto en lo referente a la libertad de elección de medios de arreglo pacífico, como al listado de medios que dicho artículo señala. Cabe reseñar

---

oficios y mediación: la práctica internacional en el último cuarto de siglo, Montevideo, Ediciones Idea, 1983, pp. 57-66.

82 Ideas sumamente realistas, plasmadas en esta Declaración, la primera de las adoptadas por la Asamblea General de Naciones Unidas que se refiere de manera exclusiva a los medios de arreglo pacífico de las controversias internacionales. Como veremos, esta iniciativa será seguida de otras muchas que se plantearán en el futuro inmediato, relacionadas de manera concreta con mecanismos de arreglo específicos, que Naciones Unidas desea incentivar, planteando dicha situación a través de su órgano plenario, donde están representados todos los Estados de la comunidad internacional.

83 Véase Anna Badia Martí, *El arreglo pacífico de controversias en la Organización de Naciones Unidas, op.cit.*, p. 16.

la referencia expresa que, a diferencia del precepto de la Carta mencionado, realiza en relación con los buenos oficios (no referenciados en la Carta, como veremos). Sin embargo, esta figura aparece de una manera un tanto residual, sin relacionar a la misma con la mediación, cuando resulta indudable que esta conexión es totalmente ineludible.

Concretamente, es el apartado 5 -dentro de esta parte I- el que realiza dicha referencia, del siguiente modo:

> "Los Estados procurarán, de buena fe y con un espíritu de cooperación, el arreglo pronto y equitativo de sus controversias internacionales por cualquiera de los medios siguientes: la negociación, la investigación, la mediación, la conciliación, el arbitraje, el arreglo judicial, el recurso a acuerdos u organismos regionales *u otros medios pacíficos que ellos elijan, incluidos los buenos oficios*. Al procurar llegar a ese arreglo, las partes convendrán en valerse de los medios pacíficos que resulten adecuados a las circunstancias y a la naturaleza de la controversia"[84].

Sin perjuicio de las continuas alusiones al Capítulo VI de la Carta de Naciones Unidas, así como a los diferentes órganos de la misma que pueden cooperar en este ámbito de cuestiones (especialmente el Consejo de Seguridad a través de sus recomendaciones, la Asamblea General y el Secretario General de la ONU), la Declaración de Manila hace mención a la necesidad de incentivar la cooperación regional y bilateral en lo que al arreglo pacífico concierne, e inclusive incluir disposiciones relacionadas con esta cuestión en los tratados que se puedan concertar.

Estos son los términos en los que se pronuncia la Declaración:

> "9. Los Estados deberán considerar la posibilidad de concertar entre ellos acuerdos sobre el arreglo pacífico de controversias.

---

84 La cursiva es nuestra, poniendo de relieve la cuestion que se acaba de mencionar, relacionada con los buenos oficios.

Deberían también incluir, según correspondiera, en los acuerdos bilaterales y las convenciones multilaterales que concertasen, disposiciones eficaces para el arreglo pacífico de las controversias a que pudiesen dar lugar la interpretación o la aplicación de tales instrumentos".

La negociación como mecanismo se incentiva en buena medida, al aludirse al hecho de que la misma es un medio flexible y eficaz de arreglo pacífico de controversias (tal y como determina el párrafo 10 de la citada Declaración). Además, la premisa de partida para los Estados, como menciona el párrafo citado, señala que los Estados, "cuando opten por las negociaciones directas, deberían negociar efectivamente a fin de llegar a un pronto arreglo aceptable para las partes".

Otro aspecto curioso de la Declaración de Manila, es la referencia que la misma realiza a la Corte Internacional de Justicia (especial mención que hace el texto a las controversias de carácter jurídico, a pesar de la dificultad, como hemos visto con anterioridad, de diferenciar las controversias que tienen dicho carácter de las que carecen del mismo)[85]. Esto se plantea en la Parte II de la Declaración, donde se determinan todos los mecanismos de arreglo del sistema de Naciones Unidas, en particular todo lo relacionado con la Asamblea General (Párrafo 3, Parte II) y el Consejo de Seguridad (Párrafo 4, Parte II). Todo ello, en línea directa con lo auspiciado

---

85 Se trata del párrafo 5 de la Parte II de la Declaración de Manila, como idea inicial a este respecto, puesto que cada uno de los ámbitos relacionados con los diversos órganos se desarrolla de manera especial, y dice así: "5. Los Estados deberían tener plenamente en cuenta la función de la Corte Internacional de Justicia, que es el órgano judicial principal de las Naciones Unidas. Se señalan a su atención los medios que ofrece la Corte Internacional de Justicia para la solución de las controversias de orden jurídico, sobre todo desde que se revisó el reglamento de la Corte".

en la propia Carta, en su Capítulo VI al que haremos mención en detalle más adelante, y del que se puede considerar que la Declaración de Manila constituye un desarrollo de sus diversos elementos. Lo mismo sucede con la figura del Secretario General (párrafo 6 de la misma Parte II), que puede llamar la atención del Consejo de Seguridad respecto de cualquier cuestión que afecte a temas relacionados con la paz y la seguridad, con el objetivo de que se solvente la controversia de forma pacífica; puede colaborar con la Asamblea General en este mismo sentido, al igual que rendirá informes a ambos órganos.

De la misma forma que se intenta convencer a los Estados para que acudan a la Corte, también se trata de que suceda lo mismo con la posibilidad de acudir a otros organismos de carácter judicial, celebrando acuerdos para ello (o aplicando los existentes).

Cabe destacar asimismo la necesidad de incentivar la posibilidad de que los organismos especializados de Naciones Unidas participen en este sector, de manera particular mediante la solicitud de dictámenes consultivos a la Corte Internacional de Justicia, como otro elemento a destacar, puesto de relieve en el párrafo 5, Parte II de la mencionada Declaración.

En suma, la Declaración de Manila constituye un texto que trata de incentivar que los Estados acudan para la resolución de sus controversias a los diversos mecanismos que la Carta desde sus comienzos ha delineado para ello. Se configura como un primer paso, de la mano de la Asamblea General, para poner en práctica todos estos mecanismos, especificando con mayor detalle la forma y manera de acudir a los mismos, lo que servirá de incentivo posterior para que la propia Asamblea General adopte resoluciones concretas que detengan su atención en alguno de estos medios, de manera específica, o poniendo el acento en la necesidad de promover una solución pacífica[86].

Por ende, como ya hace décadas preconizó Economidès[87], al analizar detenidamente la Declaración de Manila y su contenido, no se trató de un texto revolucionario o progresista sino que, en línea con su proceso de adopción, donde el consenso fue la fórmula a seguir, constituyó un reflejo de la sociedad del momento en que se adoptó. Sin que de ello quepa deducir que no fue útil, dado que sobre dicha Declaración se han cimentado posteriores intentos por parte de Naciones Unidas –y de

---

86 Pueden citarse numerosos ejemplos de ello. En este sentido, véase Xavier Pons Rafols, "Los principios estructurales…", *op. cit.*, pp. 456-457. Entre los diversos ejemplos que cita este autor cabe mencionar la Declaración sobre la prevención y la eliminación de controversias y de situaciones que puedan amenazar la paz y la seguridad internacionales y sobre el papel de las Naciones Unidas en esa esfera, adoptada mediante la Resolución 43/51, de 5 de diciembre de 1988, de la Asamblea General (que se refiere en detalle a la labor que la Asamblea General, el Consejo de Seguridad y el Secretario General de Naciones Unidas pueden llevar a cabo en este ámbito); la Declaración sobre la determinación de los hechos por las Naciones Unidas en la esfera del mantenimiento de la paz y la seguridad internacionales, adoptada mediante la Resolución 46/59, de 9 de diciembre de 1991, también de la Asamblea General (que trata de incentivar esta figura –la determinación de hechos- así como el rol de los diversos órganos de Naciones Unidas que eventualmente participasen en su puesta en práctica, contando con el consentimiento del Estado al que se envíe dicha misión); o las Normas Modelo de las Naciones Unidas para la conciliación de controversias entre Estados, para la que hemos de acudir a la Resolución 50/50 de 11 de diciembre de 1995, de la Asamblea General (donde se regula en detalle la posibilidad de acudir a una Comisión de Conciliación, y el desarrollo de las diferentes fases de la misma).

87 Véase Constantin Economidès, "La Déclaration de Manille sur le règlement pacifique des différends internationaux", *AFDI* (1982), vol. 28, pp. 613-633, en particular en p. 633.

forma muy clara de la propia Asamblea General- para avanzar en el ámbito del arreglo pacífico de controversias y, de manera específica, como tendremos ocasión de analizar, en lo referente a la mediación internacional.

Capítulo II

Los medios de arreglo pacífico de controversias en Derecho Internacional: una aproximación a sus rasgos distintivos y diferenciadores

En el apartado anterior hemos dedicado nuestra atención a la evolución experimentada por los medios de arreglo hasta el advenimiento de las Naciones Unidas. A continuación, desarrollaremos los rasgos esenciales que revisten dichos medios, tal y como los contempla la Carta de Naciones Unidas, describiendo de manera somera los mismos, con el objetivo de centrarnos seguidamente en la mediación internacional, que constituye el verdadero objetivo de este libro.

Es el Capítulo VI de la Carta de Naciones Unidas el que se dedica al "arreglo pacífico de las controversias", caracterizándose el mismo por considerar que dichas controversias son ante todo "un asunto que atañe a los Estados partes en la misma y que Naciones Unidas no debe implicarse más que en último recurso, esto es, en caso de que los Estados fracasen en el arreglo y si su fracaso pone la paz en peligro"[88]. Partimos por

---

[88] Véase Rafael Casado Raigón, *Derecho Internacional*, Tecnos, Madrid, 4ª ed., 2020, p. 258.

tanto del artículo 33 de la Carta de Naciones Unidas[89], incluido en el Capítulo VI de dicho texto legal, en el que se describen, sin ánimo de exhaustividad, cuales son estos medios de arreglo pacífico de controversias:

> "1. Las partes en una controversia cuya continuación sea susceptible de poner en peligro el mantenimiento de la paz y la seguridad internacionales tratarán de buscarle solución, ante todo, mediante la *negociación, la investigación, la mediación, la conciliación, el arbitraje, el arreglo judicial, el recurso a organismos o acuerdos regionales u otros medios pacíficos de su elección.*
>
> 2.El Consejo de Seguridad, si lo estimare necesario, instará a las partes a que arreglen sus controversias por dichos medios"[90].

No se trata, por tanto, de una obligación de resultado, sino de comportamiento, o, como describe el profesor Casado Raigón:

> "de una obligación imperfecta, que no obstante debe interpretarse y aplicarse de conformidad al principio de la buena fe. A este respecto se ha mantenido que la verdadera obligación impuesta individualmente a cada Estado respecto de una controversia determinada no es arreglarla, sino procurar de buena fe su solución pacífica"[91].

Obligación de comportamiento que permite a los Estados utilizar libremente los medios de arreglo pacífico que estimen convenientes; con la salvaguarda, como no puede ser de otro

---

89 Sobre este artículo, y en particular sobre la obligación de comportamiento que aparece delineada en el primer párrafo del artículo 33 de la Carta, véase el análisis que realiza Hervé Ascensio, en *La Charte des Nations Unies. Commentaire article par article*, Jean-Pierre Cot, Alain Pellet (dirs.) y Mathias Forteau (secr. Ed.), Economica, París, 3ª ed., 2005, pp. 1047-1060.

90 La cursiva es nuestra.

91 Véase Rafael Casado Raigón, *Derecho Internacional*, *op. cit.*, p. 257.

modo, de lo que dispongan acuerdos internacionales que dichos Estados hayan suscrito, en los que se indiquen medios concretos, que se consideran *lex specialis*. Como señala Hervé Ascensio, existe un sinfín de tratados que limitan la elección de medios respecto al arreglo de controversias, estableciendo, por ejemplo, el recurso a la vía judicial obligatoria respecto de cuestiones interpretativas de dicho tratado o a la aplicación de sus disposiciones, incluso estableciendo una prioridad respecto a los mecanismos de arreglo respecto a las diferencias que surjan entre los Estados parte[92].

Sin duda alguna se trata de una disposición abierta, que no tiene carácter exhaustivo en cuanto a los medios de arreglo pacífico a los que se puede acudir; la propia frase "u otros medios pacíficos de su elección" deja clara esta idea. Existen, sin embargo, y así lo ha puesto de relieve la doctrina que ha analizado en detalle dicha disposición, algunos aspectos de la misma que se caracterizan por su imprecisión. Así, la mención que se realiza a los "organismos o acuerdos regionales", que reenvía al Capítulo VIII de la Carta y de manera particular al artículo 52. Se omite, pero sin que sea un obstáculo para que pueda acudirse a ello, la posibilidad de las partes de acudir al Consejo de Seguridad, a la Asamblea General e inclusive al Secretario General, aspectos que se delinean en otras disposiciones de la propia Carta[93].

La intervención de estos órganos de Naciones Unidas en lo que al arreglo pacífico de las controversias se refiere se entiende como subsidiaria, si bien la práctica internacional ofrece muestras sobradas de la intervención de los mismos en múltiples ocasiones, incluso cuando se están llevando a

---

92 Sobre ello, Hervé Ascensio, *La Charte des Nations Unies. Commentaire article par article, op. cit.*, p. 1053.

93 Sobre todas estas imprecisiones, véase Hervé Ascensio, *La Charte des Nations Unies. Commentaire article par article, op. cit.*, p. 1054.

cabo actuaciones entre las partes acudiendo a otros mecanismos de arreglo. Flexibilidad y sentido práctico parecen ser las máximas por las que se conduce la práctica internacional y la actuación de Naciones Unidas en lo que al arreglo pacífico de controversias se refiere.

El artículo 33 de la Carta y los medios de arreglo pacífico que en el mismo se describen son un paso previo ineludible para poder estudiar en profundidad el objetivo de este libro: la mediación internacional. Pero antes de proceder a ello se debe analizar, siquiera sea de forma somera, el conjunto de los mecanismos de arreglo que en dicha disposición se enumeran, ofreciendo una visión general de los mismos, así como de las principales características que los diferencian.

Una primera fórmula que nos permite diferenciar los medios de arreglo pacífico viene dada por la distinción básica y primordial, que parte de la base de que en una controversia y en la plasmación de medios de solución para la misma participe un tercero o no sea el caso. Esto permite distinguir en primer término la negociación de todos los demás mecanismos de arreglo pacífico.

En segundo lugar, la clasificación más utilizada por todos los que se han acercado al estudio de los medios de arreglo pacifico de controversias internacionales, diferencia las dos categorías siguientes: por un lado, los denominados medios no jurisdiccionales (o de índole político-diplomática) frente a los medios de carácter jurisdiccional (donde el aspecto jurídico se pone de relieve en toda su fuerza, junto a otro elemento diferenciador de los anteriores, como lo es el carácter vinculante del pronunciamiento judicial -la sentencia- o el laudo arbitral que se dicte -cuando se hace referencia al arbitraje-). La siguiente tabla (de elaboración propia) expone de manera visual los aspectos fundamentales de esta clasificación inicial.

CLASIFICACIÓN INICIAL DE LOS MEDIOS DE ARREGLO PACÍFICO DE CONTROVERSIAS

	Medios no jurisdiccionales	Medios Jurisdiccionales
Sin intervención de terceros	Negociación	
Con intervención de terceros	Buenos oficios/mediación	Arbitraje
Con intervención de terceros	Conciliación	Arreglo Judicial
Con intervención de terceros	Investigación, encuesta y determinación de hechos	
Con intervención de terceros	Organismos regionales	

Pasamos por ello a analizar separadamente cada una de estas categorías, mostrando sus principales rasgos configuradores. Ello, sin perjuicio de que los ámbitos referidos a la labor de las Organizaciones regionales en esta materia son objeto de estudio separado en un apartado posterior.

1. MEDIOS NO JURISDICCIONALES

La primera particularidad que debe destacarse de los denominados medios no jurisdiccionales es su flexibilidad, al igual que la no obligatoriedad de ninguno de sus aspectos configuradores (ni el hecho de acudir a los mismos, que siempre es voluntario, al existir el principio básico de libre elección de los medios de arreglo pacífico de controversias, ni las posibilidades de solución que se propongan a las partes). Dicha idea se configura como la premisa básica del arreglo de controversias en Derecho Internacional Público: libre elección de medios, salvo que existan compromisos -por ejemplo, un acuerdo internacional en el que se determine la posibilidad de acudir a algún mecanismo concreto-. Si ese no es el caso, el principio de libre elección de medios es la premisa básica.

a. La negociación

Existe una idea sobre la cual se ha discutido largo y tendido, y es la relativa al lugar que debe ocupar la negociación como mecanismo de arreglo pacífico de controversias. Uno de los aspectos esenciales de este medio de arreglo es el hecho de que en el mismo no interviene un tercero ajeno a la controversia, siendo las partes involucradas quienes se reúnen para llevar a cabo dicho proceso negociador. Se caracteriza por ser el medio de arreglo más sencillo y al que suele acudirse en primer término (pero sin que ello constituya un requisito, salvo que un compromiso previo así lo establezca).

Como ha señalado Ian Brownlie:

> "The first and classical mode of settlement is negotiation. This involves a direct and bilateral process. Negotiation can produce a settlement in accordance with legal criteria or in accordance with both legal and political criteria. In any case, negotiation is politically more flexible than adjudication"[94].

---

94 Véase Ian Brownlie, "The Wang Tieya Lecture in Public International Law. The Peaceful Settlement of International Disputes", *Chinese Journal of International Law* (2009), vol. 8, n.2, pp. 267-283, en p. 270. Algunos ejemplos relevantes de negociaciones que han permitido soslayar crisis relevantes, como la acontecida como consecuencia del bombardeo de la Embajada de China en Belgrado en 1999, durante las campañas llevadas a cabo por la OTAN sobre Yugoslavia, véanse en *ibid.*, pp. 270-271, donde se explican los acuerdos alcanzados y las indemnizaciones derivadas de ellos.

Como señala Peirano Basso, definiendo los aspectos esenciales que reviste la negociación como mecanismo de arreglo pacífico:

> "La *negociación* se considera el procedimiento más inmediato de solución de un conflicto entre las partes, con miras a buscar un entendimiento. Este procedimiento supone flexibilidad y concesiones mutuas otorgadas sin que medie coacción. Su éxito depende del espíritu que anime a las partes negociadoras y del alcance de los fluctuantes intereses políticos en juego"[95].

Estos aspectos fundamentales de la negociación configuran uno de sus rasgos característicos, lo que justifica claramente el hecho de que la Declaración de Manila, a la que se ha hecho alusión anteriormente, se refiera a esta figura en su párrafo 10, del siguiente modo:

> "Los Estados, sin perjuicio del derecho de libre elección de los medios, deberían tener presente que las negociaciones directas son un medio flexible y eficaz de arreglo pacífico de sus controversias. Cuando opten por las negociaciones directas, los Estados deberían negociar efectivamente a fin de llegar a un propio arreglo aceptable para las partes (...)"[96].

En realidad, puede afirmarse que las negociaciones diplomáticas entre las partes en una controversia constituyen el medio más simple y más eficaz de alcanzar una solución satisfactoria. A ello contribuye, además, como la realidad internacional parece demostrar, la proliferación de organismos internacionales que cada vez más pueden colaborar y ayudar a los Estados a que lleven a cabo negociaciones de toda índole[97].

---

95 Véase Jorge Peirano Basso, *Buenos Oficios y Mediación, op. cit.*, p. 13.

96 Vease Declaracion de Manila, en https://peacemaker.un.org/sites/peacemaker.un.org/files/GARES_ManilaDeclaration_ARES3710%28spanish%29.pdf, parr. 10.

97 Véase, en relación con el papel de la negociación como mecanismo de arreglo pacífico, Grigore Geamănu, "Théorie et pratique des

En esta línea, con el objetivo de incentivar la negociación como mecanismo de arreglo pacífico, cabe destacar la Resolución de la Asamblea General de Naciones Unidas 53/101, Principios y Directrices para las Negociaciones Internacionales, de 8 de diciembre de 1998[98]. De conformidad con dicho texto, algunas ideas esenciales acerca de la negociación en el mundo contemporáneo merecen la pena ser destacadas, entre ellas las siguientes:

- "Las negociaciones internacionales constituyen *un medio flexible y eficaz* de lograr, entre otras cosas, el arreglo pacífico de las controversias entre Estados y de crear nuevas normas internacionales de conducta"[99].
- Los Estados deben regirse en dichas negociaciones por los principios y normas pertinentes del Derecho Internacional. Entre estos principios cabe destacar, a nuestro juicio, el principio de buena fe, que debe guiar las negociaciones de principio a fin.
- La libre elección de medios de arreglo pacífico, que conforma una idea esencial.

La Asamblea General de Naciones Unidas parte como parámetro esencial (con la idea de contribuir a que las negociaciones sean más previsibles para las partes, se reduzca la incertidumbre y se promueva una atmósfera de confianza)[100] de la necesidad de reafirmar los principios delineados en la Carta

---

négociations en droit international", 166 *Rec. des Cours* (1980-I), pp. 364-448, en especial pp. 416-418.

[98] Véase A/RES/51/101, accesible en https://documents-dds-ny.un.org/doc/UNDOC/GEN/N99/762/28/PDF/N9976228.pdf?OpenElement.

[99] Considerando segundo de la mencionada Resolución 51/101. La cursiva es nuestra.

[100] Como se desprende del considerando 4, p. 2 de la citada Resolución.

de Naciones Unidas: igualdad soberana de los Estados, no injerencia en los asuntos internos, buena fe, abstenerse de usar la fuerza, nulidad de los acuerdos obtenidos mediante amenaza o uso de la fuerza, el deber de cooperación de los Estados, así como el principio de arreglo pacífico de las controversias[101].

Las directrices formuladas por la Asamblea General se plasman en el artículo 2 de esta breve resolución y son las siguientes:

"a) Las negociaciones se habrán de realizar de buena fe;

b) Los Estados deberían tener debidamente en cuenta la importancia de lograr la participación en las negociaciones internacionales, en una forma apropiada, de los Estados cuyos intereses vitales resulten afectados directamente por los asuntos en cuestión;

c) El propósito y el objeto de todas las negociaciones deberán ser plenamente compatibles con los principios y las normas de derecho internacional, incluidas las disposiciones de la Carta;

d) Los Estados deberían atenerse al marco mutuamente convenido para la realización de las negociaciones;

e) Los Estados deberían procurar mantener un ambiente constructivo durante las negociaciones y abstenerse de cualquier comportamiento que pudiera dificultar las negociaciones y sus avances;

f) Los Estados deberían facilitar la realización o la conclusión de las negociaciones manteniendo en todo momento centrada la atención en los objetivos principales de las negociaciones;

g) Los Estados deberían hacer todo lo posible por seguir avanzando hacia una solución justa y mutuamente

---

[101] Artículo 1 de la mencionada Resolución.

aceptable en caso de que se llegue a un punto muerto en las negociaciones".

Como puede verse, se trata de directrices basadas en el sentido común, la flexibilidad, la buena fe, la generación de un ambiente constructivo, que permita hacer progresar las negociaciones y alcanzar -ese es el objetivo loable que se pretende y que no siempre es fácil de lograr- el arreglo pacífico de las controversias. En palabras de la profesora Riquelme Cortado, se trató, desde luego, de un objetivo muy parco, teniendo presentes las expectativas generadas, que en buena medida resultaban coincidentes con el centenario de la Conferencia Internacional de La Haya de 1899[102].

b. Buenos oficios/mediación: rasgos básicos configuradores de ambas figuras

Estas son las figuras a las que vamos a dedicar nuestra atención de manera específica en este libro, especialmente a lo largo de los siguientes capítulos, con lo que en este apartado únicamente desglosaremos las cuestiones fundamentales de ambas, sin perjuicio de que algunos de dichos elementos sean objeto de atención pormenorizada más adelante. Como señala Wyler, el uso de la mediación como medio de arreglo de las controversias –y algo muy similar sucede con el arbitraje- se remonta a tiempos pretéritos y representa una constante en la historia del arreglo pacífico de diferencias internacionales, no solamente en la órbita occidental (también, por ejemplo, en

---

[102] Véase Rosa M. Riquelme Cortado, "La promoción de medios y métodos de arreglo pacífico de las controversias en la conmemoración del centenario de la primera conferencia internacional de la Paz (1899-1999)", *Anuario de Derecho Internacional…loc. cit.*, en especial pp. 412-420, con un tratamiento exhaustivo de dicha cuestión.

China o África)[103]. La mediación es tan común en el escenario internacional como lo es el conflicto. Acudir a esta figura, como algunos de los estudiosos de ella han planteado, se suele producir en muy diversas circunstancias, tales como cuando:

> "(1) disputes are long, drawn out and complex; (2) the disputants' own conflict management efforts have reached an impasse; (3) neither side is prepared to countenance further costs or escalation of the dispute; and (4) the disputants are prepared to break their stalemate by cooperating with each other and engaging in some communication and contact"[104].

En este sentido, una definición que aúna ambas figuras sería, siguiendo a Peirano Basso, la siguiente:

> "la acción informal de un tercero (Estado, Organización Internacional o persona calificada) tendiente a obtener que las partes en un conflicto actual o potencial lleguen a un mutuo entendimiento, ya sea buscando un simple acercamiento entre las mismas, ya sea ofreciendo fórmulas concretas de solución para el diferendo"[105].

La primera cuestión de la que debemos partir es el hecho objetivo de que la Carta de Naciones Unidas solamente menciona la mediación (no los buenos oficios)[106], de lo que se deriva que la segunda de estas figuras queda englobada por la

---

[103] Como pone de relieve Eric Wyler, en "Le médiateur, tiers impartial au coeur du droit", en *Promoting Justice, Human Rights and Conflict Resolution through International Law. Liber Amicorum Lucius Caflisch.* Ed. por M.G. Kohen, Martinus Nijhoff Publishers, Madrid, 2007, p. 986.

[104] Véase Jacob Bercovitch, Theodore J. Anagnoson y Donnette L. Wille, "Some Conceptual Issues and Empirical Trends in the Study of Successful Mediation in International Relations", *Journal of Peace Research* (1991), vol. 28, n. 1, pp. 7-17, pp. 7-8.

[105] Véase Jorge Peirano Basso, *Buenos oficios y mediación, op. cit.*, p. 25.

[106] Tal y como se contempla en el artículo 33 de la Carta de Naciones Unidas, mencionado con anterioridad.

primera de ellas (la mediación). Pero debe ponerse de relieve que esto no siempre fue así. De hecho, la Convención de 1899 para la resolución pacífica de controversias internacionales[107], menciona a ambas figuras. El Título II de la misma se denomina precisamente "De los buenos oficios y de la mediación". El primero de los artículos que se refiere a ellas es el que establece esa situación singular "antes de convocar a las armas" y conforme al cual las Potencias signatarias "acuerdan recurrir, tanto cuanto las circunstancias lo permitan, a los *buenos oficios o a la mediación* de una o de varias Potencias amigas"[108]. De hecho, la guerra como tal no está prohibida, lo que se pone de relieve en el artículo 7, que en relación con ello dice así:

> "La aceptación de la mediación no puede tener el efecto, salvo acuerdo en contrario, de interrumpir, retardar u obstaculizar la movilización u otras medidas preparatorias de guerra.
>
> Si la mediación ocurre después del inicio de las hostilidades, ésta no interrumpe, salvo acuerdo en contrario, las operaciones militares en curso".

De dicha Convención cabe destacar un hecho: la misma dedica siete artículos de manera conjunta a los buenos oficios y la mediación. El rasgo común de ambas figuras, consistente en la intervención de un tercero (una Potencia amiga, utilizando la terminología de este instrumento convencional), es que ambas, "ya sea a requerimiento de las Partes en controversia o por iniciativa de las Potencias extrañas al conflicto,

---

[107] Cuyo texto, como se ha señalado anteriormente, puede consultarse en https://docs.pca-cpa.org/2016/01/Convenci%C3%B3n-de-1899-para-la-resoluci%C3%B3n-pac%C3%ADfica-de-controversias-internacionales.pdf. Sobre esta cuestión, véase Hans Wehberg, "La contribution des Conférences de la Paix de La Haye au progrès du droit international", *loc. cit.*, pp. 572-576.

[108] Artículo 2 de la Convención; la cursiva es nuestra.

tienen exclusivamente el carácter de consejo y no tienen jamás fuerza obligatoria", conforme determina el artículo 6[109].

Curiosamente, la Convención define en qué consiste el papel del mediador, pero no del buen oficiante. Conforme a ello, el artículo 4 señala que "el papel del mediador consiste en reconciliar las pretensiones opuestas y en apaciguar los resentimientos que puedan haber surgido entre los Estados en conflicto".

La no aceptación de las propuestas sugeridas por el mediador se configura como un límite para poner fin a la misma, señalando literalmente la Convención en su artículo 5 que "las funciones del mediador cesan en cuanto una de las Partes en controversia o el mediador ha hecho constar que los medios de conciliación propuestos por éste no son aceptados". Ello se deriva de la propia esencia de los buenos oficios/mediación, que, como atinadamente expone el profesor Carrillo Salcedo:

> "tienen exclusivamente carácter de consejo y nunca fuerza obligatoria, pues los Estados partes en la controversia conservan su libertad de acción y de decisión; pueden, por tanto, ser rechazados en cualquier momento, tanto al ser ofrecidos como cuando estuviesen en curso (...)"[110].

---

109 La cursiva es nuestra.

110 Véase Juan Antonio Carrillo Salcedo, *El Derecho Internacional en perspectiva histórica, op.cit.*, pp. 32-33. Ofrecimientos de mediación que han sido rechazados ha habido muchísimos. Como ejemplos relativamente recientes, citados por Alejandro Carballo Leyda, en "Mecanismos de resolución pacífica de disputas fronterizas (2009-2011)", *El arreglo pacífico de controversias internacionales,* Eva María Vázquez Gómez, María Dolores Adam Muñoz y Noé Cornago Prieto (coords.), Tirant lo Blanch, Valencia, 2013, pp. 152-157, en p. 154, donde señala: "puede que una de las partes implicadas rechace frontalmente cualquier intervención de terceros en una disputa que considera inexistente o exclusivamente bilateral: e.g., China rechazó en noviembre de 2010 la oferta de EE.UU. de mediar en la disputa trilateral (China, Taiwán, Japón) sobre las islas Senkaku/

Una figura curiosa es la que se plantea en el artículo 8, que el propio precepto configura como una "mediación especial"[111], y que presenta los siguientes rasgos:

> "Las Potencias Signatarias están de acuerdo en recomendar la aplicación, cuando las circunstancias lo permitan, de una mediación especial de la siguiente forma.
>
> En caso de grave controversia que amenace la Paz, los Estados en controversia, eligen respectivamente una Potencia, a la cual confían la misión de entrar en comunicación directa con la Potencia elegida por la otra parte, con el objeto de prevenir la ruptura de relaciones pacíficas.
>
> Durante el período de este mandato, cuyo término, salvo estipulación contraria, no puede exceder treinta días, los Estados en controversia cesan toda comunicación directa sobre el tema de la controversia, la cual se considera remitida exclusivamente a las Potencias mediadoras. Éstas deben emplear todos sus esfuerzos para resolver la controversia.
>
> En caso de una ruptura definitiva de relaciones pacíficas, estas Potencias se hacen cargo conjuntamente de la misión de aprovechar cualquier oportunidad para restablecer la paz".

Varias características se desprenden de esta regulación –bastante minuciosa, por lo demás- de la mediación: la mención de dos figuras (buenos oficios y mediación), poniendo de manifiesto los elementos comunes de ambas; destaca también la definición de los fines de una sola de ellas (la mediación), por lo que entendemos que también subsume a los buenos oficios en la misma, asumiendo que sus fines son similares. Asimismo,

---

Diaoyu; Chile se niega a una intervención mediadora de la OEA en su disputa con Bolivia, la cual considera exclusivamente bilateral".

111 Véase Hans Wehberg, "La contribution des Conférences de la Paix de La Haye au progrès du droit international", *loc.cit.*, p. 576. Como señala este autor, el origen de esta "mediación especial" se encuentra en una propuesta del delegado americano Holls, que depositó muchas esperanzas en la misma, pese a que no revistió importancia en la práctica.

destaca la previsión del fin de la mediación, y de una figura singular, una mediación especial en circunstancias especialmente graves, sometida a término. Todo ello hace pensar que en el momento en que dicha Convención se adoptó, a finales del siglo XIX, los buenos oficios/mediación, ocupaban un lugar destacado entre los mecanismos de solución de controversias, o al menos así se quiso hacer constar.

El profesor Carrillo Salcedo, en un certero análisis acerca de los medios de arreglo pacífico de controversias, precisamente a raíz de lo acordado en virtud de las Conferencias de La Haya, ofrece una explicación muy clara acerca de los contornos de estas figuras que nos ocupan (buenos oficios/mediación) con el siguiente tenor:

> "Mientras que en las *negociaciones diplomáticas* el arreglo de la controversia se intenta directamente por los Estados interesados, y plasma en un acuerdo cuando la negociación fructifica, en los *buenos oficios* y en la *mediación* interviene un tercero, bien para poner en contacto a los Estados partes en la controversia y facilitar la negociación, aunque absteniéndose de opinar sobre el fondo del conflicto (buenos oficios), o bien tomando posición respecto del fondo e intentando persuadir a los Estados partes en la controversia para que lleguen a una determinada solución (mediación). Ésta, por consiguiente, supone más que aquéllos, ya que el papel del mediador consiste en conciliar las posturas opuestas y en apaciguar los resentimientos que puedan haberse producido entre los Estados en conflicto, lo que obviamente implica la adopción de una postura respecto del fondo de la controversia"[112].

Ciertamente, suele ser complejo establecer la "delgada línea roja" que separa las figuras de los buenos oficios y la mediación. La diferencia fundamental que se ha querido ver entre ambas consiste esencialmente en que el mediador propone

---

112 Véase Juan Antonio Carrillo Salcedo, *El Derecho Internacional en perspectiva histórica,* Tecnos, Madrid, 1991, pp. 32-33.

soluciones a las partes en la controversia, mientras que el buen oficiante actúa como canal de comunicación, pero sin dar ese paso adelante que sí se produce en la mediación. Dicha distinción constituye en realidad una cuestión de matiz, lo que hace que en ocasiones resulte complicado verificar en la práctica si nos encontramos propiamente ante un "buen oficiante" en sentido estricto o ante un "mediador". Ambas figuras pueden ser en realidad "vasos comunicantes". Esto es, que un buen oficiante se transforme a la larga en mediador, o viceversa. Incluso, es frecuente que la intervención de un "buen oficiante" constituya una vía tendente a facilitar las negociaciones entre las partes en la controversia. Así lo explica el profesor Caflisch:

> "Chaque Etat partie au différend peut *demander* à un tiers –un Etat, une organisation intergouvernementale, un autre sujet de droit de gens (Saint-Siège), voire une organisation non gouvernementale (ONG)- de prêter son assistance en vue de mettre les parties au différend face à face afin de permettre l'ouverture ou la reprise des négociations: le tiers peut même *offrir* ses bons offices aux parties"[113].

Cabe destacar el hecho ya reseñado con anterioridad de que en la conocida como Declaración de Manila para el arreglo pacífico de controversias se alude a ambas figuras. La mediación ocupa un lugar prioritario, mientras que la referencia a los buenos oficios se plantea de manera alternativa, con la frase "u otros medios pacíficos que ellos elijan, incluidos los

---

113 Véase Lucius Caflisch, «Cent ans de règlement pacifique des différends interétatiques», *loc. cit.*, p. 276. Un ejemplo significativo de ello fue la intervención como buen oficiante de Francia, durante la guerra de Vietnam, que hizo posible la negociación de la paz entre Estados Unidos y Vietnam del Norte (véase *ibid.*, p. 277). Sobre esta cuestión particular, véase Paul Isoart, « L'accord de Paris sur la cessation de la guerre et le rétablissement de la paix au Sud-Vietnam », *AFDI* (1972), T. XVIII, pp. 101-121, accesible en https://www.persee.fr/doc/afdi_0066-3085_1972_num_18_1_1692.

buenos oficios"[114]. Ambas figuras parecen estar imbricadas, siguiendo la filosofía plasmada en el artículo 33 de la Carta de Naciones Unidas.

El hecho de que buenos oficios y mediación constituyan vasos comunicantes, sin perjuicio de que volveremos sobre este particular al analizar de manera específica la labor del Secretario General de Naciones Unidas en materia de mediación, se puede poner de relieve en el siguiente texto: la Resolución de la Asamblea General de Naciones Unidas 65/283, aprobada el 22 de junio de 2011, que lleva por título "Fortalecimiento de la función de mediación en el arreglo pacífico de controversias, la prevención de conflictos y su solución"[115]. En la misma, adoptada sin votación, resultan ilustrativos algunos párrafos

---

114 Véase Declaración de Manila, parte I, párrafo 5, a la que se ha aludido anteriormente.

115 Véase A/RES/65/283, a la que se puede acceder en https://documents-dds-ny.un.org/doc/UNDOC/GEN/N10/529/55/PDF/N1052955.pdf?OpenElement. La misma ha sido seguida por otras que tratan de alcanzar el mismo objetivo, tales como (sin ánimo de exhaustividad) la Resolución 66/291, de 13 de septiembre de 2012 (A/RES/66/291), accesible en https://documents-dds-ny.un.org/doc/UNDOC/GEN/N11/476/31/PDF/N1147631.pdf?OpenElement; la Resolución 67/269, de 28 de junio de 2013, relativa a las estimaciones respecto de misiones políticas especiales, buenos oficios y otras iniciativas políticas autorizadas por la Asamblea General o por el Consejo de Seguridad (A/RES/67/269), accesible en https://documents-dds-ny.un.org/doc/UNDOC/GEN/N12/494/77/PDF/N1249477.pdf?OpenElement; la Resolución 68/303, de 31 de julio de 2014 (A/RES/68/303), accesible en https://documents-dds-ny.un.org/doc/UNDOC/GEN/N14/490/55/PDF/N1449055.pdf?OpenElement, que pone un enorme énfasis en el rol que juegan las Organizaciones Internacionales en materia de mediación; o la Resolución 70/304, de 9 de septiembre de 2016 (A/RES/70/304), accesible en https://documents-dds-ny.un.org/doc/UNDOC/GEN/N16/283/70/PDF/N1628370.pdf?OpenElement.

que conectan la labor de buenos oficios del Secretario General de la Organización, a la que se alude directamente, junto a su función mediadora, pareciendo conformar ambas figuras un todo indisoluble. En su parte preambular dice así, a este respecto, en algunos de sus párrafos que atañen a la cuestión mencionada:

> "*Recordando* su resolución 57/337, de 3 de julio de 2003, relativa a la prevención de conflictos armados, y el Documento Final de la Cumbre Mundial de 2005, en que se reconoce la importante función de buenos oficios que desempeña el Secretario General, incluida la mediación en las controversias, y se apoyan los esfuerzos del Secretario General por fortalecer su capacidad en este ámbito (...)
>
> *Reconociendo* también la útil función que puede cumplir la mediación para evitar que las controversias se intensifiquen hasta pasar a ser conflictos y estos sigan intensificándose, así como para promover la solución de los conflictos y, de esa forma, prevenir o reducir el sufrimiento humano, y crear condiciones favorables para una paz duradera y un desarrollo sostenible, y, a este respecto, reconociendo que la paz y el desarrollo se refuerzan mutuamente, (…)
>
> *Destacando* la importancia de las actividades de mediación en los procesos de consolidación de la paz y recuperación, en particular en la prevención de la reanudación de los conflictos en los países que salen de situaciones de conflicto, y, a este respecto, reconociendo la función consultiva de la Comisión de Consolidación de la Paz en el apoyo de las actividades de paz en los países de que se ocupa,
>
> *Recordando* los buenos oficios del Secretario General y la labor que realiza, por conducto del Departamento de Asuntos Políticos de la Secretaría y su Dependencia de Apoyo a la Mediación, para desarrollar la capacidad de mediación de las Naciones Unidas, de conformidad con los mandatos acordados, (…)
>
> *Reconociendo* la importancia de la participación plena y efectiva de las mujeres a todos los niveles, en todas las etapas y en todos los aspectos del arreglo pacífico de controversias, la prevención de conflictos y su solución, así como el suministro de suficientes conocimientos especializados en cuestiones de género a todos los mediadores y sus equipos, haciendo notar que

> hay que hacer más para corregir la falta de mujeres mediadoras principales o jefas en cuestiones de paz y, en este contexto, reafirmando la aplicación plena y efectiva de todas las resoluciones pertinentes de las Naciones Unidas y la Declaración y la Plataforma de Acción de Beijing, y, además, acogiendo con beneplácito la función de la Entidad de las Naciones Unidas para la Igualdad entre los Géneros y el Empoderamiento de las Mujeres (ONU-Mujeres) a este respecto"[116].

En la parte dispositiva de la mencionada resolución también se alude a la misma cuestión, de la siguiente manera:

> "7. Solicita al Secretario General que continúe ofreciendo sus *buenos oficios*, de conformidad con la Carta y las resoluciones pertinentes de las Naciones Unidas, y que siga prestando apoyo para *la mediación*, cuando sea apropiado, a los enviados y representantes especiales de las Naciones Unidas, y mejorando las asociaciones con las organizaciones regionales y subregionales, así como con los Estados Miembros;"[117].

Volveremos sobre otros elementos de la mencionada resolución -y otras posteriores emanadas de la propia Asamblea General- más adelante, dado que en este lugar solamente queremos describir esta particular situación, esto es la conexión ineludible que existe entre buenos oficios-mediación, e inclusive el hecho de que en ocasiones ambas figuras se contemplen de manera conjunta. Los matices que las separan son complicados a la hora de llevar a cabo esta distinción, situación que queda ejemplificada en el caso que hemos comentado, sin perjuicio de que volvamos más adelante sobre esta cuestión, al analizar la visión que los tratados internacionales multilaterales ofrecen, al incluir ambas figuras (buenos oficios-mediación), entre los diversos mecanismos tendentes a alcanzar la resolución de las controversias.

---

116 Vease A/RES/65/283, pp. 2-3 de la misma.

117 Vease A/RES/65/283, p. 4 de dicho texto.

De manera general, como fórmula que nos permite ofrecer una definición, siquiera sea preliminar, de la figura de la mediación internacional, valga como ejemplo la que proporciona Vicenç Fisas, para quien:

> "La mediación es, por encima de todo, un *ejercicio de comunicación que persigue reconciliar los intereses de las partes en disputa,* ayudándoles a encontrar una salida, pero sin imponerles desde fuera la solución"[118].

De una manera muy similar se pronuncia Moncayo, para quien la mediación:

> "(...) est une méthode de solution pacifique des différends internationaux par laquelle un Etat ou une institution internationale assume le rôle d'intermédiaire officiel d'un négociation entre des Etats en conflit pour les assister et contribuir à l'arrangement de la controverse"[119].

c. Conciliación

La figura de la conciliación en Derecho Internacional hunde sus raíces en tiempos pretéritos, si bien su gran desarrollo ha tenido lugar en el siglo XX[120]. Entre sus rasgos fundamentales destaca el hecho de que esta figura, al igual que la mediación, carece de carácter obligatorio, y en diversas ocasiones se ha introducido en tratados internacionales -tanto de carácter

---

118 Véase Vicenç Fisas, *Procesos de paz y negociación en conflictos armados,* Paidós, Barcelona, 2004, p. 129. En cursiva en el original lo indicado en la cita.

119 Véase Guillermo R. Moncayo, "La médiation pontificale dans l'affaire du Canal Beagle", 242 *Rec. des Cours* (1993-V), pp. 197-433, en p. 218.

120 Una tabla muy ilustrativa de casos de conciliación, véase en Yushifumi Tanaka, *The Peaceful Settlement, op. cit.*, p. 69.

bilateral[121] como multilateral[122]- para resolver las cuestiones interpretativas que surgían en relación con dichos textos convencionales. El Instituto de Derecho Internacional ha definido la misma en su Resolución adoptada en 1961 como:

> "un método de solución de controversias internacionales de cualquier naturaleza de acuerdo con lo cual una Comisión es escogida por las partes, sea permanente o *ad hoc*, para examinar una controversia, examinarla imparcialmente y definir los términos de un arreglo susceptible de ser aceptado por las partes, o de brindarles a ellas, con miras para su solución, la asistencia requerida por las mismas"[123].

---

121 Valga como ejemplo la treintena de tratados bilaterales que Estados Unidos celebró con diversos Estados, a comienzos del siglo XX, como por ejemplo el de 4 de febrero de 1914 con Portugal: Treaty between Portugal and the United States for the Establishment of a Permanent Commission of Enquiry, signed at Lisbon (*CTS*, vol. 219, 1913-1914, pp. 269-270). Al respecto, véase Lucius Caflisch, "Cent ans...", *loc. cit.*, p. 281, nota a pie 46.

122 Meramente como ejemplos pueden verse el Anexo de la Convención de Viena de 23 de mayo de 1969 sobre el Derecho de los Tratados (*BOE* núm. 142, de 13 de mayo de 1980, p. 13107, accesible en https://www.boe.es/eli/es/ai/1969/05/23/(1)/dof/spa/pdf), o el Anexo V de la Convención de las Naciones Unidas sobre Derecho del Mar, Montego Bay, 10 de diciembre de 1982 (*BOE* núm. 39, de 14 de febrero de 1997, pp. 5043-5044, accesible en https://www.boe.es/boe/dias/1997/02/14/pdfs/A04966-05055.pdf). Son simples ejemplos, entre otros muchos convenios multilaterales adoptados desde fines de los años 50 del pasado siglo, si bien unos con más éxito que otros. Sobre la conciliación y el "crecimiento de la popularidad" experimentado por este mecanismo de arreglo pacífico, véase Derek William Bowett, "Contemporary Developments in Legal Techniques in the Settlement of Disputes", 180 *Rec. des Cours* (1983-II), pp. 169-235, en particular pp. 185-188.

123 Véase Víctor Rodríguez Cedeño, Milagros Betancourt Catalá y María Isabel Torres Cazorla, *Diccionario de Derecho Internacional, op.cit.*, p. 78.

En este sentido, la imparcialidad de los miembros de la Comisión de conciliación permite sustraerse a este mecanismo de arreglo de uno de los principales inconvenientes que podría presentar la mediación. En palabras de Lucius Caflisch:

> "On peut voir la conciliation comme une sorte de réponse faite à la principale critique addressée à la médiation, à savoir que, dans la mesure où il favorise ses propres intérêts, le médiateur *manque d'impartialité*"[124].

A juicio de este autor, cinco elementos fundamentales diferencian a la conciliación de la mediación: la imparcialidad es uno de ellos, la independencia, la institucionalización previa, el debate contradictorio y la igualdad de las partes en una suerte de procedimiento (no jurisdiccional, pero sí relativamente estructurado), junto al hecho de que durante el desarrollo de la conciliación las partes deben abstenerse de todo comportamiento que tienda a agravar la situación[125].

Es un hecho que, al igual que ha sucedido con otros mecanismos de arreglo pacífico, la Asamblea General de Naciones Unidas ha querido hacer lo propio con la conciliación. Cabe citar en relación a ello la Resolución 50/50, de 11 de diciembre de 1995, sobre "Normas Modelo de las Naciones Unidas para la conciliación de controversias entre Estados"[126].

d. Investigación y determinación de hechos

Investigación, encuesta, determinación de hechos, denominaciones diversas para un medio de arreglo concebido "para

---

124 Véase Lucius Caflisch, "Cent ans...", *loc. cit.*, p. 281.

125 Véase Lucius Caflisch, "Cent ans...", *loc. cit.*, p. 282.

126 Véase la A/RES/50/50, adoptada por consenso, accesible en https://documents-dds-ny.un.org/doc/UNDOC/GEN/N96/762/34/PDF/N9676234.pdf?OpenElement.

las controversias en las que existe una divergencia en la apreciación de los puntos de hecho"[127]. La misma "consiste en fijar los supuestos de hecho del caso controvertido sin deducir de ellos consecuencias jurídicas. Se limita a aclarar cuáles fueron los hechos que dieron origen o se relacionan con el diferendo en cuestión"[128]. Por supuesto, sin que de ello se deriven obligaciones para las partes en liza.

Dicha figura se encuentra delineada con sumo detalle tanto en la Convención de La Haya de 1899 (artículos 9 a 14), como en la de 1907 (artículos 9 a 36), y con numerosos antecedentes en la práctica internacional, de los que el asunto *Dogger Bank* (1905) que enfrentó a Gran Bretaña y Rusia, constituye un ejemplo que hizo pensar en la enorme utilidad de este mecanismo de arreglo[129]. La práctica internacional ha demostrado la utilidad limitada del mismo, que se ha puesto de relieve sobre todo en situaciones que, siguiendo a Caflisch, se han venido a denominar "incidentes", entre los que este autor cita los de carácter fronterizo, naval y de pesca[130]. Podría añadirse a los mismos los de carácter aeroespacial, relacionados con el uso de algunas armas, entre muchos otros. Las posibilidades existentes pueden ser muy diversas, desde el nombramiento de Comisiones de investigación por parte de los enfrentados en la controversia, hasta la puesta en práctica de dichas Comisiones por parte de Organizaciones internacionales, normalmente en incidentes de especial gravedad[131].

---

[127] Véase Rafael Casado Raigón, *Derecho Internacional, op. cit.*, p. 260.

[128] Véase Jorge Peirano Basso, *Buenos Oficios y Mediación: la práctica internacional en el último cuarto de siglo, op. cit.*, p. 15.

[129] Véase Lucius Caflisch, "Cent ans...", *loc. cit.*, p. 277.

[130] Véase Lucius Caflisch, "Cent ans...", *loc. cit.*, p. 279.

[131] Véase Yoshifumi Tanaka, *The Peaceful Settlement..., op. cit.*, donde se refiere expresamente al nombramiento de Comisiones para investigar incidentes aéreos (derribo de aeronaves comerciales en vuelo

2. MEDIOS JURISDICCIONALES

Una condición fundamental separa todos los medios de arreglo pacífico a los que hemos hecho mención en el apartado anterior, de los que pasaremos a abordar seguidamente, siquiera sea de forma breve, con el objetivo de centrar nuestra atención en la mediación internacional en los epígrafes que siguen. El arbitraje y el arreglo judicial constituyen los mecanismos que cabe incluir bajo esta denominación, caracterizándose ambos porque, como describe el profesor Casado Raigón:

> "la decisión (sentencia, laudo) motivada, definitiva y vinculante que se adopta para las partes en la controversia, (...) es dictada conforme al Derecho Internacional, sin perjuicio de que, si las partes así lo convinieren, se resuelva el litigio *ex aequo et bono*. (...) estos medios jurisdiccionales están también caracterizados por su voluntariedad, por lo que, para que se ponga en marcha la acción del árbitro o del juez es necesario que uno y otro encuentren una previa manifestación del consentimiento de las partes en la controversia a su jurisdicción"[132].

En consonancia con ello podemos afirmar que existen una serie de rasgos comunes relevantes en el caso de ambos medios jurisdiccionales: la intervención de terceros en ambos casos, el hecho de que las partes en la controversia deciden voluntariamente acudir a dichos mecanismos de arreglo (pudiendo aparecer como mecanismo preestablecido cuando un acuerdo se haya llevado a efecto estableciendo dicha posibilidad), junto con la existencia de un procedimiento contradictorio en ambos supuestos, que el asunto se resuelva de conformidad con el Derecho Internacional existente en la materia –salvo que se haya acordado su resolución conforme a la equidad- y el carácter obligatorio de la decisión (ya sea una sentencia emanada

---

como en el caso del incidente del KE007) o el caso del incidente del *Mavi Marmara*, que llevaba ayuda a Gaza en 2010, en pp. 62-64.

132 Véase Rafael Casado Raigón, *Derecho Internacional, op. cit.*, p. 261.

de un tribunal internacional, o se trate de un laudo, en el caso del arbitraje). La confianza en el sistema, aspecto motivador de que los medios de arreglo no jurisdiccionales puedan resultar *a priori* más utilizados que los de carácter jurisdiccional, parece haber experimentado un cambio profundo desde hace décadas.

Además de dichos aspectos comunes entre arbitraje y arreglo judicial, conviene poner de relieve, aunque sea de manera inicial, las principales diferencias entre ambos medios de arreglo, que pueden exponerse de forma gráfica en la siguiente tabla:

PRINCIPALES DIFERENCIAS ENTRE EL ARBITRAJE Y EL ARREGLO JUDICIAL

ARBITRAJE	ARREGLO JUDICIAL
Composición no predeterminada	Composición predeterminada
Competencia establecida por el compromiso de sumisión	El tribunal decide sobre su competencia antes de abordar el fondo del asunto
El compromiso señala las características del proceso arbitral, reglas y plazos	Las reglas procesales se encuentran previamente establecidas
Las partes deciden acerca del derecho aplicable (o equidad)	El tribunal aplica el Derecho Internacional en la materia
Mayor economía procesal	Menor economía procesal

Fuente: tabla de elaboración propia

Procedemos a continuación a abordar de manera sucinta cada uno de los medios de arreglo pacífico de carácter jurisdiccional mencionados.

a. Arbitraje

El arbitraje constituye uno de los medios de arreglo pacífico –en este caso de carácter jurisdiccional-, a los que tradicionalmente se ha acudido desde *larga data* para la resolución de las controversias interestatales[133]. Algunos autores han realizado estudios remarcables tendentes a ofrecer una visión global acerca del uso del arbitraje a lo largo del tiempo[134]. Conforme al estudio facilitado por Stuyt, que a su vez reproduce y explica James Crawford[135], hasta 1989 se podría tener presente la siguiente evolución relacionada con el uso del arbitraje (en inglés en el original, la traducción es nuestra):

	Acuerdos arbitrales firmados	**Controversias resueltas por convenios, acuerdos, protocolos...**	**Controversias no resueltas, resueltas por otros medios o sin información**	**Casos que han dado lugar a uno o más laudos arbitrales relevantes**	**Número total de laudos arbitrales (estimado)**
De 1794-1899 Interestatales	227	34	32	161	6.177
De 1794-1899 entre Estados y otras entidades	1			1	
De 1899-1922 interestatales	125	6	22	97	266

[133] Sobre el arbitraje, véase un estudio muy exhaustivo en Yoshifumi Tanaka, *The Peaceful Settlement of International Disputes, op. cit.*, pp. 105-126.

[134] Véase Alexander Marie Stuyt (ed.), *Survey of International Arbitrations 1794-1989*, Martinus Nijhoff Publishers, T.M.C. ASSER Instituut, Dordrecht, Boston, Londres, 3ª ed. actualizada, 1990. Por ejemplo, en el período histórico considerado, recopila una veintena de casos de arbitraje relativos a España. Véase, *op.cit.*, p. 636.

[135] Véase James Crawford, "Continuity and Discontinuity in International Dispute Settlement: An Inaugural Lecture", *Journal of International Dispute Settlement* (2010), vol.1, n. 1, pp. 3-24, en p. 11.

	Acuerdos arbitrales firmados	Controversias resueltas por convenios, acuerdos, protocolos...	Controversias no resueltas, resueltas por otros medios o sin información	Casos que han dado lugar a uno o más laudos arbitrales relevantes	Número total de laudos arbitrales (estimado)
De 1899-1922 entre Estados y otras entidades	6			6	
Entre 1923-1989 interestatales	195	1	12	182	309
Entre Estados y otras entidades mismo período	84	3	9	72	76

Encontrando sus antecedentes más modernos en el Tratado Jay de 1794 entre Estados Unidos y Gran Bretaña[136], dicha institución sufrió un desarrollo remarcable en la práctica angloamericana durante el siglo XIX, de manera particular. Como pone de relieve Ian Brownlie[137], el arbitraje del *Alabama*, de 14 de septiembre de 1872, por el que tomó su nombre "la Sala Alabama" del ayuntamiento de la ciudad suiza de Ginebra, ordenó a Gran Bretaña el pago de 15.500.000 dólares de compensación a Estados Unidos, por los actos de intervención del primero en la guerra civil[138]. Sin duda, este caso conformó un

[136] Véase el Tratado de Amistad, Comercio y Navegación entre Gran Bretaña y Estados Unidos, hecho en Londres el 19 de noviembre de 1794 (52 *CTS*, p. 243).

[137] Véase *op. cit.*, p. 273.

[138] Sobre ello, véase Alexander Marie Stuyt (ed.), *Survey of International Arbitrations...*, *op. cit.*, pp. 96-97.

precedente fundamental para el desarrollo de la práctica del arbitraje y, como señala Badenes Casino, "como consecuencia de esta sentencia arbitral, el legislativo norteamericano votó a favor de la inclusión de cláusulas de arbitraje en los tratados que en el futuro se concluyeran por los Estados Unidos. Lo mismo hizo el Parlamento español en 1890"[139].

El siglo XX se ha caracterizado por ofrecer un notable impulso a la institución arbitral (en lo referente al arbitraje para resolver controversias puramente interestatales, así como de controversias en que eran otros los actores concernidos). Un ingente número de tratados internacionales sobre la cuestión, así como la instauración de numerosas instituciones relacionadas con esta figura han sido la tónica habitual. Inclusive, la *hibridación* arbitraje/mediación se ha observado en algunos casos, destacando como ejemplo el asunto del *Canal de Beagle*, una controversia que data del siglo XIX, relacionada con la soberanía de una serie de islas del Canal con interés, tanto económico como estratégico, para Argentina y Chile. Tras numerosas peripecias, ambos Estados decidieron someter la cuestión al arbitraje de la Reina británica, asistida por cinco jueces de la CIJ, en 1971[140]. El resultado de dicho arbitraje, sin embargo, no fue aceptado por Argentina (el mismo atribuía las islas a Chile), produciéndose una situación de enorme tensión política que parecía preconizar una guerra, finalizando este episodio con la propuesta de mediación del entonces Papa Juan Pablo II, en 1978, siendo aceptada la misma por las partes. Como nos relata Moncayo:

> "À la fin de l'année 1978 une succession d'événements malheureux conduisit à une situation si grave que la guerre paraissait alors de nouveau inexorable.

---

139 Véase Margarita Badenes Casino, "La Corte Permanente de Arbitraje...", *op. cit.*, p. 21.

140 Véase Eric Wyler, "Le médiateur...", *loc.cit.*, pp. 987-988.

> Toutefois, l'intervention du Saint-Siège résussit à l'éviter. Une mediation qui se prolongera pendant plus de sept ans et dont le point culminant fut un traité de paix et d'amitié signé en novembre 1984 permit de résoudre un conflit séculaire tout en procurant les bases d'un système permanent de solution pacifique des controverses"[141].

La intervención de la Santa Sede fue posible, y resultó exitosa, tras una misión de buenos oficios llevada a cabo con carácter previo por un representante personal del Papa[142].

Se puede afirmar que el arbitraje conforma uno de los medios de arreglo pacífico de controversias que ha experimentado un crecimiento exponencial en cuanto a su uso y, como señala la profesora Paz Andrés, refiriéndose en particular a la Corte Permanente de Arbitraje, una "operación de pluritransformismo"[143]. En palabras de esta misma profesora, se puede afirmar que el arbitraje internacional ha experimentado un enorme auge, plasmado en, como ella misma los denomina, "los 'tres iconos' del arbitraje internacional en el momento presente: la Corte Permanente de Arbitraje (CPA) revitalizada, la importancia del arbitraje del Anexo VII de la Convención de las Naciones Unidas sobre el Derecho del Mar (CNUDM) y los arbitrajes de inversiones"[144], pudiendo afirmarse que estos últimos están alcanzando un "papel estelar en este

---

141 Véase Guillermo R. Moncayo, "La médiation pontificale...", *loc. cit.*, p. 207.

142 Véase Guillermo R. Moncayo, "La médiation pontificale...", *loc. cit.*, p. 208.

143 Véase Paz Andrés de Santa María, "El arreglo arbitral de las controversias internacionales: aspectos recientes", en *El arreglo pacífico de controversias internacionales*, Eva María Vázquez Gómez, María Dolores Adam Muñoz y Noé Cornago Prieto (coords.), Tirant lo Blanch, Valencia, 2013, pp. 79-98, en p. 80.

144 Véase Paz Andrés de Santa María, "El arreglo arbitral de las controversias internacionales: aspectos recientes", *op. cit.*, p. 80.

campo"[145]. Este auge enorme experimentado por el arbitraje en tiempos recientes lo puso de relieve Andrés Rodríguez Benot, en una conferencia magistral que tuvo lugar en las XXX Jornadas de la AEPDIRI, celebradas en Las Palmas de Gran Canaria en septiembre de 2023, poniendo énfasis particular en los casos que afectan a España, relacionados con las energías renovables y los cambios normativos que han dado lugar a este número elevado de arbitrajes[146].

Como afirma Paz Andrés, aludiendo al arbitraje como mecanismo de arreglo tras analizar la práctica más reciente, en el ámbito internacional y también en el caso de España, aspectos todos ellos que no podemos tratar de forma exhaustiva en este trabajo:

> "El estudio de la práctica reciente confirma una vez más que sus características emblemáticas, como la flexibilidad y la posibilidad de controlar el desarrollo del procedimiento, siguen justificando el interés por el arbitraje. Por ello, este medio continúa enriqueciéndose e incorporando nuevos perfiles que le permiten adaptarse a las necesidades actuales de la sociedad internacional"[147].

La realidad internacional en controversias más recientes ofrece también ejemplos que no encajan directamente en la clasificación de arbitraje propiamente dicha, si bien contienen rasgos que podrían asimilarla a esta figura. Un ejemplo de ello viene propiciado por la denominada "Comisión Badinter"[148],

---

145 Véase Paz Andrés de Santa María, "El arreglo arbitral de las controversias internacionales: aspectos recientes", *op. cit.,* p. 81.

146 Conferencia que llevaba por título "Un ensayo para tres disciplinas: a propósito de los arbitrajes en renovables y el Reino de España".

147 Véase Paz Andrés de Santa María, "El arreglo arbitral de las controversias internacionales: aspectos recientes", *op. cit.,* p. 98.

148 Sobre ello, véase Steve Terrett, *The Dissolution of Yugoslavia and the Badinter Arbitration Commission. A Contextual Study of Peace-Making*

que se conformó por la Conferencia de Paz para la Antigua Yugoslavia, y que llevó a cabo numerosos dictámenes sobre diversos problemas jurídicos relacionados con la guerra desatada en la antigua Yugoslavia durante los años noventa del siglo XX. Ahora bien, pese a su denominación, no se puede hablar claramente en este caso de que se trate de una verdadera comisión de arbitraje, sino de un órgano de naturaleza consultiva, pese al valor que sus pronunciamientos tuvieron para tratar de resolver las numerosas cuestiones en presencia.

b. Arreglo judicial

De manera general, el arreglo judicial, es un mecanismo mediante el cual la controversia es solventada por un tribunal, que mediante su sentencia obligatoria y definitiva resuelve la misma basándose en el Derecho Internacional. El consentimiento se configura como un elemento indispensable, pudiendo otorgarse el mismo *ad hoc*, esto es, una controversia o controversias determinada/s, que ya han surgido, o bien con carácter previo al surgimiento de las mismas[149]. El carácter obligatorio de la sentencia que emita el tribunal, que pone fin al litigio, constituye uno de los elementos característicos fundamentales del arreglo judicial, que puede caracterizarse como una nota positiva o como uno de sus principales inconvenientes. Así lo señala Lucius Caflisch, al entender que, dado que dichos medios ponen fin al litigio basándose en el Derecho

---

Efforts in the Post-Cold War World, Routledge Revivals, 2018.

149 Véase Lucius Caflisch, "Cent ans...", *loc. cit.*, pp. 285-286. Sobre la evolución experimentada por el arreglo judicial como mecanismo de arreglo pacífico de controversias, véase el detallado análisis que realiza Pedro Expósito González, en el capítulo titulado "El arreglo pacífico de las controversias internacionales", en *Lecciones de Derecho Internacional Público*, Ana Salinas de Frías (dir.) et *al.*, Tecnos, Madrid, 2ª ed., 2019, pp. 400-405, en particular.

Internacional, contribuyen a promover el papel de este ordenamiento en el desarrollo de las relaciones internacionales[150].

Es más, pese a lo que pudiera parecer, las últimas décadas han llevado consigo una importante proliferación de tribunales internacionales, así como un crecimiento exponencial en el número de controversias sometidas al tribunal internacional por excelencia, que en el ámbito internacional trata de resolver controversias interestatales (la Corte Internacional de Justicia de La Haya)[151]. El fenómeno de la proliferación de tribunales internacionales (tanto con carácter específico, *ratione materiae*, como instaurados en el ámbito regional de una Organización internacional) es un elemento que constata cierta evolución en

---

150 Véase Lucius Caflisch, "Cent ans...", *loc. cit.*, p. 286.

151 Como muestra puede verse el número de casos pendientes ante la CIJ, que puede consultarse en https://www.icj-cij.org/pending-cases. Un estudio amplio acerca del rol de la CIJ en lo que al arreglo pacífico de controversias respecta, que no puede ser objeto de tratamiento en esta sede, véase en Yoshifumi Tanaka, *The Peaceful Settlement of International Disputes, op. cit.*, pp. 128-225. La relevancia que la jurisprudencia de la CIJ tiene para entender el Derecho Internacional Público, acudiendo a los casos emblemáticos, tanto de sentencias que resuelven controversias interestatales como dictámenes consultivos, puede verse en María Isabel Torres Cazorla, *El Derecho Internacional Público explicado a través de las sentencias y opiniones consultivas de la Corte Internacional de Justicia/Public International Law explained through the Judgments and Advisory Opinions of the International Court of Justice, op. cit.* Asimismo, teniendo presentes algunos casos en los que la Corte Internacional de Justicia ha tenido que enfrentarse a cuestiones relativamente novedosas, como las relacionadas con el medio ambiente y cuestiones conexas, que no formaban parte de los temas tradicionales objeto de su atención, véase Elena del Mar García Rico, Daniel García San José y María Isabel Torres Cazorla, "La práctica reciente de la Corte Internacional de Justicia en controversias jurídicas con un componente científico: un análisis crítico", en *El arreglo pacífico de controversias internacionales, op. cit.*, pp. 101-112.

el que ha sido un hecho a lo largo de la historia: la jurisdicción voluntaria de los tribunales internacionales[152]. Por supuesto, esta cuestión escapa sobremanera de la temática de esta obra, por lo que remitimos a la bibliografía que sobre arreglo pacífico de controversias y la proliferación de estos tribunales a lo largo del siglo XX y XXI se refiere, donde se pueden encontrar análisis específicos del arreglo judicial internacional en sus múltiples variantes.

Igualmente, otro fenómeno destacable es que cada vez son más los tratados internacionales que determinan la jurisdicción de la CIJ, por ejemplo, para llevar a cabo la interpretación de sus cláusulas en caso de discrepancia o incumplimiento por

---

152 Pese a todo, esas profecías que desde antaño auguraban que la proliferación de tribunales internacionales podría conllevar más perjuicios que ventajas, desembocando, por ejemplo, en una jurisprudencia contradictoria, o incluso en el *forum shopping*, no parecen haberse hecho realidad, al menos con todos los efectos negativos que se planteaban. Un caso concreto lo observamos respecto del Tribunal Internacional de Derecho del Mar y la CIJ, en particular respecto de los vaticinios que durante la III Conferencia de Derecho del Mar se formularon inicialmente, como Carlos Espaliú Berdud puso de relieve hace algunos años, en "Profecías de tiempos de la Convención de Naciones Unidas sobre el Derecho del Mar acerca de los medios jurisdiccionales de arreglo pacífico de las controversias", en *El arreglo pacífico de controversias internacionales..., op. cit.*, pp. 331-341. Un análisis minucioso del Tribunal Internacional de Derecho del Mar, sus funciones y retos, véase en Mariano J. Aznar Gómez, "El Tribunal Internacional de Derecho del Mar", en *El arreglo pacífico de controversias internacionales..., op. cit.*, pp. 371-412. Asimismo, en la web del propio Tribunal se puede encontrar toda la información actualizada respecto a su labor: https://www.itlos.org/en/main/latest-news/. De igual modo, resulta de sumo interés el capítulo que dedica Yoshifumi Tanaka, en *The Peaceful Settlement of International Disputes, op. cit.*, pp. 229-274 al arreglo pacífico de controversias en la Convención de Naciones Unidas sobre Derecho del Mar.

los Estados parte. Ello, en línea directa también con la idea de libre elección de medios de arreglo pacífico de las controversias, delineada en el artículo 33 de la Carta de Naciones Unidas, sin que se haya perdido la idea esencial planteada en dicho texto convencional[153].

Desde hace ya algunas décadas, llama poderosamente la atención el siguiente hecho: los Estados -especialmente en determinadas regiones del planeta, en particular en América Latina- son muy proclives a acudir a la CIJ para la resolución

---

[153] En línea con dicha idea, véase, sin ánimo de exhaustividad, el artículo XXV de la Convención sobre la conservación de los recursos vivos marinos antárticos, que dice así: "1. Si surgiera alguna controversia entre dos o más de las Partes Contratantes en relación con la interpretación o aplicación de la presente Convención, esas Partes Contratantes consultarán entre sí con miras a resolver la controversia mediante -negociaciones, investigación, mediación, conciliación, arbitraje, resolución judicial u otros medios pacíficos de su propia elección. 2. Toda controversia de este carácter no resuelta por tales medios se someterá para su decisión a la Corte Internacional de Justicia o se someterá a arbitraje, con el consentimiento en cada caso de todas las Partes en la controversia; sin embargo, el no llegar a un acuerdo sobre el sometimiento a la Corte Internacional o a arbitraje no eximirá a las Partes en la controversia de la responsabilidad de seguir procurando resolverla por cualquiera de los diversos medios pacíficos mencionados en el párrafo 1 del presente artículo. 3. En los casos en que la controversia sea sometida a arbitraje, el tribunal de arbitraje se constituirá en la forma prevista en el anexo a la presente Convención" (*BOE* n. 125, de 25 de mayo de 1985, accesible en https://www.boe.es/boe/dias/1985/05/25/pdfs/A15348-15353.pdf). Una fórmula igualmente generalista, que recuerda a la planteada en la Carta de Naciones Unidas, la encontramos en el artículo 18 del Protocolo al Tratado Antártico sobre Protección del Medio Ambiente y sus Anejos, hecho en Madrid el 4 de octubre de 1991 (*BOE* n. 42, de 18 de febrero de 1998, accesible en https://www.boe.es/boe/dias/1998/02/18/pdfs/A05719-05734.pdf).

de sus controversias relacionadas con litigios fronterizos y/o de delimitación de espacios (marítimos[154] y/o terrestres)[155]. Ahora bien, en algunos casos la experiencia demuestra que acudir a la CIJ no siempre resulta equivalente a que la controversia se resuelva en su totalidad. Como ha puesto de relieve Carballo Leyda:

> "Aunque los medios jurisdiccionales internacionales permiten a las partes obtener una decisión vinculante, en muchos casos esta no es sino el primer estadio en un largo proceso hacia la estabilidad transfronteriza entre ambas partes. (...) Es por ello que el acceso a los tribunales no debe ser la primera opción para la resolución de una disputa fronteriza, sino un mero mecanismo de presión para forzar una negociación bilateral o el último recurso en situaciones de bloqueo absoluto de las negociaciones, o cuando la ratificación de un acuerdo por la población de una de las partes involucradas es prácticamente imposible"[156].

---

154 En cuanto a la delimitación de espacios marítimos por parte de la CIJ, el profesor Carlos Jiménez Piernas ha puesto de relieve el carácter específico -y casuístico- de la misma. Véase su trabajo "La jurisprudencia sobre delimitación de los espacios marinos: una prueba de la unidad del ordenamiento internacional", en *El arreglo pacífico de controversias internacionales... op. cit.*, pp. 241-273. Como nos ha señalado, en p. 273: "la jurisprudencia de la CIJ en esta materia se ha desplegado en un contexto determinado, el de la tendencia general de la Corte a proporcionar una justicia transaccional, fundada en conceptos específicos limitados al caso concreto y evitando las cuestiones de carácter general".

155 Simplemente como ejemplos de casos pendientes ante la CIJ, en el momento en que redactamos estas líneas, que guardan una relación directa con estas cuestiones territoriales, valgan como ejemplo los relativos a Guatemala y Belice, Belice y Honduras, así como Gabón y Guinea Ecuatorial (véase https://www.icj-cij.org/pending-cases).

156 Véase Alejandro Carballo Leyda, "Mecanismos de resolución pacífica de disputas fronterizas (2009-2011)", en *El arreglo pacífico de controversias..., op. cit.*, p. 157.

Esta visión general de los medios de arreglo nos permite, a renglón seguido, adentrarnos en el estudio pormenorizado del tema que nos ocupa: la mediación internacional, con todo detalle, que abordamos en el apartado siguiente.

Capítulo III

Buenos Oficios y Mediación internacionales: aspectos específicos de ambas figuras

Entre los medios de arreglo pacífico de controversias, la mediación va a ocupar un lugar central. En palabras de Lucius Caflisch:

> "les origines remontent à la nuit des temps, consiste à inviter un Etat, un autre sujet du droit des gens (organisation intergouvernementale, Saint-Siège) ou une personne qui en relève à tenter de rapprocher les parties au litige"[157].

Ciertamente, no faltan ejemplos, en particular durante el siglo XIX, en especial en tratados internacionales que ponían fin a disputas de *larga data*, en los que la mención a los buenos oficios/mediación se muestra como una constante. Así, el artículo 8 del Tratado General para el Restablecimiento de la Paz entre Austria, Francia, Gran Bretaña, Prusia, Cerdeña, Turquía y Rusia, hecho en París el 30 de marzo de 1856[158], señalaba que:

> "s'il survenait entre la Sublime Porte et l'une ou plusieurs des autres Puissances signataires un sentiment qui menaçât le maintien de leurs relations, la Sublime Porte ou chacune des Puissances, avant de recourir à l'emploi de la force, mettront

---

157 Véase Lucius Caflisch, "Cent ans...", *loc. cit.*, p. 279.

158 Véase 114 *CTS*, p. 409.

> les autres Parties contractantes en mesure de prévenir cette extrémité par *leur action médiatrice*"[159].

Otro ejemplo también mencionado por Wehberg tuvo lugar treinta años más tarde, esta vez por el Acta General de la Conferencia de Berlín, de 26 de febrero de 1885, relativa al Congo, en cuyo artículo 12 se contemplaba la posibilidad de que los Estados signatarios acudiesen a los buenos oficios de una potencia amiga cuando surgiesen divergencias entre ellos respecto a las fronteras del Congo, así como, conforme al artículo 11 del mismo texto, las Potencias signatarias se obligaban a ofrecer sus buenos oficios con el objetivo de mantener la neutralidad en el curso del río cuando uno de los Estados soberanos estuviese en guerra[160].

Constituyen los mismos dos ejemplos históricos en los que la mediación hace su aparición, como posibilidad, en el primer caso relativo a la Puerta Otomana, como obligación en el segundo respecto al Congo. En esta época existía una carencia importante, que el siglo XX intentó suplir: un organismo apropiado que pudiese jugar el papel de mediador.

Pero las figuras de los buenos oficios/mediación también pueden verse en disposiciones de tratados internacionales multilaterales más recientes, como por ejemplo (sin ánimo de

---

159 Véase Hans Wehberg, "La contribution des Conférences de la Paix de La Haye au progrès du droit international", *loc.cit.*, p. 572. La cursiva es nuestra, señalando concretamente el lugar en que se menciona la mediación, como mecanismo cuyo uso se planteaba como alternativa al uso de la fuerza (no hay que olvidar que en esta época no estaba prohibido dicho recurso a la fuerza, considerándose como una fórmula más para la resolución de las diferencias).

160 Véase Hans Wehberg, "La contribution des Conférences de la Paix de La Haye au progrès du droit international", *loc.cit.*, p. 573.

exhaustividad) el artículo 11.2 del Convenio de Viena para la protección de la capa de ozono[161], que dice así:

> "Si las Partes interesadas no pueden llegar a un acuerdo mediante negociación, podrán recabar conjuntamente los buenos oficios de una tercera Parte o solicitar su mediación".

Un tenor prácticamente idéntico al anterior reviste el artículo 27.2 del Convenio sobre la Diversidad Biológica[162], e igualmente aparecen contempladas ambas figuras en el artículo 33.2 de la Convención sobre el derecho de los usos de los cursos de agua internacionales para fines distintos de la navegación[163], del modo siguiente:

> "Si las partes en la controversia no llegaren a alcanzar un acuerdo mediante negociaciones entabladas a petición de una de ellas, podrán recurrir conjuntamente a los buenos oficios o a la mediación o conciliación de una tercera Parte, utilizar, según proceda, cualesquiera instituciones conjuntas del curso de agua que hubieren establecido, o convenir en someter la controversia a arbitraje o a la Corte Internacional de Justicia".

A continuación, pasaremos a determinar algunas cuestiones fundamentales que creemos importantes para abordar los buenos oficios/mediación, como mecanismos de arreglo de controversias en el Derecho Internacional contemporáneo, analizando diversos rasgos de dichas figuras que permiten comprender su esencia.

---

161 Hecho en Viena el 22 de marzo de 1985. Véase *BOE* núm. 275, de 16 de noviembre de 1988.

162 Hecho en Río de Janeiro el 5 de junio de 1992. Véase *BOE* núm. 27, de 1 de febrero de 1994.

163 Hecha en Nueva York el 21 de mayo de 1997. Véase *BOE* núm. 161, de 3 de julio de 2014.

1. DIFERENCIA ENTRE BUENOS OFICIOS Y MEDIACIÓN

La doctrina más cualificada, desde el comienzo de los tiempos, ha tratado de diferenciar ambas figuras, si bien debe advertirse que la distinción buenos oficios/mediación no resulta clara, a veces simplemente es una cuestión de matiz. Así lo planteaba, haciéndose eco de lo establecido en la Conferencia de La Haya de 1899 sobre el particular, Hans Wehberg, afirmando lo siguiente:

> "La différence entre ces deux modes de procédure de droit international consiste en ceci: dans le premier cas une tierce Puissance s'efforce de préparer les voies à des négociations directes entre les parties en litige, tandis que dans le second la tierce Puissance prend elle-même l'initiative des négociations et cherche à concilier les parties. Toutefois, il n'est pas aisé de séparer nettement des deux modes de procédure, étant donné qu'ils se confondent fréquemment"[164].

Para Moncayo, existen diferencias sustanciales entre buenos oficios y mediación; uno de sus rasgos distintivos esenciales lo constituye el hecho de que los buenos oficios se pueden ejercer sin que los mismos se hayan aceptado formalmente, y quien los propone no necesita, como sí ocurre en el caso de la mediación, del consentimiento previo de las partes inmersas en la controversia. En palabras de este autor:

> "La mission de celui qui offre ses bons offices porte l'accent sur une fonction du simple intermédiaire qui consiste substantiellement à préparer les conditions pour la négociation, à mettre les adversaires en relation de telle façon que, une fois le lien

164 Véase Hans Wehberg, "La contribution des Conférences de la Paix de La Haye au progrès du droit international", *loc.cit.*, p. 572.

> entre eux rétabli, la mission de bons offices cesse et les Etats traitent directement"[165].

Estos matices que separan ambas figuras, como afirma Moncayo, se explican atendiendo a que el papel que juega el mediador no se limita a estar en presencia de las partes en la controversia y quedarse al margen cuando las mismas entablan negociaciones directas, asegurándose de que dichas negociaciones se llevan a cabo. Este sería el papel del buen oficiante. Siguiendo con el razonamiento de este autor:

> "Au contraire, le médiateur participe d'une façon directe aux négociations et les dirige lui-même"[166].

Como señala Ian Brownlie, haciéndose eco de la realidad, "good offices is a similar mechanism"[167], incluyendo dicha figura junto a la mediación. Desde luego, no faltan voces que tienden a asimilar ambas, o considerar que, "en la práctica es difícil distinguir una figura de otra y la mediación suele ser el siguiente paso a los buenos oficios o la continuación misma de estos"[168]. De alguna manera, la posición más o menos activa del tercero interviniente suele ser el elemento que permite hablar

---

165 Véase Guillermo R. Moncayo, "La médiation pontificale...", *loc. cit.*, p. 215. Las diferencias entre buenos oficios/mediación, hicieron que, como señala este autor, durante el siglo XVI la doctrina distinguía de manera muy clara ambas. Incluso, denominaba "pacificadores" a los terceros que intervenían sin que todas las partes en la controversia hubiesen aceptado su actuación, a diferencia de lo que sucedía con la mediación. Véase p. 215.

166 Véase Guillermo R. Moncayo, "La médiation...", *loc.cit.*, p. 219.

167 Véase Ian Brownlie, "The Wang Tieya Lecture in Public International Law. The Peaceful Settlement of International Disputes", *loc. cit.*, p. 271.

168 Véase Sonia Hernández Pradas, "La mediación en los conflictos internacionales", en *La mediación. Presente, pasado y futuro de una institución jurídica, op. cit.*, Jaime Rodríguez-Arana Muñoz, Mercedes de

de que estamos ante la presencia de un mediador o un buen oficiante, respectivamente. Como señalan Bercovitch, Anagnoson y Wille:

> "Mediation encompasses a spectrum of behaviour that ranges from the very passive (e.g. providing good offices) to the highly active (e.g. putting pressure on the disputants)"[169].

Algunos autores se decantan por mantener una visión restringida de la mediación, cosa que para otros constituye un ejercicio carente de utilidad, siendo más proclives a ofrecer una visión amplia de lo que se entiende por mediación internacional, lo que en buena medida coincide con la visión que mantenemos en este libro. Siguiendo con dicha posición, autores como Bercovitch y Langley definen esta figura del modo siguiente:

> "a process of conflict management where disputants seek the assistance of, or accept and offer of help from, an individual, group, state or organization to settle their conflict or resolve their differences without resorting to physical force or invoking the authority of the law"[170].

Un aspecto que puede permitir clarificar ambas figuras (buenos oficios-mediación) es su finalidad inmediata, que es distinta en ambos casos, siguiendo a Peirano Basso. En palabras de este autor:

Prada Rodríguez (dirs.) y José María Carabante Muntada (coord.), Netbiblo SL, La Coruña, 2010, pp. 257-270, en p. 262.

169 Véase Jacob Bercovitch, J. Theodore Anagnoson y Donnette L. Wille, "Some Conceptual Issues and Empirical Trends in the Study of Successful Mediation in International Relations", *loc. cit.,* p. 8.

170 Véase Jacob Bercovitch y Jeffrey Langley, "The Nature of the Dispute and the Effectiveness of International Mediation", *Journal of Conflict Resolution,* (December 1993), vol. 37, n.4, pp. 670-691, en p. 671.

> "El mediador debe ofrecer a las partes proposiciones concretas; no tiene como misión solucionar necesariamente el conflicto, sino ofrecer fórmulas de arreglo que posibiliten que el litigio llegue a su fin"[171].

Como puede verse, cuestión de matiz que separa a ambas figuras, motivo que viene dado por el papel más o menos activo, así como la formulación de propuestas que son propias de la mediación.

2. EL RECURSO A LA MEDIACIÓN INTERNACIONAL: ETAPAS Y MOMENTOS

La flexibilidad constituye uno de los elementos configuradores de la mediación internacional. De igual modo, la cooperación y el consentimiento[172] de los Estados que deciden acudir a la mediación para resolver la controversia son elementos clave para que la misma se desarrolle y, como colofón, pueda llegar a buen puerto. En esta medida, el mediador se encarga de fijar el procedimiento a seguir para que dicha mediación se lleve a cabo, contando con el acuerdo o el consenso de las partes; no se establece ninguna regla fija y las condiciones formales del discurrir de la mediación varían en cada caso concreto[173]. Ello, a pesar de que, especialmente de la mano de las Organizaciones Internacionales, se han llevado a cabo numerosas iniciativas, en muchos casos plasmadas en Directrices, que tratan de establecer marcos para el desarrollo de la mediación,

---

171 Véase Jorge Peirano Basso, *Buenos oficios y mediación, op. cit.*, p. 32.

172 Sobre ello, véase John Collier y Vaughan Lowe, *The Settlement of Disputes in International Law: Institutions and Procedures*, Oxford University Press, Oxford, 1999, p. 29.

173 Como señala Guillermo R. Moncayo, "La médiation...", *loc. cit.*, p. 219.

intentando "normativizar" de algún modo el desarrollo de estos procesos. Se ha creado un verdadero "dilema" al que la doctrina especializada se ha enfrentado, tratando de discernir la operatividad (o no) de estos procesos de normativización, para que la mediación sea eficaz[174].

En este sentido, cualquier momento en el transcurso de la diferencia puede ser bueno para acudir a este medio de arreglo. En palabras de Hernández Pradas, "la determinación del momento oportuno para iniciar la mediación es, sin duda, uno de los aspectos que más influyen en la eficacia de ésta"[175]. Además, el momento idóneo para iniciar el proceso de mediación es aquél en el que se constata que se está ante un conflicto largo o complejo, cuando los esfuerzos de las partes en el conflicto han alcanzado un punto muerto, cuando ninguna parte desea que empeoren las consecuencias o aumenten los costes de vidas humanas y se agrave el conflicto, y cuando ambas partes están de acuerdo en cooperar y aceptar la mediación de forma directa o indirecta[176].

La etapa inicial de un conflicto suele ser el momento más idóneo para iniciar la mediación, como se desprende de la

---

174 Sobre esta cuestión específica, véase Anne Holper & Lars Kirchhoff, "(Dys-) Functions and Potentials of Norms as a Guidance System for Peace Mediators", *Swiss Political Science Review* (2021), vol. 26, n. 4, pp. 384-406, en p. 394: "We argue that on top of having the relevant normative knowledge, and in the absence of a universal consensus on which norms are shared and to which degree, it takes a case-specific mapping of the normative structure in a given conflict in order to understand and actively work with the normative dynamics of a given peace mediation process".

175 Véase Sonia Hernández Pradas, "La mediación en conflictos internacionales", *op. cit.,* p. 269.

176 Véase Jacob Bercovitch, J. Theodore Anagnoson y Donnette L. Wille, "Some Conceptual Issues and Empirical Trends in the Study...", *loc. cit.,* p. 8.

práctica de Naciones Unidas. Son numerosas las razones lógicas que llevan a esta afirmación, dado que en una etapa inicial los problemas son menos complejos, el número de partes implicadas es menor y las posiciones no están tan radicalizadas. Como señala con acierto, a nuestro juicio, Hernández Pradas, "cuando la controversia deriva a conflicto armado y estalla la violencia, aumentan drásticamente los agravios, el número de partes involucradas, e incluso es frecuente que el conflicto se propague geográficamente y se extienda a los países adyacentes. De ello cabe deducir que, mientras más dura el conflicto, más difícil de resolver se vuelve"[177].

De todo lo anterior cabe deducir que cualquier etapa durante el transcurso de una controversia es buena para poder acudir a la mediación. Incluso puede ser elegida como el camino a seguir cuando las negociaciones no han sido satisfactorias (de hecho, hay tratados internacionales multilaterales que lo configuran como el mecanismo idóneo, cuando la negociación ha fracasado). La práctica internacional suministra ejemplos en los que se decide acudir a una mediación en cualquier momento, incluso cuando se está llevando a cabo un arbitraje o un arreglo judicial[178], sin que nada impida que la mediación pueda tener lugar si las partes en la controversia así lo deciden.

La mediación puede ser ofrecida por un tercero, debiendo en ese caso ser aceptada por las partes en la controversia. Cabe que dicha mediación sea ofrecida a las partes en la controversia,

---

177 Véase Sonia Hernández Pradas, "La mediación en conflictos internacionales", *op. cit.*, p. 269.

178 Como ejemplo, puede citarse el caso de Costa Rica y Nicaragua, que un mes después de iniciar el procedimiento ante la CIJ, aceptaron en diciembre de 2010 ofertas de Guatemala y México para mediar en su disputa fronteriza. Sobre ello, véase Alejandro Carballo Leyda, "Mecanismos de resolución pacífica de disputas fronterizas (2009-2011)", *El arreglo pacífico de controversias internacionales, op. cit.*, p. 154.

como que la misma sea solicitada al eventual mediador, corroborando la práctica internacional ambas posibilidades. Con carácter general, a diferencia de lo que sucede con otros medios de arreglo, a los que nos hemos referido con anterioridad, no suele estar previsto acudir a la mediación antes de que se produzca la controversia, si bien nada constituye un obstáculo para ello[179]. De hecho, existen numerosos tratados internacionales (especialmente adoptados durante el siglo XIX) en los que se establecía la mediación como mecanismo de arreglo pacífico al que estaban obligados a acudir los Estados parte en caso de diferencia entre ellos, como cita Moncayo[180]: el Acta final del Congreso de Viena de 9 de junio de 1815[181]; la Convención de París de 30 de marzo de 1856 (art. 8), que preveía la mediación obligatoria de las potencias cristianas del Concierto Europeo en todas las controversias que se suscitasen entre ellas y Turquía[182]; el Acta General de Berlín de 26 de febrero de

---

179 Véase Lucius Caflisch, "Cent ans...", *loc. cit.*, p. 279.

180 Véase Guillermo R. Moncayo, "La médiation...", *loc. cit.*, pp. 226-227.

181 Acta del Congreso de Viena firmada por Austria, Francia, Gran Bretaña, Portugal, Prusia, Rusia y Suecia, de 9 de junio de 1815 (64 *CTS*, p. 453). Concretamente, el art. LXIII, en su párr. 3, señala que "Les États Confédérés s'engagent de même à ne se faire la guerre sous aucun prétexte, et à ne point poursuivre leurs différends par la force des armes, mais à les soumettre à la Diète. Celle-ci essayera, moyennant une Commission, la voie de la médiation (...)" (p. 476).

182 Tratado General para el Restablecimiento de la Paz entre Austria, Francia, Gran Bretaña, Prusia, Cerdeña y Turquía, y Rusia, hecho en París el 30 de marzo de 1856 (114 *CTS*, p. 409). El artículo VIII determina que "S'il survenait, entre la Sublime Porte et l'une ou plusieurs des autres Puissances signataires, un dissentiment qui menaçât le maintien de leurs relations, la Sublime Porte et chacune de ces Puissances, avant de recourir à l'emploi de la forcé, mettront les autres Parties Contractantes en mesure de prevenir cette extrémité par leur action médiatrice" (p. 414).

1885 (art. 12) que obligaba a los Estados contratantes, antes de acudir a las armas, a recurrir a la mediación de una o más potencias amigas en caso de una diferencia material grave o relativa a los límites de los territorios enmarcados en el ámbito territorial del Congo al que se aplicaba el tratado[183]; asimismo, un ejemplo de tratado bilateral en el que la mediación se instauró como mecanismo de arreglo obligatorio es el Tratado de Bogotá de 28 de abril de 1894 entre España y Colombia, que obligaba a los Estados en conflicto a aceptar la mediación o los buenos oficios de un gobierno amigo para una solución pacífica de las controversias[184].

También puede darse el caso de un convenio internacional que imponga a los Estados contratantes la obligación de ser mediador en las controversias de otros Estados si se les requiere para ello: algunos ejemplos que se contemplan en tratados de siglos pasados serían el art. 1 del Tratado de 1858 entre Estados Unidos y China[185], el art. 1.2 del Tratado de 1884 entre

---

183 Conforme a lo establecido en el Acta General de la Conferencia de Plenipotenciarios de Austria-Hungría, Bélgica, Dinamarca, Francia, Alemania, Gran Bretaña, Italia, Países Bajos, Portugal, Rusia, España, Suecia-Noruega, Turquía (y Estados Unidos), respecto al Congo, firmada en Berlín, el 26 de febrero de 1885 (165 *CTS*, p. 485), cuyo art. 12 se puede consultar en p. 494.

184 Véase Tratado entre Colombia y España, de 28 de abril de 1884, adicional al Tratado de Paz y Amistad de 30 de enero de 1881, firmado en Bogotá (180 *CTS*, p. 131, y en particular el artículo I en pp. 132-133).

185 Véase Tratado de Paz, Amistad y Comercio entre China y Estados Unidos, firmado en Tient Sin, el 8 de junio de 1858 (119 *CTS*, p. 123). Dicho artículo señala, entre otros elementos, que "if any other nation should act unjustly or oppresively, the United States will exert their good offices, on being informed of the case, so bring about an amicable arrangement of the question, thus showing their friendly feelings" (p. 125).

Italia y Corea[186], el art. 1.2 del Tratado de Seúl de 1886 entre Francia y Corea[187], el Tratado de 29 de julio de 1858 entre Estados Unidos y Japón[188], entre otros, al igual que ha sucedido con diversos tratados celebrados entre las grandes potencias con China, Corea y Persia cuando comenzó la expansión europea del extremo oriente[189].

Generalmente, son tres las situaciones en las que la mediación internacional puede jugar un rol relevante: "en la prevención del conflicto, en la resolución del mismo una vez iniciado éste y en la consolidación de la paz una vez terminado, es decir, en la etapa de posconflicto"[190]. Aquí radica precisamente una

---

186 Véase el Tratado de Amistad, comercio y navegación entre Corea e Italia, firmado en Hanyang, el 26 de junio de 1884 (164 *CTS*, p. 131, en p. 133), con el siguiente tenor: "In case of differences arising between one of the High Contracting Party, if requested to do so, shall exert its good offices to bring about an amicable arrangement".

187 Véase el Tratado de Amistad, comercio y navegación entre Corea y Francia, firmado en Seúl, el 4 de junio de 1886 (168 *CTS*, p. 45), y en particular el art. 1.2, que dice así: "S'il s'élevait des différends entre une des Hautes Parties contractantes et une puissance tierce, l'autre Haute Partie contractante pourrait être requise par la première de lui prêter ses bons offices, afin d'amener un arrangement amiable" (p. 47).

188 Véase el Tratado de amistad y comercio entre Japón y Estados Unidos, firmado en Yedo, el 29 de julio de 1858 (119 *CTS*, p. 253). En particular el artículo segundo, en su primer párrafo dice así: "The President of the United States, at the request of the Japanese Government, will act as a friendly Mediator, in such matters of difference, as may arise between the Government of Japan, and any European Power" (p. 256).

189 Véase Guillermo R. Moncayo, "La médiation...", *loc. cit.*, p. 227.

190 Véase Sonia Hernández Pradas, "La mediación en los conflictos internacionales", *op. cit.*, p. 264. Cierto es que la identificación de estas fases puede variar atendiendo a los diferentes enfoques doctrinales. Por ejemplo, Kjell-Åke Nordquist, en "Understanding Mediation. Dimensions, Dynamics and Outcome", *Las prácticas de la resolución*

de las grandes ventajas de la mediación, que puede adaptarse a todas las circunstancias existentes, así como a las que vendrán en el futuro, definiéndose como un procedimiento adecuado para la solución de controversias de toda índole, tanto políticas como jurídicas[191], dada esta flexibilidad que este mecanismo de arreglo presenta.

La importancia del contexto[192] en que se ha de desarrollar, llegado el caso, la mediación, es crucial, al igual que lo son las causas profundas de dicha disputa, cuestiones todas ellas que influyen de manera directa en cómo se desarrolle dicho proceso. Un ejemplo paradigmático de ello es lo difícil que resulta llevar a cabo una mediación cuando estalla un conflicto armado en el que normalmente las posiciones de las partes se encuentran situadas en lugares diametralmente opuestos; la situación paradigmática vivida durante la Guerra Civil española constituye un ejemplo digno de mención[193]. Algo muy similar

---

de conflictos en América Latina, Manuel Ernesto Salamanca (coord.), 2008, Universidad de Deusto, Bilbao, pp. 31-41, en p. 34, identifica cuatro fases, que denomina "emerging conflict, peak violence, hurting stalemate, non-settled post-violence".

191 Tal y como afirma Guillermo R. Moncayo, "La médiation...", *loc. cit.*, p. 219.

192 En particular, sobre la influencia ineludible que el contexto (especialmente el internacional) tiene respecto de la mediación en controversias y su eficacia, véase Marieke Kleiboer, "Understanding Success and Failure of International Mediation", *The Journal of Conflict Resolution* (June 1996), vol. 40, n. 2, pp. 360-389, especialmente pp. 373-374. Resulta sumamente esclarecedor el análisis que realizan Jacob Bercovitch y Allison Houston, "Why Do They Do It Like This? An Analysis of the Factors Influencing Mediation Behavior in International Conflicts", *The Journal of Conflict Resolution* (April 2000), vol. 44, n. 2, pp. 170-202.

193 Sobre ello es muy ilustrativo el trabajo de Antonio Marquina Barrio, "Planes internacionales de mediación durante la guerra civil", *Revista de Estudios Internacionales* (julio-septiembre 1984), vol. 5, n.

sucede cuando no existe una tradición de acudir a mediadores internacionales, creyendo las partes en liza en la potencialidad de tratar de resolver la controversia mediante sus propios medios, al menos en teoría[194].

En este sentido, cobran relevancia total las palabras de Bercovitch, al referirse al contexto en que se desarrolla la mediación, señalando lo siguiente:

> "What we must remember is that what mediators do, choose to do, or indeed are permitted to do, is determined by the context and circumstances of the dispute. Mediation is context and mode specific. Mediators' behaviour and roles are contingent on circumstances. There is no such thing as a set

---

3, pp. 569-591. Como ya nos advertía el profesor Marquina, en un caso como el mencionado, durante el transcurso de la Guerra Civil en nuestro país, "la imparcialidad y los motivos altruistas son esenciales. Ninguna mediación tendrá éxito si se percibe como una maniobra que puede favorecer al contrario, o no se da una satisfacción razonable a las aspiraciones de las partes. De todos modos, ninguna mediación será útil si una de las partes en conflicto se considera lo suficientemente fuerte como para derrotar al contrario" (véase p. 569).

194 Un caso particularmente curioso en este sentido es el que se produjo respecto de la Isla de Perejil, contencioso entre España y Marruecos por un islote deshabitado, que provocó la intervención del estadounidense Colin Powell, pese a las propuestas previas de mediación de otros, que España había rechazado de manera contundente. Sobre esta cuestión, véase Alejandro Javier Rodríguez Carrión y María Isabel Torres Cazorla, "Una readaptación de los medios de arreglo pacífico de controversias: el caso de Isla Perejil y los medios utilizados para la solución de este conflicto", *REDI* (2002), vol. LIV, n.2, pp. 717-731, en particular p. 729, donde señalamos lo siguiente: "No olvidemos además las reticencias iniciales mostradas por España respecto a las propuestas de mediación que se habían realizado; y no olvidemos lo delicado que resulta para nuestro país aceptar que ha sido la mediación de un tercero, ajeno a nuestro ámbito geográfico europeo, la que ha permitido atajar la crisis, sin que España hubiera solicitado esa intervención".

> of role categories and strategies that can be transferred automatically from one environment to another; from one dispute to another"[195].

La base fundamental para que la mediación sea llevada a cabo es el hecho de que se acepte al mediador (tanto en caso de ofrecimiento[196] como de solicitud de que dicha mediación se desarrolle). Dicha aceptación implica, siguiendo a Moncayo, reconocer al mediador un estatuto internacional y dota a la mediación de un carácter convencional que hace de ella un derecho y un deber, al mismo tiempo[197].

Ni el ofrecimiento de mediación, ni la negativa a aceptar la misma pueden ser considerados en ningún caso actos inamistosos[198]. Al igual que ningún Estado puede ser obligado a

---

195 Véase Jacob Bercovitch, "International Mediation", *Journal of Peace Research* (February 1991), vol. 28, n.1, pp. 3-6, en p. 4.

196 Los casos de ofrecimiento para ser mediadores en una controversia (tanto internacional como interna) son incontables, y en particular los que finalmente no llegaron a buen puerto. Por ejemplo, en 2013 España se ofreció a mediar en la crisis política que atravesaba Venezuela (véase *Diario El* País, 21 de mayo de 2013). Un ejemplo relativamente reciente del que se han hecho eco los medios de comunicación es el caso de la disputa entre Sudán, Egipto y Etiopía a raíz de la construcción de una presa (la denominada Gran Presa del Renacimiento Etíope) en el Nilo Azul, por parte de este último país. Emiratos Árabes Unidos y Argelia ofrecieron su mediación (marzo y agosto de 2021, respectivamente), al igual que lo han hecho Naciones Unidas, la Unión Europea, la Unión Africana y Estados Unidos, entre otros. Una información sobre las raíces de esta controversia y algunos de los acontecimientos relacionados puede verse en https://thepoliticalroom.com/la-gran-presa-del-renacimiento-etiope-y-el-fin-del-dominio-egipcio-del-nilo/.

197 Véase Guillermo R. Moncayo, "La médiation...", *loc. cit.*, p. 226.

198 En temas especialmente "sensibles", como por ejemplo el relativo al fin de la banda terrorista ETA, salieron a la luz declaraciones por parte del Ministerio del Interior español, mediante las que se

actuar como mediador, salvo que haya asumido dicha obligación por ejemplo por vía convencional, tampoco estaría obligado a aceptar dicha mediación. La práctica internacional es enormemente prolífica respecto a casos en que se ha rehusado la mediación de un tercero para solventar la controversia[199], o

---

rechazaba la mediación/facilitación/verificación por parte de terceros para certificar el fin de la banda terrorista. Sobre ello, véase https://www.elconfidencial.com/espana/2012-05-04/el-gobierno-rechaza-la-mediacion-internacional-para-verificar-el-fin-de-eta_232165/. El dilema acerca de la posibilidad de que en determinados procesos de mediación se hable (o no) con terroristas, cuando son grupos envueltos en la controversia, ha sido también objeto de preocupación. La tendencia actual, especialmente en procesos en los que Naciones Unidas está involucrada, sigue la senda de dejar al margen del proceso mediador a estos grupos; sin embargo, otras entidades (o cuando la mediación discurre por cauces no gubernamentales) son más proclives a no cercenar por completo el diálogo, cuando ello pudiera ser beneficioso para lograr acuerdos. Sobre estas cuestiones, véase Sophie Haspeslagh, "The Mediation Dilemma of (Not) Talking to Terrorists", *Swiss Political Science Review* (2021), vol. 26, n. 4, pp. 506-526.

199 Véase Guillermo R. Moncayo, "La médiation…", *loc. cit.*, p. 227, donde cita en particular que en 1947 Países Bajos declinó la oferta de mediación de China en el conflicto de dicho Estado con Indonesia; en octubre de 1948 Reino Unido rechazó el proyecto de mediación del Presidente de Estados Unidos en el conflicto fronterizo entre Guatemala y Belize; de igual manera, India rechazó la mediación ofrecida por Australia en julio de 1951 con el objetivo de poner fin al conflicto con Pakistán respecto de la región de Cachemira. Igualmente, Jorge Peirano Basso, en *Buenos oficios y mediación, op. cit.*, p. 33, cita el ofrecimiento en 1973 de buenos oficios por parte de Waldheim, entonces Secretario General de Naciones Unidas, respecto del asunto de Irlanda del Norte, que fue rechazado por Reino Unido.

incluso que el eventual mediador ha rechazado realizar dicha función[200], dadas las circunstancias.

Se puede finalizar este apartado señalando que las etapas y momentos por los que suele discurrir la mediación suelen ser los siguientes: los contactos iniciales, la recopilación de información, el establecimiento de las reglas de juego, el diseño del proceso, la identificación de acuerdos e incompatibilidades, la posibilidad de vislumbrar intereses ocultos y de generar opciones, logros o compromisos. Es fundamental, como apunta Fisas, generar ideas, desde nuevos espacios, para desbloquear la situación[201].

---

200 Alejandro Carballo Leyda menciona un caso concreto en este sentido, como el protagonizado por la Misión de Naciones Unidas en el Líbano (UNIFIL), que en enero de 2011 rechazó, argumentando que excedía su mandato, la solicitud de Líbano de mediar en la disputa marítima con Israel en una zona donde se han descubierto yacimientos de gas. Véase "Mecanismos de resolución pacífica de disputas fronterizas (2009-2011)", en *El arreglo pacífico de controversias…, op. cit.*, p. 154.

201 Como señala Vicenç Fisas, *Procesos de paz y negociación en conflictos armados, op. cit.*, p. 132, citando un ejemplo: "Los dos actores están encerrados en posiciones incompatibles, por lo que deciden asistir a un encuentro en un nuevo espacio, con otros actores capaces de generar nuevas ideas que ayuden a desbloquear esta situación". Respecto de los nuevos actores que pueden jugar un papel relevante en la mediación, véase el estudio realizado por Pablo Pareja Alcaraz y Jordi Quero Arias, en "La diplomacia del 'second track' en la gestión de la conflictividad del Sudeste Asiático: lecciones para el espacio mediterráneo", en *La aplicación de la mediación en la resolución de los conflictos en el Mediterráneo (Iniciativa para la Mediación en el Mediterráneo),* Ministerio de Asuntos Exteriores, AEPDIRI, Madrid, 2015, accesible en https://www.exteriores.gob.es/es/ServiciosAlCiudadano/PublicacionesOficiales/La%20aplicaci%C3%B3n%20de%20la%20Mediaci%C3%B3n%20en%20la%20resoluci%C3%B3n%20de%20los%20conflictos%20en%20el%20Mediterr%C3%A1neo.%20(Iniciativa%20para%20la%20

Además, iniciar una mediación supone asumir un *riesgo mínimo*, pudiéndose ponerle fin en cualquier momento, lo que da cuenta de la flexibilidad de este medio de arreglo pacífico.

El fin de la mediación suele darse cuando no se logra el objetivo que se pretendía alcanzar y se llega a un punto muerto. Un ejemplo muy claro en esta línea tuvo lugar en relación con el conflicto palestino-israelí, cuando en la Resolución 73 (1949) de 11 de agosto del Consejo de Seguridad se determinó que dicho órgano:

> "*Resuelve* que, habiendo realizado todas las funciones asignadas al Mediador de Naciones Unidas en Palestina, el Mediador interino quede relevado de cualquier otra obligación impuesta en virtud de las Resoluciones del Consejo de Seguridad"[202].

3. BASES DE PODER Y FUNCIONES DEL MEDIADOR INTERNACIONAL

Resulta clave intentar delimitar y/o definir las funciones del mediador internacional, si bien las mismas pueden ser muy variadas, caracterizándose normalmente por su complejidad. De forma general, el mediador elige de forma libre los mecanismos que le permitan ofrecer sus servicios de la manera más favorable. No existe ningún procedimiento fijo a este respecto. La idea fundamental es que la mediación es ante todo un

---

Mediaci%C3%B3n).pdf, pp. 99-109. La existencia en la región del Sudeste Asiático de una organización de cooperación como la ASEAN, ha patrocinado precisamente esta diplomacia no formal para incentivar el uso de la mediación en dicho escenario regional, como ponen de relieve estos autores en p. 108.

202 Párrafo 4 de dicha Resolución, que puede verse en https://documents-dds-ny.un.org/doc/RESOLUTION/GEN/NR0/055/45/PDF/NR005545.pdf?OpenElement.

proceso de comunicación, que intenta restaurar una comunicación interrumpida o deteriorada, o iniciarla por primera vez en condiciones de calidad. Este proceso va a estar condicionado necesariamente por las características del conflicto, del propio mediador y de su estilo de mediación.

Como acertadamente ha señalado Caflisch:

> "Il peut, s'il le souhaite, commencer par une enquête, puis assister les parties dans leur négociations directes ou indirectes, en les voyant séparément et en faisant la navette"[203].

Es más, una misión concebida inicialmente como buenos oficios puede dar paso a una mediación en su sentido estricto. Tal fue lo acontecido, por ejemplo, en el conflicto sobre el *Canal de Beagle*, que durante tanto tiempo enfrentó a Argentina y Chile. De este modo, en 1978 se confió al cardenal Samoré esa misión inicial cuyo cometido fue obtener información sobre el conflicto de la zona austral, que amenazaba con transformarse en una guerra, así como restablecer el diálogo entre las partes, interrumpido tras una infructuosa reunión de los ministros de exteriores respectivos, como nos relata Moncayo; estos buenos oficios desembocaron finalmente en una mediación verdadera, marcando los Acuerdos de Montevideo de 8 de enero de 1979 el devenir de la misma[204]. En relación con esa misma controversia, la descripción del papel que habría de jugar el Papa como mediador, se puso de relieve en el comunicado conjunto emitido por la Santa Sede y las misiones argentina y chilena: sugerir, exponer, proponer, aconsejar, indicar posibles hipótesis que pudiesen llevar a una solución honorable y definitiva de la controversia; una actitud diferente a la que desarrollaría un árbitro o un tribunal[205].

---

[203] Véase Lucius Caflisch, "Cent ans...", *loc. cit.*, p. 279.

[204] Véase Guillermo R. Moncayo, "La médiation...", *loc.cit.*, pp. 217-218.

[205] Véase Guillermo R. Moncayo, "La médiation...", *loc.cit.*, p. 224.

Fondo y forma respecto a la conducta del mediador son libres. En este sentido, el mediador puede –sin que ello constituya una obligación- formular recomendaciones respecto a la manera de solucionar el fondo de la controversia, o simplemente respecto a la vía a utilizar (por ejemplo, otro mecanismo de solución)[206] para conseguir solventar la diferencia. La discreción del mediador se configura como un rasgo muy importante, al ser el destinatario de confidencias y secretos políticos de las partes en la controversia, así como de sus intenciones y expectativas reales. La confianza de las partes es fundamental para que la mediación se desarrolle, al igual que lo son la capacidad de convicción del mediador y su autoridad moral incontestable[207].

La misión principal que ha de desarrollar el mediador consiste, siguiendo a Moncayo:

> "à concilier des prétentions opposées, à harmoniser des droits que, souvent, chaque partie considère indubitables et à faire prévaloir la raison et le bon sens sur les ressentiments et la méfiance"[208].

---

206 En este sentido, Lucius Caflisch, "Cent ans…", *loc. cit.*, pp. 279-280, proporciona el ejemplo de Francia que, actuando como mediador en la controversia entre Yemen y Eritrea respecto de las islas Hanish y la delimitación de los espacios marítimos situados entre los dos Estados, recomendó acudir a arbitraje, consiguiendo que las partes alcanzasen un acuerdo en este sentido el 3 de octubre de 1996. Dos decisiones arbitrales (de 9 de octubre de 1998 y una segunda de 17 de diciembre de 1999) constituirían los pasos posteriores a dicho acuerdo. Sobre ello, véase https://pca-cpa.org/es/cases/81/.

207 Rasgos todos ellos señalados por Guillermo R. Moncayo, "La médiation…", *loc. cit.*, p. 219.

208 Véase Guillermo R. Moncayo, "La médiation…", *loc. cit.*, p. 221.

Por todo lo anterior es tan importante – y a la vez tan complejo- elegir un buen mediador que reúna características[209] que permitan que dicho proceso llegue a buen puerto. Ahora bien, en ningún caso, bajo una apariencia de llevar a cabo una mediación, el mediador puede imponer su voluntad a las partes, dado que en ese caso podría desembocar en una intervención ilícita[210]. En realidad, la primera y casi única condición que ha de cumplir el mediador internacional es la de ser aceptado y legitimado por las partes en la controversia.

De manera general, la práctica internacional corrobora que la mediación es menos probable (o será mucho más complejo que se lleve a cabo y surta efectos positivos) en conflictos largos e intensos, cuando se lucha por un territorio, cuando se lucha por una ideología o cuando no existe relación entre las partes en disputa. Cobra un papel fundamental cuando la mayoría de los actores en disputa no está en condiciones de dialogar (porque se odian, se desprecian, se ignoran o no se tienen la más mínima confianza). En estos casos, es necesario acudir a personas que puedan hacer de intermediarias, recoger las opiniones y sensibilidades de todas las partes, para después retornarles a cada una de ellas el sentir de la totalidad.

Entre las razones que motivan acudir a la mediación cabe citar su alto índice de éxito, dada su naturaleza no vinculante (en realidad, es una opinión bastante generalizada que la mediación nunca falla, al permitir que las partes expongan los

---

[209] Algunas características básicas para ser un buen mediador serían tener una comprensión amplia del conflicto, de los intereses de las partes, así como poseer unos caracteres personales y dominio de ciertas técnicas y habilidades para desbloquear la situación.

[210] Situaciones que pueden observarse en algunos tratados del siglo XIX, como sucedió respecto del Imperio Otomano y la propuesta de mediación derivada del Tratado de Berlín de 1878, como relata Guillermo R. Moncayo en "La médiation...", *loc. cit.*, p. 224.

aspectos de la controversia en su justa dimensión y comprender las circunstancias).

Las bases de poder del mediador pueden explicarse mediante el siguiente cuadro, que permite vislumbrar los elementos fundamentales que utiliza el mediador para desarrollar su labor. Como puede verse, son numerosos los elementos de los que se podrá valer para desarrollar dicha tarea.

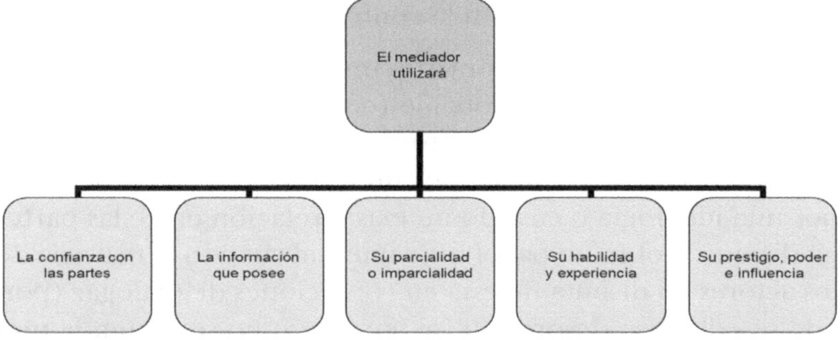

Igualmente, las funciones que puede desarrollar el mediador internacional son enormemente variadas, y las mismas las podemos reflejar en el siguiente esquema, donde aparecen representadas de manera gráfica.

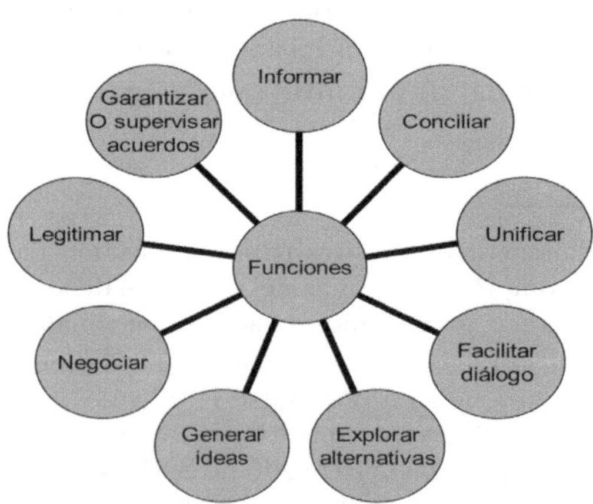

La doctrina que ha estudiado la mediación internacional y se ha aproximado a la misma desde una perspectiva práctica, atribuye un gran número de roles y funciones a las personas mediadoras; entre otras, las siguientes: exploradora (explora las posibilidades de iniciar un proceso, confirma a las partes que todas ellas están en disposición de empezar, pudiendo hacer incluso algunas sugerencias); convocante (invita formalmente a las partes a empezar la negociación; puede pedir una tregua, inicio de conversaciones, entre otras posibilidades, al igual que ofrecer instalaciones y recursos); desacopladora (elimina las interferencias externas y procura que nadie se inmiscuya); unificadora (ayuda a superar las divisiones internas); entrenadora (prepara a las partes para que puedan negociar en mejores condiciones, y corrige las desigualdades que puedan existir entre ellas); generadora de ideas (ofrece nuevas informaciones, ideas, teorías y opciones a los adversarios); garante (garantiza a los adversarios que no van a sufrir costos desmesurados por el hecho de entrar en un proceso de mediación, ofreciendo seguridades ante una posible ruptura del proceso); facilitadora (cumple varias funciones a lo largo del proceso, como presidir los encuentros, interpretar posicionamientos y respuestas, entre otras actuaciones, actuando como moderador); legitimadora (ayuda a los adversarios a que acepten el proceso y el resultado obtenido); incentivadora (ofrece recursos adicionales para ayudar a los adversarios a encontrar una solución donde todos ganen); verificadora (verifica y comprueba que se cumple lo acordado); implementadora (controla el comportamiento de las partes después del acuerdo, e impone sanciones si no se cumple lo acordado) y reconciliadora (su tarea es a largo plazo, y consiste en ir corrigiendo las actitudes, estereotipos e imágenes negativas que se suelen dar entre adversarios)[211].

---

[211] Véase Vicenç Fisas, *Procesos de paz y negociación...*, *op. cit.*, p. 141.

Algunos autores, como Ury, se refieren a lo que denominan "los diez roles del tercer lado"[212], aludiendo a los diferentes roles que lleva a cabo el mediador, y que pueden representarse en la siguiente tabla, que plantea los siguientes elementos: por qué escala el conflicto, la función transformadora y la pregunta que formularía eventualmente la parte mediadora cumpliendo el rol concreto mencionado.

LOS DIEZ ROLES DEL TERCER LADO, SEGÚN URY

Por qué escala el conflicto	*Función transformadora*	*La pregunta del tercer lado*
Necesidades frustradas	Proveedora	¿Qué se necesita aquí?
Habilidades pobres, limitadas	Maestra	¿Hay otra manera de hacerlo?
Relaciones débiles	Constructora de puentes	Me gustaría presentarle a...
Intereses en conflicto	Mediadora	Trabajemos sobre esto
Derechos en disputa	Árbitro	Lo justo es...
Poder desigual	Equilibradora	Nivelemos el poder en este juego
Relaciones dañadas	Curadora	Vamos a curar heridas
Ninguna atención	Testigo	¡Eh, miren lo que están haciendo!
Ninguna limitación	Juez de campo	¡Ni cuchillos ni pistolas!
Ninguna protección	Guardiana de la paz	¡Basta ya! ¡Sepárense!

212 Véase Vicenç Fisas, *Procesos de paz y negociación…, op. cit.*, pp. 142-143, citando a William L. Ury, *Alcanzar la paz*, Barcelona, Paidós, 2000, p. 253.

Mucho se ha escrito acerca del momento idóneo para que la mediación tenga lugar. Con carácter general, los mediadores no intervienen de forma automática, sino cuando piensan que un conflicto daña sus intereses o perciben una oportunidad para avanzar en la solución de dicha controversia. Cuando la mediación se produce en el contexto de una Organización internacional, la práctica indica que cualquier momento puede ser bueno para comenzar una mediación.

Hay otro elemento que aparece intrínsecamente relacionado, por lo que, en ocasiones, más que hablar de mediación, "*lo importante es tejer esa red de actores que actúen como facilitadores y en todas las dimensiones y funciones señaladas,* con discreción cuando proceda hacerlo así, con solemnidad y gran publicidad en otros momentos y siempre con seriedad y tenacidad"[213].

Las propuestas que se planteen por el mediador pueden tener un carácter transitorio o bien definitivo y en este último caso, si las partes en la controversia aceptan la propuesta planteada, la misma puede poner fin a la controversia, culminando con un triunfo de la labor mediadora.

Otro elemento de la mediación sobre el que se ha discutido mucho es el relativo a la confidencialidad o publicidad que la mediación debe conllevar, más allá de las partes en la controversia. Puede argumentarse que la publicidad durante la mediación es posible que provoque que las partes se hagan más firmes en su posición, reduciéndose el margen de maniobra de la propia mediación. La opinión mayoritaria sostiene que la mediación puede jugar mejor su papel y solventar la controversia más eficazmente cuando el mediador actúa en el marco de negociaciones privadas (solamente entre las partes

---

213 Véase Vincenç Fisas, *Procesos de paz...*, *op.cit.*, p. 143. La cursiva figura así en el original.

en liza)[214]. Como el Secretario General de Naciones Unidas ha puesto de relieve, al referirse a la aceleración de la difusión de la información y sus efectos en la mediación:

> "en algunas circunstancias, la facilidad con que unos contactos confidenciales se hacen públicos en los medios sociales puede menoscabar la capacidad de un mediador o facilitador de colaborar con las partes en conflicto mediante la interacción discreta que se necesita para ayudar a los antagonistas a encontrar soluciones a sus reclamaciones"[215].

Otra cuestión a la que se alude con frecuencia es la idea de "maduración"[216], en otras palabras, alude a que la controversia en cuestión se encuentre lo suficientemente "madura" como para permitir que la mediación se lleve a efecto y la misma consiga mitigar los efectos nocivos de la controversia. Si bien es cierto que son múltiples las variables y momentos a tener en cuenta, la conclusión fundamental, siguiendo a Greig, sería la siguiente:

> "The careful selection of the conditions under which mediation attempts occur, however, is a critical factor in the ability

---

214 Ciertamente, la confidencialidad de la mediación en muchos supuestos constituye un obstáculo para poder conocer el papel que juega este mecanismo de arreglo pacífico. Como señala Tobias Böhmelt, "Democratic Third Parties, Conflict Intensity, and International Mediation Tracking", *Negotiation Journal* (Fall 2021), pp. 451-484, en p. 467: "Mediation remains a popular conflict-management technique, but data availability is limited and not updated for the most recent interstate and intrastate disputes".

215 Doc. A/72/115, Informe del Secretario General, de 27 de junio de 2017. Actividades que llevan a cabo las Naciones Unidas para apoyar la mediación, p. 4, párr. 9.

216 Sobre ello, véase Michael E. Salla, "Creating the "Ripe Moment" in the East Timor Conflict", *Journal of Peace Research* (1997), vol. 34, n. 4, pp. 449-466.

> of mediation efforts to reduce the level of conflict between enduring rivals"[217].

Tras analizar las bases de poder y las funciones del mediador, nos adentraremos en la pregunta crucial, a la que dedicaremos el siguiente apartado.

4. ¿QUIÉN PUEDE SER MEDIADOR INTERNACIONAL?

No se puede realizar afirmación alguna que establezca límites en cuanto a quien puede llevar a cabo la función de mediador internacional. El método a seguir para el desarrollo de dicha mediación también se adaptará a quien ejerza la misma. Parafraseando a Moncayo, no podemos establecer un modelo de mediación preciso y rígido para todo tipo de controversias, sino que el mismo se adaptará a si dicha mediación se lleva a cabo por una gran potencia o por una potencia media, por una organización internacional, un organismo humanitario o un individuo[218].

La práctica, desde antaño, proporciona ejemplos de índole diversa, ofreciendo casos de mediaciones exitosas –otras no tanto- en las que han intervenido figuras muy diversas. Su rasgo más frecuente en la mayoría de los casos es que se suele tratar de figuras relevantes (de carácter religioso –por ejemplo, el Papa[219]-

---

217 Véase J. Michael Greig, "Moments of Opportunity: Recognizing Conditions of Ripeness for International Mediation Between Enduring Rivals", *The Journal of Conflict Resolution* (December 2001), vol. 45, n. 6, pp. 691-718, en p. 716.

218 Como señala Guillermo R. Moncayo, "La médiation…", *loc. cit.*, p. 219.

219 Particularmente, referido al papel del Papa en la mediación internacional, resulta de obligada lectura Alain Brouillet, "La mèdiation du Saint-Siège dans le différend entre l'Argentine et le Chili sur la zone australe", 25 *AFDI* (1979), pp. 47-73; en la doctrina española,

o político –un rey o una reina, un/a presidente[220]/a, o expre-

---

en particular, véase Fernando M. Mariño Menéndez, "La mediación de la Santa Sede en el asunto del Canal de Beagle", XXXVII *REDI* (1985), pp. 423-448. En el caso del Canal de Beagle, se pone de manifiesto una mediación exitosa por parte del Papa Juan Pablo II, en una controversia entre Argentina y Chile que se prolongaba desde el siglo anterior, y para la que se había acudido incluso a un arbitraje previo de su Majestad Británica (véase una narración de los hechos y todo lo acontecido en pp. 426-429). Debe señalarse que existen numerosos ejemplos que, a lo largo de la historia permiten poner de relieve el papel jugado por este alto representante de la Iglesia como mediador en controversias internacionales, muchas de ellas de *larga data*. Por ejemplo, en el siglo XIX cabe mencionar la mediación de León XIII entre España y Alemania en el asunto de las Islas Carolinas (véase *loc.cit.*, p. 424, nota a pie núm. 5, donde el profesor Mariño relata que "en aquella controversia el Papa nombró una comisión de siete cardenales presidida por su Secretario de Estado, que redactó una propuesta de arreglo (a modo de sentencia arbitral) que las Partes aceptaron, concretando su acuerdo por medio de un Protocolo final firmado en Roma el 17 de diciembre de 1885". Cabe destacar, como pone de relieve Guillermo R. Moncayo, en "La médiation...", *loc.cit.* p. 208, que la mediación de la Santa Sede reviste un interés tanto político como jurídico. La perspectiva jurídica se vislumbra, en palabras de este autor, "en adaptant, aux exigences d'une situation historique particulière, les príncipes en matière de médiation consolidés dans la coutume internationale et définis par des normes conventionnelles" (p. 208). El interés político parte de que "la médiation papale revêt en outre un intérêt politique car elle demontre aussi comment des prétentions opposées peuvent être harmonisées, même dans des circonstances contraires, dans une solution transactionnelle, grâce à l'influence d'un pouvoir spirituel et à la volonté de paix de deux peuples" (p. 208). Un análisis muy completo de la labor del Papa, tratando de alcanzar la paz en conflictos, véase en Guillermo R. Moncayo, pp. 256-285.

220 Como relata Sonia Hernández Pradas, "La mediación...", *op. cit.*, p. 265, nota a pie 28, "la histórica intervención del presidente de los Estados Unidos T. Roosevelt que consiguió que Rusia y Japón iniciasen conversaciones en 1905 y concluyesen un tratado de paz". Asimismo,

sidente/a[221], un diplomático[222], por citar algunas de las figuras que de forma más común alcanzan a mediar en controversias internacionales)[223]. También cabe destacar la función llevada

---

cabe mencionar la mediación de James Earl Carter Jr. (conocido como Jimmy Carter) y Julius Nyerere (presidentes de Estados Unidos y Tanzania, respectivamente) en la guerra entre Etiopía y Eritrea. El caso de Carter es paradigmático, al haber mediado en numerosos conflictos (Haití, Oriente Medio, Canal de Panamá...) y llevar a cabo una labor encomiable durante décadas en el marco del "Carter Center" que le hicieron merecedor del Premio Nobel de la Paz en 2002. Véase la información fundamental acerca del Centro en https://www.cartercenter.org/peace/index.html. Son muy numerosos los casos en que Presidentes de Estados vecinos o con los que mantienen buenas relaciones las partes en liza se ofrecen como mediadores. Valga como muestra el caso de Oscar Arias, Presidente de Costa Rica, respecto de la crisis desatada en Honduras, tema del que da cuenta este comunicado del Ministerio de Asuntos Exteriores de España: https://www.exteriores.gob.es/es/Comunicacion/NotasPrensa/Paginas/Articulos/Comunicado59.aspx.

221 Como fue el caso de Olof Palme, entonces exprimer Ministro sueco, que actuó como enviado de Naciones Unidas en relación con la guerra entre Irán e Irak. Igualmente sería el caso de Nelson Mandela, que como expresidente sudafricano intervino tratando de incentivar la paz en Burundi en 1999. Véase Sonia Hernández Pradas, "La mediación...", *op. cit.*, p. 265, nota a pie 28. Sobre esta última cuestión véase https://www.unwomen.org/en/news/stories/2013/12/nelson-mandela-work-in-burundi.

222 Como lo fue la mediación del diplomático suizo V. Umbricht en la controversia entre Kenia, Tanzania y Uganda, relativa a la antigua Comunidad de África Oriental; concretamente sobre ello véase el ilustrativo análisis de dicha mediación en Victor Umbricht, "Une expérience de médiation: le cas de l'ancienne Communauté de l'Afrique orientale", 30 *AFDI* (1984), pp. 129-159.

223 Véanse varios ejemplos de personalidades que han mediado en conflictos en los comienzos del siglo XXI, en Javier Olivares, "Cinco Mediadores Internacionales que auspiciaron la paz", *Foreign Policy,* edición en español, 18 de mayo de 2012 (https://www.esglobal.org/cinco-mediadores-internacionales-que-auspiciaron-la-paz/),

a cabo por Estados que actúan como líderes mundiales[224], regionales o potencias medias que tienen influencia sobre las partes en liza: por mencionar algunos casos podemos aludir a la mediación de Estados Unidos entre Guatemala y Reino Unido respecto de Belice en 1965, y entre Egipto e Israel en

---

6 pp., donde menciona los casos de Martti Ahtisaari en el conflicto de Aceh (un ex jefe de Estado, cuyo papel influyó notablemente en que obtuviese el Premio Nobel de la Paz en 2008), Lazaro Sumbeiywo en Sudán, Andrea Riccardi y Matteo Zuppi en Mozambique o George Mitchell en Irlanda del Norte. Respecto de este último caso, véase Igor Filibi, "La UE y la resolución de conflictos internos: el caso de Irlanda del Norte", en *El arreglo pacífico de controversias internacionales, op. cit.*, pp. 933-947.

224 Véase Efraim Inbar, "Great Power Mediation: The USA and the May 1983 Israeli-Lebanese Agreement", *Journal of Peace Research* (February 1991), vol. 28, n.1, pp. 71-84. En palabras de este autor, en p. 82, "A great power is simply in the possession of more "carrots and sticks" needed to convince the parties to a dispute to resolve their differences than lesser prominent international mediators. Furthermore, it can better play than weaker actors the useful role of the guarantor of a negotiated agreement". Los motivos por los que Estados considerados como grandes potencias deciden mediar en controversias suelen ser muy diversos, destacando durante una época razones de tipo defensivo y/o expansionista preferentemente. En ocasiones, algunas grandes potencias se ven "condenadas" a jugar dicho papel, como le ha ocurrido a Estados Unidos durante mucho tiempo, o la República Popular China. En este último caso, China ha tratado de mediar en diversas ocasiones entre las dos Coreas, por ejemplo (véase https://www.dw.com/es/el-papel-de-china-en-la-crisis-norcoreana/a-40030915). La actuación de la Federación Rusa y el conflicto de Nagorno-Karabaj, entre los años noventa y la primera década del siglo XXI, se relata en Doc. A/66/811, pp. 70-71. En relación con Osetia del Sur, el conflicto de Transdniéster y la situación en Tayikistán y el rol jugado por Rusia, véase Doc. A/66/811, pp. 71-77. Acerca de la expansión de la mediación en conflictos cercanos, con alusión a los casos mencionados de Rusia, véase Tobias Böhmelt, "The spatial contagion of international mediation", *Conflict Management and Peace Science* (2015), vol. 32 (1), pp. 108-127.

1978, que condujo a los Acuerdos de Camp David[225]; también cabe mencionar la mediación de la entonces Unión Soviética entre India y Paquistán sobre Rann de Kutch en 1966, o de Argelia entre Irán y Estados Unidos en relación con la crisis de los rehenes en 1980-81, como ejemplos significativos[226]. Se ha constatado que la elección de un "mediador poderoso" es la mejor opción cuando el nivel de hostilidad es alto, ocurriendo lo contrario cuando las partes no se encuentran en esa situación tan extrema[227].

Normalmente la mediación llevada a cabo por Estados considerados potencias medias y/o líderes regionales suele estar motivada por el deseo de alcanzar mayor influencia y prestigio. Cabe mencionar como ejemplos de ello los intentos de mediar entre Estados Unidos, la Unión Soviética y China en los años cincuenta por parte de la India; el intento de mediar en la Guerra de Vietnam, auspiciado por el Presidente Nkrumah de Ghana, en 1965-1966; o el caso de Rumanía que actuó como mediadora entre las naciones árabes e Israel. Otros casos que pueden mencionarse serían la mediación de Egipto y Argelia en la guerra que enfrentó a Irán e Iraq, o la mediación de Argelia en la crisis de los rehenes entre Estados Unidos e Irán ya mencionada, ambas situaciones desarrolladas durante los años ochenta del siglo XX.

---

225 Véase Sonia Hernández Pradas, "La mediación...", *op. cit.*, p. 266. Sobre esta cuestión puede verse también Tom Princen, "Camp David: Problem-Solving or Power Politics as Usual?", *Journal of Peace Research* (February 1991), vol. 28, n.1, pp. 57-69.

226 Véase Ian Brownlie, "The Peaceful Settlement...", *op. cit.*, p. 271.

227 Sobre ello, ofreciendo ejemplos de las diversas situaciones mencionadas, véase Chen Yiyi, "Why Appoint a Weak Mediator? A Strategic Choice to Reduce Uncertainty in International Mediation", *The Chinese Journal of International Politics* (2019), pp. 427-466, en particular pp. 441-444.

Por supuesto, las Organizaciones Internacionales[228], desde *larga data,* no son ajenas a la posibilidad de mediar en controversias interestatales. Así sucedió, por ejemplo, ya desde las primeras décadas del siglo XX con Sociedad de Naciones, como señala Sonia Hernández Pradas, a pesar del fracaso de esta Organización en otras lides:

> "Sin embargo, durante su existencia, la Sociedad de Naciones solucionó con éxito y a través de la mediación, varios conflictos, tales como los suscitados entre Polonia y Lituania sobre Vilna en 1920, Finlandia y Suecia respecto a las islas Åland en 1921, Alemania y Polonia sobre la Alta Silesia en 1922, Rusia y Finlandia respecto a la Carelia Oriental en 1922, Italia y Grecia sobre Corfú en 1923, Turquía e Irak en 1924, Polonia y Checoslovaquia en 1924, el conflicto Greco-Búlgaro en 1926 y el Húngaro-Yugoslavo en 1934"[229].

Sin duda alguna, la Organización internacional que ha liderado más procesos de mediación ha sido Naciones Unidas, con una aquilatada experiencia en este ámbito. Tanto en lo concerniente al nombramiento y envío de representantes del Secretario General que tratan de llevar a cabo su labor mediadora, como a la puesta en práctica de acuerdos de paz, desplegando operaciones sobre el terreno que permiten su aplicación, lo que ha conllevado la reducción de conflictos en el mundo[230]. En muchos casos, mediante una labor que se ha movido entre los buenos oficios/mediación, con inmensidad de matices, sin que en muchas ocasiones sea fácil distinguir ambas figuras en

---

228 Sobre la relevancia de las Organizaciones Internacionales para llevar a cabo una mediación eficaz, véase el estudio realizado por Aoyuan Zhang y Haixia Qi, "The effectiveness in international mediation of international organizations", *International Journal of Conflict Management* (2022), vol. 33, n. 4, pp. 684-713.

229 Véase Sonia Hernández Pradas, "La mediación en los conflictos internacionales", *op. cit.*, p. 260.

230 Véase Sonia Hernández Pradas, "La mediación…", *op. cit.*, p. 266.

su desarrollo[231]. Si analizamos la práctica llevada a cabo por los Secretarios Generales de Naciones Unidas y los objetivos perseguidos por los mismos al llevar a cabo su labor mediadora, llegamos a la conclusión de que los mismos pueden ser muy variados, incluso estando presentes varios de ellos tales como los siguientes: establecer contactos con los Gobiernos, enviar representantes ante los mismos, visitar a las partes en liza, nombrar un representante especial, proveer asistencia humanitaria, ofrecer la asistencia de la ONU de diversas formas, convocar una conferencia internacional, e investigar los

---

231 Son numerosos los ejemplos que proporciona Guillermo R. Moncayo, en "La médiation...", *loc. cit.*, p. 216, mencionando casos como el acontecido en el conflicto entre Indonesia y Países Bajos, donde el Comité de buenos oficios de Naciones Unidas informó al Consejo de Seguridad y a su vez realizó recomendaciones a las partes. Sobre dicha cuestión resulta de interés la Resolución de 31(1947) 25 de agosto de 1947 del Consejo de Seguridad, por la que se crearía una Comisión de Buenos Oficios, formada por tres miembros (uno de ellos elegido por Indonesia, otro por Países Bajos y un tercero de común acuerdo, resultando finalmente elegidos Australia, Bélgica y Estados Unidos). En virtud de la misma, el Consejo de Seguridad ofrece sus buenos oficios a las partes, y "está dispuesto, si las partes lo solicitan, a ayudarles a encontrar una solución por intermedio de una comisión del Consejo integrada por tres miembros del mismo, de los cuales cada una de las partes elegirá a uno y el tercero será designado por los dos miembros así elegidos" (como dispone dicha Resolución, citada textualmente). El Comité de buenos oficios para el cese de las hostilidades en Corea, creado en 1951 por el Consejo de Seguridad, no tenía como misión solamente el acercamiento de las partes que negociasen el cese el fuego, sino que también proponía medidas para ello. De igual modo, los buenos oficios llevados a cabo por la URSS entre los representantes de India y Pakistán para que se reuniesen en Tashkent conllevó también elementos de mediación.

hechos acaecidos, entre muchas de las actividades que puede desarrollar esta figura[232].

Diversidad de situaciones a lo largo del siglo XX han dado lugar a la intervención de Naciones Unidas como mediadora en conflictos (disputa entre Kampuchea y Vietnam, en el conflicto sobre las Islas Fakland/Malvinas que enfrentó a Argentina y Reino Unido o en el conflicto de Afganistán, entre otros muchos)[233]. Son legión las situaciones en todo el planeta en las que se han enviado representantes, mediadores, coordinadores y/o buenos oficiantes, en este marco (entre otras, sin ánimo de exhaustividad cabe mencionar Namibia, Rhodesia

---

232 Un documento ilustrativo –y formativo- respecto al modo en que ha de desarrollarse esta labor por el Secretario General y los enviados especiales lo encontramos en *A Manual for UN Mediators: Advice for UN Representatives and Envoys. Compiled by Connie Peck from Interviews with UN Representatives and Envoys*, UNITAR (United Nations Institute for Training and Research), Department of Political Affairs, Naciones Unidas, Ginebra, 2010, accesible en https://peacemaker.un.org/sites/peacemaker.un.org/files/ManualUNMediators_UN2010.pdf.

233 Véase Jacob Bercovitch, Theodore J. Anagnoson y Donnette L. Wille, "Some Conceptual Issues and Empirical Trends...", *loc. cit.*, p. 8. El caso de Malvinas es especialmente complejo, dado que ni Naciones Unidas ni la OEA consiguieron jugar un papel activo real para la solución de esta controversia, que desembocó en una guerra entre Argentina y Reino Unido. Sobre el papel de ambas Organizaciones, y las razones de su fracaso, véase Paz Andrés de Santa María, "El arreglo pacífico de controversias en el ámbito...", *loc. cit.*, pp. 105-107. La situación de Malvinas ha sufrido numerosas oscilaciones, pareciendo en 2012 que se iba a descolapsar, cuando Argentina anunció que aceptaría la mediación de Naciones Unidas (véase https://news.un.org/es/story/2012/02/1234871). Incidentes posteriores tales como la visita del nieto de la entonces Reina británica y la realización de maniobras militares en la isla, hicieron que se incrementase el malestar. Las reivindicaciones sobre estas islas y sus aguas por parte de Argentina continúan plenamente vigentes.

del Sur, Sahara Occidental, República Dominicana, Malvinas, Timor Oriental, India/Pakistán, Chipre, Oriente Medio, Irán, Iraq/Kuwait, Irán/Iraq...)[234].

Cabe mencionar un supuesto citado por el profesor Lucius Caflisch, de una Organización internacional (el Banco Mundial) que llevó a cabo la mediación de manera exitosa en la controversia que enfrentaba a India y Pakistán en relación con la cuenca del Indo[235]. Seguramente el acuerdo alcanzado en virtud del Tratado de 1960 no era perfecto, pero al menos se caracterizó por su realismo[236]. Como nos señala Caflisch, sobre el particular:

> "[l]a seule solution possible du fond du litige consistait à séparer complètement les systems d'irrigation arrosant les deux pays, intégrés jusque-là sous l'impulsion du colonisateur britannique. Mais ce désengagement demandait d'importants travaux et mises de fonds. En avançant une partie des moyens nécessaires, la Banque a pu mener à bien sa médiation, dont le résultat est consigné dans le Traité du 19 septembre 1960 relatif aux eaux de l'Indus"[237].

También son legión los casos en que se ha solicitado (por una o ambas partes en una controversia) la mediación de organismos regionales o subregionales. Como a este respecto nos ilustra Peirano Basso, en relación con varios supuestos en que la gestión mediadora se formuló por una sola de las partes: el caso de Senegal, que solicitó en septiembre de 1973 a la entonces Organización para la Unidad Africana (OUA) "la

---

234 Sobre ello, véase https://www.un.org/securitycouncil/es/content/repertoire/representatives-mediators-coordinators-and-good-offices.

235 Véase Lucius Caflisch, "Cent ans...", *loc. cit.*, p. 280.

236 Véase Azhar Ahmad, "Indus Waters Treaty. A Dispassionate Analysis", *Policy-Perspectives* (July-December 2011), vol. 8, n.2, pp. 73-83, en p. 81 especialmente.

237 Véase Lucius Caflisch, "Cent ans...", *loc. cit.*, p. 280.

constitución de una comisión especial para estudiar el conflicto con Guinea a raíz de declaraciones del Jefe de Estado guineano"[238] que se consideraban injuriosas[239]. Ciertamente, la entonces OUA, desarrolló una ingente labor en el ámbito de la mediación, especialmente durante la década de lo setenta del pasado siglo. En multitud de situaciones, la Organización nombró una Comisión (conformada por diversos presidentes de Estados africanos) o bien determinó que un Presidente/ Primer ministro/líder relevante de la región llevase a cabo las labores de mediación[240]. En numerosas ocasiones se ha preferido en el contexto de dicha Organización, "no poner en funcionamiento la Comisión de Mediación, Conciliación y Arbitraje, y recurrir a la negociación bajo la égida de Comisiones *ad hoc* de Jefes de Estado africanos"[241].

Un caso relativamente reciente de mediación lo constituyó el protagonizado por la Intergovernmental Authority on Development (IGAD)[242] respecto de Sudán del Sur, a partir de

---

238 Véase Jorge Peirano Basso, *Buenos oficios y mediación, op. cit.*, p. 30.

239 Sobre la labor de la OUA en materia de arreglo pacífico, véase François Borella, "Évolution récente de l'Organisation de l'Unité Africaine", 20 *AFDI* (1974), pp. 215-225, en particular pp. 221-222.

240 Una cumplida información acerca de múltiples ejemplos de mediación en el contexto de la OUA durante esos años, véase en Jorge Peirano Basso, *Buenos oficios y mediación, op. cit.*, pp. 45-46, nota a pie núm. 28, donde cita, entre otros: la mediación de Mobutu en el conflicto entre Ruanda y Burundi en 1966; el Comité de Buenos Oficios constituido por 8 Estados el 29 de mayo de 1973 para resolver la diferencia entre Somalia y Etiopía; la mediación de la organización entre Chad y Libia el 12 de agosto de 1977; la propuesta de mediación de la OUA, Liberia, Libia y Nigeria entre Uganda y Tanzania, en relación con el conflicto fronterizo entre ambos Estados, el 1 de noviembre de 1978, por citar algunos supuestos de interés.

241 Véase Jorge Peirano Basso, *Buenos oficios y mediación, op. cit.*, p. 48.

242 Toda la información acerca de esta Organización puede verse en https://igad.int/.

un Comunicado de diciembre de 2013, aceptado en enero de 2014, que reúne rasgos muy diversos en su actuación, como los siguientes:

> "IGAD's mediation entailed a hybrid of different approaches and strategies, including "shuttle diplomacy, summit diplomacy, facilitation, single-text negotiation, power mediation, and, occasionally, coercion and imposition". Most of these approaches derived from decisions and actions by leaders of IGAD member states rendering the process more of power-political than facilitative"[243].

El ámbito económico internacional ha incentivado también los tratados constitutivos de Organizaciones Internacionales de diversa índole, en los que se alude de forma directa al arreglo pacífico de las controversias y de modo particular a la inclusión de las figuras de los buenos oficios y la mediación entre los medios a utilizar, tanto en tratados como en otros instrumentos singulares que se han ido perfilando a lo largo del tiempo. Un ejemplo claro en este sentido lo constituye el GATT (Acuerdo General de Aranceles y Comercio), cuyo sistema previo constituirá una base esencial del sistema posteriormente diseñado en el ámbito del comercio internacional. De forma simplificada, podemos mencionar el rol atribuido al Director General, en virtud de la Decisión de 5 de abril de 1966 sobre los procedimientos en virtud del artículo XXIII del GATT, para actuar como buen oficiante[244]. Ello, junto a otra serie de instrumentos de diversa índole adoptados

---

243 A este respecto, véase Ibrahim Sakawa Magara, "Complexities of international mediation at sub-regional levels in Africa: lessons from South Sudan", *Journal of Aggression, Conflict and Peace Research*, vol. 15, n.1 (2023), pp. 51-65, en particular en p. 54.

244 Véase dicha informacion en el parrafo 1 de dicho documento, que puede consultarse en https://www.wto.org/english/tratop_e/dispu_e/disp_settlement_cbt_e/a2s1p1_e.htm.

con posterioridad, que configuraron un diseño original para solventar las controversias en este entorno[245].

Un ejemplo significativo, que se enmarca en un sistema mucho más complejo delineado en el entorno de la organización, lo tenemos con la Organización Mundial del Comercio (OMC), que tiene sus raíces en el sistema previo del GATT[246], antes mencionado. Concretamente, el Anexo 2 del Tratado constitutivo de la Organización contiene el "Entendimiento relativo a las normas y procedimientos por los que se rige la solución de diferencias". Su artículo 5 se refiere concretamente a los buenos oficios, la conciliación y la mediación, y se manifiesta en los siguientes términos:

> "1. Los buenos oficios, la conciliación y la mediación son procedimientos que se inician voluntariamente si así lo acuerdan las partes en la diferencia.
>
> 2. Las diligencias relativas a los buenos oficios, la conciliación y la mediación, y en particular las posiciones adoptadas durante las mismas por las partes en la diferencia serán confidenciales y no prejuzgarán los derechos de ninguna de las partes en posibles diligencias ulteriores con arreglo a estos procedimientos.
>
> 3. Cualquier parte en una diferencia podrá solicitar los buenos oficios, la conciliación o la mediación en cualquier momento. Éstos podrán iniciarse en cualquier momento, y en cualquier momento se les podrá poner término. Una vez terminado el procedimiento de buenos oficios, conciliación o mediación, la parte reclamante podrá proceder a solicitar el establecimiento de un grupo especial.

---

245 Sobre ello, véase https://www.wto.org/english/tratop_e/dispu_e/disp_settlement_cbt_e/c2s1p1_e.htm#txt3.

246 Véase David Unterhalter, "What makes the WTO Dispute Settlement Procedure Particular: Lessons to be Learned for the Settlement of International Disputes in General?", en Rudiger Wolfrum, Ina Gatzschmann (eds.), *International Dispute Settlement: Room for Innovations?*, Springer, Heidelberg, Nueva York, Dordrecht, Londres, 2013, pp. 5-12, en p. 5.

4. Cuando los buenos oficios, la conciliación o la mediación se inicien dentro de los 60 días siguientes a la fecha de la recepción de una solicitud de celebración de consultas, la parte reclamante no podrá pedir el establecimiento de un grupo especial sino después de transcurrido un plazo de 60 días a partir de la fecha de la recepción de la solicitud de celebración de consultas. La parte reclamante podrá solicitar el establecimiento de un grupo especial dentro de esos 60 días si las partes en la diferencia consideran de consuno que el procedimiento de buenos oficios, conciliación o mediación no ha permitido resolver la diferencia.

5. Si las partes en la diferencia así lo acuerdan, el procedimiento de buenos oficios, conciliación o mediación podrá continuar mientras se desarrollen las actuaciones del grupo especial.

6. El Director General, actuando de oficio, podrá ofrecer sus buenos oficios, conciliación o mediación para ayudar a los Miembros a resolver la diferencia"[247].

Otro aspecto a tener en cuenta en la actualidad es el hecho de que "cada vez se reconoce más que la mediación no es competencia exclusiva de mediadores externos. Los mediadores locales que provienen del país en situación de conflicto pueden dirigir de manera útil las iniciativas locales de mediación o complementar iniciativas nacionales o internacionales",

---

[247] Véase la publicación oficial en el *BOE* n. 20, de 24 de enero de 1995, accesible en https://www.boe.es/buscar/doc.php?id=BOE-A-1995-1850, donde se contiene el Instrumento de ratificación del Acuerdo por el que se establece la Organización Mundial del Comercio y del Acuerdo sobre Contratación Pública, hechos en Marrakech el 15 de abril de 1994. Un análisis del sistema de arreglo pacífico de controversias de la OMC en sus diferentes ámbitos, véase en Yushifumi Tanaka, *The Peaceful Settlement of International Disputes, op. cit.*, pp. 275-310, y de modo concreto dedicada a los buenos oficios/mediación, la p. 288.

como ha puesto de relieve la Secretaría de Naciones Unidas[248]. Ejemplos de ello pueden verse en Burundi, Filipinas, Kenya, Kirguistán, Mali, Nepal, Túnez y Uganda, entre otros.

5. LA IMPARCIALIDAD DEL MEDIADOR INTERNACIONAL

Esta constituye quizá una de las cuestiones más discutidas, relacionadas con la mediación internacional y con el rol que ha de jugar el mediador. Tan es así que incluso algún autor ha llegado a afirmar que esta cuestión puede llegar a ser uno de los inconvenientes graves de la mediación. Así, por ejemplo, se manifiesta respecto a este tema Lucius Caflisch, al afirmar lo siguiente:

> "Autre inconvénient, le médiateur qui propose un règlement ne le fait pas par pure charité, mais poursuit aussi son propre avantage politique; dans ce sens-là, le médiateur n'est pas un intermédiaire *impartial*"[249].

Es idea de imparcialidad, sin embargo, se considera un elemento importante para permitir que un proceso de mediación culmine con éxito. Como ha señalado el Secretario General de Naciones Unidas:

> "La imparcialidad es un elemento clave de la mediación: si se percibe que un proceso de mediación es tendencioso, ello puede afectar a los procesos reales hacia la solución del conflicto. El mediador debe poder llevar un proceso equilibrado en el que se trate a todos los agentes de manera justa y no debe tener un interés material en el resultado"[250].

---

248 Véase el Informe del Secretario General, contenido en el Doc. A/66/811, p. 6, párr. 16.

249 Véase Lucius Caflisch, "Cent ans...", *loc. cit.*, pp. 280-281.

250 Véase Doc. A/66/811, p. 28, párr. 26.

En buena medida, algunas de las razones que permitieron que el Papa mediase entre Argentina y Chile en relación con el Canal de Beagle, se fundamentan justamente en dicha noción. Así lo señala Mariño Menéndez, para quien:

> "no podían ya ser considerados mediadores útiles e imparciales ni los Estados Unidos de Norteamérica, cuyos intereses en el hemisferio se promueven hasta la hegemonía, ni el Reino Unido que, aparte de la tradición argentino chilena de recurso a él, es una potencia gravemente enfrentada con Argentina en torno a la soberanía sobre las Islas Malvinas"[251].

La imparcialidad debe dejarse patente en la propuesta de solución o en las ideas que el mediador plantea, así como en el equilibrio y el criterio de igualdad con el que participa o conduce el proceso, e igualmente en el tratamiento formal que se da a las partes[252]. Como se ha señalado:

> "En cuanto intermediario imparcial, un mediador eficaz no prejuzga y es sensible hacia los argumentos de todas las partes. Un buen mediador es adaptable, creativo y capaz de explorar, ajustar y modular sin parecer arrogante ni ejercer presión"[253].

Ahora bien, la práctica demuestra que en algunos casos se busca como mediador precisamente a un Estado que mantenga buenas relaciones con una de las partes en la controversia, con objeto de que se pueda desbloquear la situación, alcanzando de manera más realista una eventual solución.

Cabe mencionar el caso del Comité Internacional de la Cruz Roja, marco donde la imparcialidad se considera una condición necesaria para que la mediación sea efectiva. Así se

---

251 Véase Fernando M. Mariño Menéndez, "La mediación...", *loc. cit.*, p. 447.

252 Véase Guillermo R. Moncayo, "La médiation...", *loc. cit.*, p. 220.

253 Véase Doc. A/66/811, p. 39, opinión de Australia, refiriéndose a las cualidades de un buen mediador.

deduce, por ejemplo, de la alusión a la idea de neutralidad, si bien no son conceptos sinónimos[254], que se deriva del artículo 11 del Convenio de Ginebra relativo al trato de los prisioneros de guerra, de 12 de agosto de 1949, y que dice así:

> "En todos los casos en que lo juzguen útil en interés de las personas protegidas, especialmente en caso de desacuerdo entre las Partes contendientes acerca de la aplicación o interpretación de las disposiciones del presente Convenio, las Potencias protectoras prestarán sus buenos oficios para allanar la discrepancia.
>
> A tal efecto, cada una de las Potencias protectoras podrá, por invitación de una Parte o espontáneamente, proponer a las Partes contendientes una reunión de sus representantes y, en particular, de las autoridades encargadas de la suerte de los cautivos de guerra, eventualmente en territorio neutral convenientemente elegido. Las Partes contendientes tendrán la obligación de cumplir las proposiciones que se les hagan en tal sentido. Las Potencias protectoras podrán, en caso oportuno, proponer a la aprobación de las Partes contendientes una persona perteneciente a una *Potencia neutral, o una persona delegada por el Comité Internacional de la Cruz Roja*, la cual deberá participar en la dicha reunión"[255].

Debemos matizar esta noción de neutralidad como requisito ineludible del mediador; en muchos casos, dicha neutralidad no existe porque, como Orús Andreu ha señalado:

---

[254] Como ha señalado el Secretario General de Naciones Unidas, "imparcialidad no es sinónimo de neutralidad, pues, por lo general, un mediador, en particular un mediador de las Naciones Unidas, tiene el mandato de defender y velar por el respeto de determinados principios y valores universales y es posible que tenga que señalarlos de manera explícita a las partes". Véase Doc. A/66/811, p. 28, párr. 27.

[255] Véase *BOE* núm. 249, de 5 de septiembre de 1952. La cursiva es nuestra.

> "todos los mediadores entran en el proceso de mediación con unos intereses, en función de los cuales, y de la voluntad de las partes, determinarán su posición parcial e imparcial"[256].

La práctica es demostrativa de que, cuando actúan mediadores muy poderosos, suele ser frecuente que una de las partes en la controversia quiera que dicho mediador ejerza toda su influencia sobre la otra parte, para así cambiar el curso del conflicto. *A sensu contrario*, los mediadores con escaso poder político o con intereses humanitarios o razones de prestigio prefieren ser imparciales.

De igual manera, la propia idea de "neutralidad" suele resultar problemática, especialmente cuando debe confrontarse con espacios reglamentados, en contextos volátiles y complejos como los que se viven en la actualidad. Siguiendo a Goetschel:

> "Thus, focussing on their original strength and comparative advantages in mediation, neutral states might contribute to limiting the negative effects of increased competition over norms. They could facilitate such processes within mediation processes thereby preventing an escalation of normative contest. They could also thrive to keep mediation accessible for "villains" in spite of increasing normative and even legal exclusion tendencies. This would require that neutral states do not howl with all the normative wolves and follow the "professionalization" of mediation, but rather stick with their core expertise and comparative advantages linked to the settled norms of mediation"[257].

---

256 Véase Ruth Orús Andreu, "La mediación en conflictos", 62 *Papeles de Cuestiones Internacionales* (1997), pp. 181-189, en p. 185.

257 Véase Laurent Goetschel, "Neutral States as Peace Mediators: Favoured or Restrained by Norms?", *Swiss Political Science Review* (2021), vol. 26, n. 4, pp. 527-534, en p. 532.

6. MEDIACIÓN INDIVIDUAL O COLECTIVA

Nada impide que la mediación pueda ser individual y/o colectiva. La doctrina alude a dichas fórmulas, calificando la primera de ellas como unilateral (un solo mediador)[258] frente a la segunda definida como mediación multilateral (cuando existen varios mediadores)[259]. En este segundo caso, la existencia de varios mediadores (o de una entidad con cierto peso internacional) puede ser incluso un mecanismo de garantía que persuada a las partes a cumplir con lo acordado, actuando como elemento de "presión" e incluso de verificación del compromiso asumido[260]. En el caso de la mediación colectiva, la misma se suele llevar a cabo por diversas potencias, o como

---

258 En el caso de personas individuales, también puede surgir la pregunta de si esa mediación se lleva a cabo por una persona que representa a un Gobierno o bien actúa a título individual. Ambas situaciones son posibles; en el caso de que dicha persona tenga el respaldo de un Gobierno, actuando en su nombre, gozará de ventajas como más facilidades en su actuación (medios, personal o comunicaciones). Si la mediación se lleva a efecto a título individual la ventaja evidente es que, al no existir ningún Gobierno involucrado, la persona es más libre para mediar al no tener que considerar aspectos de política internacional que de otro modo serían ineludibles si actuase en nombre de un Gobierno.

259 Véase Sonia Hernández Pradas, "La mediación…", *op. cit.*, p. 265.

260 Jorge Peirano Basso, en *Buenos oficios y mediación, op. cit.*, pp. 32-33, ofrece un ejemplo claro de esta situación: "el Tratado de Paz entre Egipto e Israel, firmado en Washington el 26 de marzo de 1979 en aplicación del Acuerdo de Camp David del 17 de septiembre de 1978, (donde) encontramos que el tercero componedor (EE.UU.) expresamente dejó constancia debajo de las firmas de Beguin (Primer Ministro Israelí) y Sadat (Presidente de Egipto) de su calidad de testigo. Y en una carta dirigida por Carter, Presidente de EE.UU. a Beguin y Sadat, también de fecha 26 de marzo de 1979, que precisa la calidad en que interviene Estados Unidos, se deja expresa constancia que este país en caso de violación del tratado se compromete a iniciar consultas a efectos de asegurar la observancia del mismo".

sucede con frecuencia, en el contexto de conferencias o congresos internacionales, en particular, como señala Moncayo, cuando la controversia constituye un asunto de interés para la comunidad internacional en su conjunto[261], o un número relevante de Estados.

La práctica en Latinoamérica ofrece diversos ejemplos en los que esta situación ha tenido lugar, especialmente durante la primera mitad del siglo XX: la controversia fronteriza sobre el Chaco entre Bolivia y Paraguay, donde la mediación se llevó a cabo por un grupo conformado por Argentina, Brasil, Chile, Perú, Uruguay y Estados Unidos de América, apoyando un primer Protocolo de Acuerdo de 1935, ofreciendo "sus auspicios y su garantía moral" al Tratado de Paz, Amistad y Fronteras de 1938[262]. Dicha mediación se produjo entre 1935 y 1937, desembocando en el acuerdo mencionado. Bastantes décadas más tarde, concretamente en abril de 2009, actuando en esta ocasión Argentina como mediadora, Bolivia y Paraguay firmaron un acuerdo poniendo fin a la disputa fronteriza surgida con la guerra del Chaco, como señala Carballo Leyda[263].

Otro ejemplo de este escenario geográfico, que menciona también Moncayo es el que se contempla en el Protocolo de Paz, Amistad y Límites entre Perú y Ecuador de 29 de enero de 1942, contando con la gestión mediadora de Argentina, Brasil, Chile y Estados Unidos, que se prolongó hasta la demarcación

---

261 Véase Guillermo R. Moncayo, "La médiation...", *loc. cit.*, p. 228.

262 Véase Guillermo R. Moncayo, "La médiation...", *loc. cit.*, p. 225. Un mapa del Chaco correspondiente a la época de la guerra donde se detallan los diferentes elementos relevantes, puede verse en https://imagoteca.com.py/mapa-del-chaco-boreal-preparado-para-el-estudio-de-la-guerra-1932-1935/.

263 Véase Alejandro Carballo Leyda, "Mecanismos de resolución pacífica de disputas fronterizas (2009-2011)", en *El arreglo pacífico de controversias internacionales*, *op. cit.*, pp. 152-157, en p. 154.

definitiva de la frontera entre dichos Estados, garantizando las potencias mediadoras la ejecución de dicho Protocolo[264].

Los ejemplos de mediación colectiva[265] son frecuentes, especialmente en la práctica de la segunda mitad del siglo XX en adelante: la mediación de Noruega y Estados Unidos para concluir el Acuerdo de Washington de 1993 entre Israel y la OLP (Organización para la Liberación de Palestina), o el caso del denominado Cuarteto de Mediadores para Oriente Próximo (compuesto por Estados Unidos, la Unión Europea, Naciones Unidas y la Federación Rusa), cuyo objetivo era evitar el colapso en la situación existente en el conflicto palestino-israelí, mediante una Hoja de Ruta que se presentó en abril de 2003[266]. Un ejemplo de mediación híbrida, que contó con numerosos intervinientes, entre ellos el Secretario General de Naciones Unidas Kofi Annan, como mediador en jefe, el antiguo presidente de Tanzania (Benjamín Mkapa) y Graça Machel, antigua primera dama de Mozambique y Sudáfrica, fue la llevada a cabo respecto de Kenia en 2008. Se contó además con un equipo de funcionarios de la UA y las Naciones Unidas, así como del Centro para el Diálogo Humanitario, la UE, Reino Unido y Estados Unidos[267].

En ocasiones suele ser frecuente que sean varias las partes intervinientes que induzcan al diálogo, también en procesos

---

264 Véase Guillermo R. Moncayo, "La médiation…", *loc. cit.*, p. 225.

265 Un estudio muy completo acerca de ello, véase Siniša Buković, *International Multiparty Mediation and Conflict Management. Challenges of cooperation and coordination*, Routledge, Londres y Nueva York, 2016.

266 Véase Sonia Hernández Pradas, "La mediación…", *op. cit.*, p. 266.

267 Véase Teresa Whitfield, "Actores externos en la mediación. Dilemas y opciones para mediadores", *Mediación, Serie Práctica,* Centre for Humanitarian Dialogue, Febrero de 2010, 14 pp. accesible en https://www.yumpu.com/es/document/view/48684737/1-actores-externos-en-la-mediacion-dilemas-y-opciones-para-, p. 5.

de inestabilidad interna, donde un grupo de personas con cierto peso pueda tratar de activar el acercamiento entre las partes. Un ejemplo de ello lo encontramos en el Comunicado conjunto sobre Libia, de 13 de abril de 2015, en el que diversas personalidades internacionales respaldaban la labor llevada a cabo por el entonces Representante Especial del Secretario General de Naciones Unidas (Bernardino León), con el objetivo de permitir alcanzar la estabilidad en Libia[268]. Concretamente, su primer párrafo enfatizaba la existencia de diversas personalidades que auspiciaban el Comunicado, en los siguientes términos:

> "Los ministros de Asuntos Exteriores Fabius, Steinmeier, Gentiloni, García-Margallo, el secretario de Estado para Asuntos Exteriores y de la Commonwealth Hammond, y el secretario de Estado Kerry saludamos la reanudación del diálogo político libio bajo los auspicios del Representante Especial del Secretario General (RESG), Bernardino León, el 15 de abril en Marruecos, y la próxima reunión de los partidos políticos el 13 abril en Argelia. Instamos enérgicamente a todos los que participan en el diálogo a negociar de buena fe y a aprovechar esta oportunidad para llegar a acuerdos sobre la formación de un gobierno de unidad nacional y las medidas necesarias para un alto el fuego incondicional"[269].

Una pregunta que cabe hacerse es la relativa a las ventajas e inconvenientes que puede presentar una mediación colectiva, frente a aquellos casos en los que existe un solo mediador. Un argumento positivo que se formula respecto de la mediación colectiva es el hecho incontestable de que un grupo, ya se trate de Gobiernos o de un conjunto de personas, puede tener

---

268 Véase dicho Comunicado en https://www.exteriores.gob.es/es/Comunicacion/Comunicados/Paginas/2015_COMUNICADOS/20150413_COMU102.aspx.

269 Primer párrafo del Comunicado citado, que puede verse en https://www.exteriores.gob.es/es/Comunicacion/Comunicados/Paginas/2015_COMUNICADOS/20150413_COMU102.aspx.

más autoridad que un mediador individual. A *sensu contrario*, se puede afirmar que un mediador individual no necesita entrar en conversaciones con otros mediadores, con lo que quizá pueda alcanzarse hipotéticamente una solución más pronto, al ser normalmente más sencillo lograr una solución individual que colectiva. El Secretario General de Naciones Unidas, en relación con la labor mediadora auspiciada por la Organización, se ha pronunciado respecto a este tema del modo siguiente:

> "Los procesos de mediación deberán contar con un mediador principal, preferiblemente de una única entidad. Las iniciativas de mediación con dos o más entidades deberían basarse en un mandato coherente de las entidades pertinentes con un único mediador principal. Este sistema aporta claridad, reduce al mínimo la necesidad de las partes en conflicto de buscar un foro y facilita la coordinación y el desarrollo de un proceso de mediación coherente"[270].

Un ejemplo a este respecto lo constituyó el proceso de paz de 2001 en Bouganville, Papúa Nueva Guinea, conformado por el Grupo de Vigilancia de la Paz, encabezado por Australia, en colaboración con Nueva Zelanda, Fiji, las Islas Salomón y Vanuatu[271]. En este mismo ámbito regional, Australia y Nueva Zelanda han desarrollado una enorme labor para facilitar el alto el fuego en Islas Salomón[272]. También cabe mencionar la labor mediadora de Australia en el proceso de paz de Camboya, durante las décadas de 1980 y 1990, especialmente de la mano del entonces Ministro de Relaciones Exteriores de Australia, Sr. Gareth Evans, así como en el Grupo Militar Mixto de Trabajo, "punto de reunión de alto nivel entre los representantes militares de los cuatro ejércitos de Camboya y las Naciones Unidas, y mecanismo para asegurar el mantenimiento del alto

---

270 Véase Doc. A/66/811, p. 34, párr. 47.

271 Sobre ello, véase Doc. A/66/811, pp. 40-41.

272 Véase Doc. A/66/811, p. 43.

el fuego sobre el terreno mediante el diálogo, la cooperación y la avenencia entre las partes"[273].

La mediación desarrollada por Catar, Egipto y Estados Unidos ante la gravísima crisis desatada en Oriente Medio, a raíz del secuestro de rehenes y asesinato de civiles por Hamás en octubre de 2023 y que ha provocado una respuesta bélica por parte de Israel con consecuencias inimaginables, constituye un ejemplo de mediación colectiva reciente. La misma persigue que se lleve a cabo la liberación de rehenes (por parte de Hamás) y de presos palestinos (por parte de Israel), además de un alto el fuego, siquiera sea temporal[274].

7. OTRAS CUESTIONES DIVERSAS RELACIONADAS CON LA MEDIACIÓN INTERNACIONAL

En cuanto a las ventajas de la mediación internacional, la doctrina señala que las mismas son numerosas. Entre ellas destacan las siguientes:

- El carácter informal de este medio de arreglo pacífico, sin que el mismo esté sometido a limitaciones, lo que da una enorme libertad a las partes en la controversia respecto a su uso. Por supuesto, existen algunas excepciones a ello, cuando se ha convenido otra cosa. Un ejemplo claro en que el ejercicio de la mediación se desenvolvió en un contexto de formalidad definido

---

273 Véase Doc. A/66/811, p. 44.

274 Sobre ello, véase https://www.rtve.es/noticias/20231123/guerra-israel-hamas-franja-gaza-acuerdo-tregua-rehenes-presos/2461544.shtml.

previamente lo constituyó el caso de la mediación de la Santa Sede en el asunto del Canal de Beagle[275].

- Si el mediador es una gran potencia, un personaje importante, una institución poderosa (por ejemplo, de carácter financiero, como la Banca Mundial), puede presionar a las partes en la controversia[276].

Este segundo aspecto que aparentemente puede constituir una gran ventaja de la mediación puede ser a su vez su principal inconveniente: las soluciones aparentemente propuestas por el mediador son en realidad impuestas, aceptadas bajo presión, pudiendo llegar a sembrar la duda acerca de las mismas e incitar a las partes en liza a no ponerlas en práctica[277].

La mediación, además, puede no quedar ceñida a una materia particular, sino que como consecuencia de la misma se pueden alcanzar acuerdos en otra serie de cuestiones más amplias, como por ejemplo ha sucedido respecto de la mediación del Papa Juan Pablo II en la controversia entre Argentina y Chile sobre el Canal de Beagle. Así lo puso de relieve Mariño Menéndez, al señalar lo siguiente:

---

275 Como señala Jorge Peirano Basso, en *Buenos oficios y mediación, op. cit.*, pp. 55-56, se llevó a cabo un procedimiento organizado del siguiente modo: "a) la acción de proposición del mediador –precedida por una fase de información-buscando puntos de convergencia en reuniones conjuntas y reuniones por separado con cada una de las delegaciones; b) la obligación de Argentina y Chile de negociar, y de observar las medidas conservatorias que surgen de los Acuerdos de Montevideo". Además, la aceptación de la mediación de la Santa Sede se sometía a condición: "En el caso de que los Estados no cumplieran con sus compromisos, dicha violación acarrearía el retiro de la Mediación por la Santa Sede" (*ibid.*, p. 56).

276 Véase Lucius Caflisch, "Cent ans…", *loc. cit.*, p. 280. Este sería, por ejemplo, el rol que ha jugado Estados Unidos en el caso de la situación de Oriente Medio o de la exYugoslavia.

277 Véase Lucius Caflisch, "Cent ans…", *loc. cit.*, p. 280.

> "El éxito de la mediación de la Santa Sede en la controversia sobre el Canal Beagle es un logro de pacificación importante: el tratado que ha solucionado dicha controversia y da paso a su extinción no sólo ha fijado definitivamente las fronteras entre Argentina y Chile, sino que ha establecido entre ambos un amplio marco de cooperación, incluyendo un sistema general para la prevención y solución de todas las controversias internacionales.
>
> La Santa Sede, en cambio, le pareció a las Partes que reunía las condiciones de imparcialidad y capacidad de creación y mantenimiento de confianza necesarias para conducir una Mediación"[278].

La libertad que presenta la mediación como mecanismo de arreglo pacífico hace de la misma, como ha señalado Moncayo, "une méthode dotée de souplesse et de plasticité offrant un vaste champ de possibilités"[279].

En realidad, la conclusión fundamental que cabe extraer de todo lo anterior es que cada caso de mediación internacional es único, por lo cual el conocimiento de las circunstancias que lo rodean es esencial para que este procedimiento de arreglo pacífico permita abordar de una manera práctica la resolución de la controversia. Como en alguna ocasión ha tenido la oportunidad de señalar un mediador internacional (que en su condición de diplomático llevó a cabo dicha función), el éxito de un mediador reposa en tres aspectos fundamentales: el consentimiento de las partes, un conocimiento profundo de los elementos que rodean a dicha situación y la voluntad del mediador de tomar la iniciativa presentando propuestas[280].

---

278 Véase Fernando M. Mariño Menéndez, "La mediación de la Santa Sede...", *loc. cit.*, pp. 447-448.

279 Véase Guillermo R. Moncayo, "La médiation...", *loc. cit.*, p. 223.

280 Victor Umbricht, "Une expérience de médiation: le cas de l'ancienne Communauté de l'Afrique orientale", *loc. cit.* p. 154, donde describe

Mucho se ha discutido acerca del éxito de la mediación, incluso en aquellos casos en que finalmente se ha abandonado la misma al no poderse llegar a un acuerdo entre las partes en liza. En cualquier caso, la figura del mediador y su intervención puede conllevar un cierto "empoderamiento" del mismo en el ámbito internacional y/o regional en que dicha mediación se lleva a cabo[281]. Tal y como Martin señala, en referencia a uno de los ejemplos que cita:

> "In the case of the failed Côte d'Ivoire attempt, South Africa's mediation role was strongly correlated with a range of positive reputation outcomes relating to Burkina Faso, Mali and the Economic Community of West African States (ECOWAS), including bilateral defence and cooperation agreements, improved bilateral relations and increased influence in regional organisations and groupings"[282].

---

además cada uno de estos aspectos, desde su experiencia personal como mediador (véanse pp. 154-159).

281 Un ejemplo comparativo protagonizado por la misma figura, el entonces Presidente sudafricano Thabo Mbeki, lo encontramos respecto a su mediación en Cote d'Ivoire entre noviembre de 2004 y agosto de 2005, con el objetivo de lograr que cesasen las hostilidades entre el gobierno de Laurent Gbagbo y las fuerzas rebeldes y se celebrasen elecciones democráticas en el país, sin que se lograse alcanzar un acuerdo satisfactorio y el mediador decidiese poner fin a su labor en agosto de 2005. Diferente fue la situación protagonizada en el caso de Comores, contando con la mediación de la misma figura, y los auspicios de la Unión Africana, llevándose a cabo unas elecciones democráticas en abril de 2004. Se trata de una misma figura mediadora en dos controversias diferentes y con resultados radicalmente opuestos. Sobre ello, véase Aran Martin, "International mediation in low intensity conflicts. Evaluating reputation outcomes for state mediators", *International Journal of Conflict Management*, vol. 27, n.4, 2016, pp. 505-522, en p. 511.

282 Véase Aran Martin, "International mediation in low intensity conflicts. Evaluating reputation outcomes for state mediators", *loc. cit.*, p. 511. Sobre el papel que debían desempeñar los mediadores en

En realidad, podemos afirmar que es frecuente que la figura del mediador salga fortalecida, como la práctica internacional demuestra, situación corroborada por la doctrina. Volviendo de nuevo a la opinión manifestada por Martin:

> "(...) state mediators often receive valuable reputation outcomes such as improved regional standing and enhanced bilateral relations from the process of mediation itself under circumstances of both mediation success and failure when defined in terms of arrival at a ceasefire or peace agreement. The circumstances in which states can expect to receive these positive reputation outcomes are constrained by a range of factors, in particular, the level of contestation regarding the mediation attempt, the activity level of the mediator and the profile and scale of the conflict in question"[283].

Asimismo, resulta necesario para que la mediación sea exitosa, que este medio de arreglo se profesionalice[284] cada vez más, "dotándolo de los recursos financieros, técnicos y humanos necesarios, de manera que pueda ponerse en marcha lo más rápidamente posible y antes de que se recrudezcan los enfrentamientos cuando se produce una controversia"[285].

---

esta situación, véase https://www.amnesty.org/es/latest/press-release/2011/01/costa-marfil-mediacion-cedeao-debe-priorizar-ddhh/.

283 Véase Aran Martin, "International mediation in low intensity conflicts. Evaluating reputation outcomes for state mediators", *loc. cit.*, p. 518.

284 Como afirma Philipp Kastner, "*Glocal* Peace Mediators and Norm Translators", *Swiss Political Science Review* (2021), vol. 26, n. 4, pp. 364-383, en p. 367: "Related to this diversification of the actors involved in peace mediation, which has intensified over the past two decades, peace mediation can be described as an increasingly specialized and professionalized task".

285 Véase Sonia Hernández Pradas, "La mediación en conflictos internacionales", *op. cit.*, p. 270. Esta misma idea se contiene en el Informe del Secretario General de Naciones Unidas donde, al referirse a las denominadas "Directrices para una mediación eficaz", señala

La capacitación, idea que sale a relucir cada vez con mayor frecuencia en los documentos elaborados en el entorno de Naciones Unidas relacionados con la mediación, constituye un elemento esencial. Como ha puesto de relieve el Secretario General:

> "La mediación es una actividad especializada que exige una preparación adecuada. Desde 2008, se han llevado a cabo cursos de capacitación en mediación y diálogo para enseñar los conocimientos y las técnicas esenciales de mediación a funcionarios subalternos y de nivel medio de las Naciones Unidas. Además, se ha estado impartiendo capacitación individual especialmente dedicada a la mediación a los enviados especiales y los representantes especiales"[286].

Otro dilema que se afronta en la actualidad proviene de una paradoja, tal y como ha sido puesto de relieve por algunos autores: si bien la mediación se ha profesionalizado cada vez, el uso de la misma –especialmente en conflictos armados- parece ralentizarse[287]. Esto se observa como una tendencia en los

---

que se requiere "un planteamiento más profesional de la mediación; la necesidad de coordinación, coherencia y complementariedad en un ámbito donde intervienen cada vez más agentes; y la necesidad de que la labor de mediación sea más inclusiva". Véase Doc. A/66/811, p. 24, párr. 5. Respecto a este carácter más inclusivo de la mediación, especialmente en tiempos recientes, véase Jamie Pring y Julia Palmiano Federer, "The Normative Agency of Regional Organizations and Non-governmental Organizations in International Peace Mediation", *Swiss Political Science Review* (2021), vol. 26, n. 4, pp. 429-448.

286 Véase Doc. A/66/811, p. 12, párr. 39.

287 Como señalan Magnus Lungren e Isak Svensson, en "The surprising decline of international mediation in armed conflicts", *Research and Politics* (April-June 2020), pp. 1-7, la propia naturaleza de las controversias actuales y su radicalización (por ejemplo, ante el surgimiento de numerosos conflictos armados donde existen grupos radicales de diversa índole) serían factores coadyuvantes

últimos años, aunque también existen muestras de lo contrario: situaciones como la guerra en Ucrania desde 2022 o la situación dramática entre Israel y Gaza ofrecen datos acerca de la labor de mediación[288] –o los intentos de ello- para tratar de poner freno a la escalada de violencia, facilitar el transporte de mercancías, de liberación de rehenes o situaciones conexas, en un intento de poner coto a la expansión sin límites de la guerra.

---

a que la mediación no haya surtido efecto, al resultar mucho más difícil que la misma fructifique. Pese a todo, en una situación sumamente crítica, como la producida en octubre de 2023 en la franja de Gaza e Israel, las iniciativas de mediación y su resultado ofrecerían indicios de lo contrario.

288 Por ejemplo, tanto la labor de Catar, Egipto, o Estados Unidos está siendo clave para la liberación de rehenes por parte de Hamás, tras el secuestro que se llevó a cabo el 7 de octubre de 2023. Véase https://www.rtve.es/noticias/20231024/liberacion-dos-rehenes-isralies-hamas/2459101.shtml. El rol que puede jugar Estados Unidos, que queda patente en la "gira" realizada por Antony Blinken, Secretario de Estado estadounidense, a diversos Estados de la región, así como su "ascendencia" sobre Israel, se configuran como elementos fundamentales. Como algún autor ha señalado "mediation is more likely to be initiated if the potential mediator has a closer political relationship with the stronger or the more authoritarian party and that this effect is conditional on the levels of bias"; a este respecto, véase Frederick R. Chen, "Disentangling bias: national capabilities, regime type, and international conflict mediation", *Conflict Management and Peace Science* (2019), vol. 36, n.2, pp. 149-168, en p. 162.

Capítulo IV

El sistema de Naciones Unidas y la mediación internacional: órganos implicados en esta labor y análisis de la práctica internacional en la materia

1. LAS INICIATIVAS DESARROLLADAS POR NACIONES UNIDAS RESPECTO DEL USO DE LA MEDIACIÓN INTERNACIONAL

Tal y como se ha puesto de relieve con anterioridad, el artículo 33 de la Carta de Naciones Unidas alude a la figura de la mediación –subsumiendo en la misma a los buenos oficios, a los que no se refiere expresamente- como mecanismo de arreglo pacífico de controversias internacionales. Es abundante la práctica de la Organización en la que se dejan entrever los esfuerzos de la misma por contribuir mediante su labor mediadora a la resolución de numerosas controversias entre Estados, con mayor o menor éxito según los casos. Como señala Hernández Pradas:

> "Así, ha intervenido, con distinto grado de éxito, en lugares como Afganistán, Angola, Colombia, Chipre, El Salvador, Guinea Ecuatorial y el Gabón, Georgia, Guatemala, Guyana y Venezuela, Haití, Irán e Irak, Myanmar, Nepal, Nicaragua, Nigeria

y Camerún, la ex Yugoslavia, la ex República Yugoslava de Macedonia y el Sáhara Occidental"[289].

Ese mismo interés se muestra en la elaboración de diversos instrumentos que delinean la manera en que la labor mediadora de la Organización ha de llevarse a cabo, comenzando por el "Manual sobre el arreglo pacífico de controversias entre Estados"[290] de 1992, y seguido por otros documentos dedicados de manera particular al desarrollo de la labor mediadora por parte de la ONU[291]. En su introducción a las "Directrices para una mediación eficaz", el Secretario General de Naciones Unidas ponía de relieve los indicadores que podrían servir para determinar si la mediación es factible o no en determinadas controversias señalando, con enorme realismo que:

> "No todos los conflictos se pueden solucionar recurriendo a la mediación. Existen algunos indicadores que sirven para determinar las posibilidades de una mediación eficaz. El primero y más importante es que las principales partes en conflicto deben estar dispuestas a intentar negociar una solución; en segundo lugar, se debe aceptar un mediador y este debe ser creíble y contar con buenos apoyos; y tercero, debe existir un consenso general a nivel regional e internacional que apoye el proceso"[292].

---

289 Véase Sonia Hernández Pradas, "La mediación en conflictos internacionales", *op. cit.*, p. 261.

290 Un comentario sobre el mismo puede verse en Anna Badia Martí, "El manual sobre el arreglo pacífico de controversias entre Estados elaborado por el Secretario General de las Naciones Unidas", *REDI*, vol. 44-1 (1992), pp. 266-269.

291 Por ejemplo, *A Manual for UN Mediators: Advice for UN Representatives and Envoys*, UNITAR, 2010, accesible en : https://peacemaker.un.org/sites/peacemaker.un.org/files/ManualUNMediators_UN2010.pdf, así como *Mediation Start-up Guidelines*, Department of Political Affairs, 2011, accesible en https://peacemaker.un.org/sites/peacemaker.un.org/files/MediationStartupGuidalines_UNDPA2011.pdf.

292 Véase Doc. A/66/811, p. 25, párr. 15.

2.EL PAPEL DE LOS ÓRGANOS PRINCIPALES DE NACIONES UNIDAS RESPECTO A LA MEDIACIÓN INTERNACIONAL

a. El Consejo de Seguridad

Desde la creación de Naciones Unidas, el Consejo de Seguridad, como órgano restringido responsable del mantenimiento de la paz y seguridad internacionales, ha jugado un papel activo (si bien quizá no tanto como debiera), en el ámbito del arreglo pacífico de las controversias y, de manera específica, en lo concerniente a la mediación internacional.

Son diversas las pautas o límites, como nos señala Anna Badia, que la Carta de Naciones Unidas establece al Consejo de Seguridad, "en lo que concierne a las controversias de carácter local, y al principio de arreglo pacífico de controversias por los Estados miembros"[293]. En particular, cuando surja una controversia de carácter local, el Consejo "deberá promover que los intentos de arreglo se desarrollen a través de los medios que disponen los organismos regionales (artículo 52)"[294].

En lo concerniente a lo que dispone el artículo 33.1 de la Carta, si bien "las partes en una controversia cuya continuación sea susceptible de poner en peligro la paz y la seguridad internacional deberán procurar el arreglo por los medios de su elección", esto no debe considerarse un obstáculo para que el Consejo de Seguridad pueda intervenir cuando estime más oportuno. Es en este sentido en el que debe interpretarse la Carta de Naciones Unidas, en particular los artículos 36 y 37,

---

293 Véase Anna Badia Martí, *El arreglo pacífico de controversias, op.cit.*, pp. 40-42.

294 Véase Anna Badia Martí, *El arreglo pacífico de controversias, op.cit.*, p. 40.

especialmente. Y como colofón, el artículo 38, por el que el Consejo de Seguridad "podrá, si así se lo solicitan todas las partes en una controversia, hacerles recomendaciones a efecto de que se llegue a un arreglo pacífico".

Conforme a lo estipulado en la Carta, así como derivado de la práctica internacional en la materia, se puede afirmar que el Consejo de Seguridad puede ser tanto un órgano permanente de conciliación como de buenos oficios.

Un ejemplo en este sentido lo constituyó la Resolución 39 (1948) de 20 de enero de 1948, por la que "crea una Comisión del Consejo de Seguridad, compuesta por representantes de tres Miembros de las Naciones Unidas, uno elegido por la India, otro por el Paquistán y el tercero designado por los dos anteriores"[295], para tratar de resolver la controversia entre India y Paquistán respecto de Cachemira. Las funciones de dicha Comisión eran las siguientes, conforme a lo dispuesto en el párrafo C de la mencionada resolución:

> "Se asigna a la Comisión una doble función: 1) investigar los hechos conforme al Artículo 34 de la Carta; 2) ejercer, sin interrumpir los trabajos del Consejo de Seguridad, cualquier influencia mediadora susceptible de allanar dificultades; poner en práctica las instrucciones que reciba del Consejo de Seguridad e informar acerca de la medida en que han sido aplicados los consejos e instrucciones del Consejo de Seguridad, si los hubiere".

Han sido diversas las iniciativas que desde la esfera de Naciones Unidas se han intentado poner en práctica para tratar de resolver esta controversia, mediante la creación de una misión de Naciones Unidas, posteriormente sustituida por el envío de representantes del Secretario General, sin que las mismas puedan calificarse de exitosas, y perviviendo un conflicto

---

[295] Véase la misma en https://documents-dds-ny.un.org/doc/RESOLUTION/GEN/NR0/048/51/PDF/NR004851.pdf?OpenElement.

entre India y Pakistán sobre Cachemira que ha enturbiado sus relaciones desde 1947[296].

Otro ejemplo incipiente de ello lo constituyó la Resolución 50 (1948), de 29 de mayo de 1948, en la que se ponen de manifiesto los aspectos esenciales de la labor del Mediador en Palestina, en los siguientes términos:

> "6. Encarga al Mediador de las Naciones Unidas en Palestina que, de concierto con la Comisión de Tregua, vigile la observancia de las disposiciones anteriores, y decide poner a su disposición un número suficiente de observadores militares; 7. Encarga al Mediador de las Naciones Unidas que se ponga en comunicación con todas las partes tan pronto como entre en vigor la orden de cesar el fuego, con el fin de desempeñar las funciones señaladas por la Asamblea General;
>
> 8. Invita a todos los interesados a que den la mayor ayuda posible al Mediador de las Naciones Unidas;
>
> 9. Encarga al Mediador de las Naciones Unidas, formular durante el período de suspensión de las hostilidades, un informe semanal al Consejo de Seguridad"[297].

También resulta muy frecuente que el Consejo de Seguridad, como órgano político, encargue al Secretario General de Naciones Unidas que use sus buenos oficios en determinadas situaciones, o que se nombre a determinadas personas

---

[296] Sobre este conflicto resulta de interés el análisis, tanto histórico como de la mediación en esta situación, realizado por Neal D. Gidvani, "The Peaceful Resolution of Kashmir: A United Nations Led Effort for Successful International Mediation and a Permanent Resolution to the India-Pakistan Conflict", *Transnational Law and Contemporary Problems,* vol. 18, Fall 2009, pp. 721-749. Particularmente, dedicadas a la mediación en este caso, véanse las pp. 724-725 y 729-731.

[297] Véase dicha Resolución en https://documents-dds-ny.un.org/doc/RESOLUTION/GEN/NR0/048/62/PDF/NR004862.pdf?OpenElement.

(generalmente enviados del Secretario General) para que auspicien dicho proceso mediador[298]. Algunos ejemplos serían la Resolución 188 (1964) de 9 de abril, en la que se pidió al Secretario General que actuase como buen oficiante en la controversia entre Yemen y Reino Unido[299], o la Resolución 457, de 4 de diciembre de 1979, relativa a la cuestión de los rehenes en la Embajada estadounidense en Teherán, en cuyo párrafo 4 se decía así:

> "*Pide* al Secretario General que interponga sus buenos oficios para la inmediata aplicación de la presente resolución y que adopte todas las medidas apropiadas a tal fin"[300].

El siglo XXI ha llevado consigo el hecho de que el Consejo de Seguridad parece prestar mayor atención, en consonancia con la propia Organización de Naciones Unidas, al incentivo de la mediación[301] y en correlación con ello, a la prevención

---

298 La relevancia de las Naciones Unidas y en particular del Secretario General y sus enviados, se pone de relieve en https://news.un.org/es/story/2020/10/1482882, donde, a raíz del 75 aniversario de Naciones Unidas se puso énfasis en la prevención en conflictos y la mediación, misiones vitales de la Organización.

299 Aspecto señalado en el párrafo 5 de la citada resolución, que puede consultarse en https://documents-dds-ny.un.org/doc/RESOLUTION/GEN/NR0/211/88/PDF/NR021188.pdf?OpenElement.

300 Véase https://documents-dds-ny.un.org/doc/RESOLUTION/GEN/NR0/371/25/PDF/NR037125.pdf?OpenElement. En este mismo sentido, véase Jorge Peirano Basso, *Buenos oficios y mediación, op. cit.*, p. 43.

301 Una situación muy particular vino motivada por la puesta en práctica del Consejo de Seguridad, de las que la doctrina ha denominado "smart sanctions" o "sanciones inteligentes", consistentes en la inclusión en listas a los sospechosos de colaborar en actividades terroristas (personas físicas y jurídicas) de Dáesh y/o Al-Qaeda, a los que se aplicaban sanciones. A partir de 2009 se creó la Oficina del Ombudsman del Comité de Sanciones, encargada de analizar las solitudes de exclusión de dichas listas presentadas por personas,

de conflictos, a la adopción de una perspectiva de género en la misiones de paz y a la necesidad de velar por la protección especial de mujeres y niñas en estas situaciones[302].

Así, el 23 de septiembre de 2008 tuvo lugar una reunión de alto nivel del Consejo de Seguridad para discutir la importancia de la mediación de conflictos para lograr soluciones pacíficas[303] donde, entre otras cosas, el Consejo "subraya la

---

grupos, empresas o entidades. La independencia e imparcialidad es uno de sus rasgos característicos, conforme puede verse en https://www.un.org/securitycouncil/es/ombudsperson. Ha habido un número significativo de personas y entidades que, tras el examen detenido de su solicitud por el Ombudsman han sido suprimidos de dichas listas.

302 Un hito a destacar, seguido de otros muchos, lo constituye la Resolución 1325 (2000), del Consejo de Seguridad, aprobada el 31 de octubre de 2000 (conocida como la Resolución relativa a Mujeres, Paz y Seguridad, a la que puede accederse en https://documents-dds-ny.un.org/doc/UNDOC/GEN/N00/720/21/PDF/N0072021.pdf?OpenElement). Como ha señalado el Secretario General de la ONU, "al aprobarse la resolución 1325 (2000) del Consejo de Seguridad, la promoción de la representación de la mujer en el establecimiento de la paz se convirtió en una expectativa para las partes en los conflictos y los mediadores" (véase Doc. A/66/811, p. 7, párr. 19). Son muchos los retos que la aprobación de esta Resolución ha llevado consigo y, como Irene Rodríguez Manzano ha puesto de relieve, dicha Resolución "presenta la integración del género como sinónimo de integración de las mujeres, identificando tres construcciones que las sitúan en posiciones diferentes (...): las mujeres como actores políticos formales, las mujeres como responsables políticos informales y las mujeres que necesitan protección. Esta última es la construcción alrededor de la cual se articulan las otras dos". Véase Irene Rodríguez Manzano, "¿Más que víctimas?: una lectura teórico-discursiva de la Resolución 1325, relativa a las mujeres, la paz y la seguridad", *El arreglo pacífico de controversias internacionales, op. cit.*, pp. 1041-1053, en p. 1053.

303 Véase la información contenida en https://news.un.org/es/story/2008/09/1144061; igualmente véase la Declaración de la

importancia de la mediación como medio de arreglo pacífico de controversias y alienta a que se recurra cada vez más a ese método de solución de controversias. El Consejo de Seguridad reafirma la función esencial de las Naciones Unidas a ese respecto".

La creación de una Dependencia de Apoyo a la Mediación integrada en el Departamento de Asuntos Políticos de Naciones Unidas[304] constituye un paso importante que muestra la implicación de la Organización en el incentivo de la mediación como sistema de arreglo pacífico de controversias. El denominado "Equipo de reserva de expertos en mediación", conformado por un conjunto de especialistas que pueden desplegarse en 72 horas, conforman un soporte esencial para llevar a cabo esta tarea[305]. La perspectiva de género (mediante el

---

Presidencia del Consejo de Seguridad de 23 de septiembre de 2008 (S/PRST/2008/36), accesible en https://documents-dds-ny.un.org/doc/UNDOC/GEN/N08/517/19/PDF/N0851719.pdf?OpenElement.

304 Véase una completa información acerca de toda la labor que Naciones Unidas lleva a cabo en https://peacemaker.un.org/mediation-support. Un mapa ilustrativo de las labores de la Organización en las diversas regiones en la actualidad, puede verse en https://peacemaker.un.org/mediation-support/activities-and-services. La ingente labor desarrollada por la Dependencia de Apoyo a la Mediación, establecida en 2006, la pone de relieve el Secretario General, en el Doc. A/66/811, p. 10, parr. 30, al señalar que la misma está reconocida como el eje central de las actividades de apoyo a la mediación del sistema de Naciones Unidas, con capacidad para prestar asistencia a las labores de paz de Naciones Unidas, los Estados Miembros, las organizaciones regionales y otras entidades. Al comienzo de su labor, entre 2008 y 2011, la Dependencia ofreció una gama de servicios de apoyo a más de 35 procesos de mediación, facilitación y diálogo.

305 La composición actual de dicho Equipo puede verse en https://peacemaker.un.org/mediation-support/stand-by-team, tratando de reflejar el mismo una composición paritaria de hombres y mujeres.

impulso a que existan más mujeres mediadoras)[306], así como

Los mismos no son agentes de Naciones Unidas, sino que desarrollan un papel de expertos independientes y su labor es muy variada: "Their role is to offer thematic expertise on a variety of issues, including security arrangements, natural resources, constitutions, process design, transitional justice, gender and social inclusion, and power sharing", siguiendo a Allison McCulloch y Joanne McEvoy, "The international mediation of power-sharing settlements", Cooperation and Conflict (2018), vol. 53 (4), pp. 467-485, en p. 471. Sobre dicho Equipo de Expertos, sus funciones principales y sus rasgos fundamentales, véase Paolo Bargiacchi, "El equipo de expertos en mediación de las Naciones Unidas", en El arreglo pacífico de controversias internacionales, *op. cit.*, pp. 811-817.

306 En el marco del Departamento de Asuntos Políticos y ONU-Mujeres se inició hace años una estrategia conjunta sobre género y mediación. En numerosas negociaciones se tiene en cuenta esta perspectiva, a lo que se une un incremento de mujeres mediadoras (véase Doc. A/66/811, pp. 18-19, párr. 67 en particular). En el cuestionario acerca de la mediación contenido en el Doc. A/66/811 antes mencionado, España hizo mucho hincapié en su respuesta al tema del género, con el siguiente tenor: "El género es un tema muy importante que no debe olvidarse en una negociación de paz y que el mediador debe hacer que sea tenido en cuenta por todas las partes. Por ello, ¿cómo debe tratarse el tema del género en una negociación de paz? En estos casos el mediador puede: -Utilizar sistemas de cuotas para animar la participación de mujeres como miembros de las delegaciones; -Recomendar discretamente la inclusión de mujeres en las delegaciones; -No decir nada, pero garantizar que los temas de género se tratarán durante las negociaciones; -Organizar un formato en el que se puedan incluir mujeres cuando se trate el tema del género" (véase Doc. A/66/811, pp. 66-67). De manera concreta, véase Jenny Lorentzen, "Women's Inclusion in the Malian Peace Negotiations: Norms and Practices", *Swiss Political Science Review* (2021), vol. 26, n.4, pp. 487-505. Una iniciativa relativamente reciente es la que ha tenido lugar en junio de 2023, mediante la creación de la Red Iberoamericana de Mujeres Mediadoras, acerca de la que podemos encontrar información en https://www.segib.org/nace-la-red-iberoamericana-de-mujeres-mediadoras/.

el hecho de tener en cuenta el impacto del cambio climático en los conflictos constituyen elementos esenciales que conviene destacar, al igual que la implicación de la Organización, prácticamente como un todo, tanto por parte de sus órganos principales, como de numerosos organismos especializados y en general del sistema *onusiano* en su conjunto.

En diversas ocasiones, el Consejo de Seguridad ha mostrado su respaldo en tiempos relativamente recientes al incentivo de los buenos oficios y /o la mediación, tanto en controversias de carácter internacional, como en situaciones de inestabilidad interna en Estados de muy diversas órbitas geográficas. Por ejemplo, cabe citar el "fuerte respaldo" a la mediación que en 2015 trató de llevar a cabo el diplomático español Bernardino León respecto de Libia, a pesar de que la misma no consiguió estabilizar la situación[307]. Dicha mediación se produjo, como las noticias de entonces dejaban entrever, en un "momento muy crítico". Pocos meses después, en octubre de 2015, el Consejo de Seguridad designaría a Martin Kobler como nuevo enviado especial de la Organización a Libia, continuando la tarea iniciada por su predecesor[308].

Este es un simple ejemplo en el que, en este siglo XXI, las controversias de carácter complejo (como lo es la situación de inestabilidad que se vive en Libia) suelen tener una implicación por parte del Consejo de Seguridad, mediante el envío de personas con una dilatada trayectoria en el terreno diplomático. En el caso mencionado, Kobler desarrolló su labor previamente en lugares como la República Democrática del Congo, Afganistán e Irak. Desafortunadamente, la situación de Libia ha mostrado ser enormemente compleja, lo que ha conllevado que a los anteriores enviados les hayan sucedido una larga lista

---

307 Véase https://news.un.org/es/story/2015/11/1344181.

308 Véase https://news.un.org/es/story/2015/12/1346361 y https://news.un.org/es/story/2016/01/1349011.

de personalidades (por ejemplo, Jan Kubis, que fue Ministro de Exteriores eslovaco), renunciando muchos de ellos poco tiempo después de su nombramiento, poniendo de relieve la dificultad de la labor. El 2 de septiembre de 2022 fue nombrado Abdoulaye Bathily, de Senegal[309].

Otro ejemplo de tiempos recientes podemos observarlo tras una lectura de la Resolución 2686 (2023), del Consejo de Seguridad, de 14 de junio, algunos de cuyos párrafos son bastante esclarecedores en este sentido:

> "12. Alienta a todos los Representantes Especiales y Enviados y Enviadas Especiales del Secretario General a que, en coordinación con las partes interesadas pertinentes, interpongan *sus buenos oficios* para apoyar las iniciativas locales de paz y, cuando proceda, involucren a las comunidades locales, las mujeres, la juventud, la sociedad civil y los líderes religiosos en la mediación de los acuerdos de paz y sus mecanismos de aplicación;
>
> (...)
>
> 15. Alienta al Secretario General a que tenga en cuenta e incluya en los informes pertinentes las lecciones aprendidas y las mejores prácticas relativas a la participación de los grupos, las instituciones y los líderes religiosos, incluidas las mujeres, y las comunidades locales en la *mediación de los acuerdos de paz* y su aplicación, y en las iniciativas encaminadas a la prevención y solución de los conflictos, así como a la reconciliación, la reconstrucción, la consolidación de la paz y la eliminación de las causas profundas de los conflictos;"[310].

---

309 Véase https://www.un.org/sg/en/content/profiles/abdoulaye-bathily-0.

310 Véase S/RES/2686/2023, párr. 12, pp. 4-5. La cursiva es nuestra.

b. La Asamblea General

Para aproximarnos al papel que puede jugar la Asamblea General en lo que concierne al arreglo pacífico de controversias y, de manera particular, al uso de los buenos oficios/ mediación para resolver estas situaciones, debemos partir del necesario equilibrio competencial que estableció la Carta de Naciones Unidas. Como señala Badia Martí[311], son los artículos 11[312] y 14[313] de dicho instrumento los que ofrecen la base jurídica para ello; en el primer caso, compartida con el Consejo de Seguridad, mientras que en la segunda de estas disposiciones citadas, lo sería de manera exclusiva.

---

311 Véase Anna Badia Martí, *El arreglo pacífico de controversias en la Organización de Naciones Unidas, op. cit.*, pp. 34-38.

312 En particular, el artículo 11, en su párrafo 2, que aquí nos interesa, dice así: "La Asamblea General podrá discutir toda cuestión relativa al mantenimiento de la paz y la seguridad internacionales que presente a su consideración cualquier Miembro de las Naciones Unidas o el Consejo de Seguridad, o que un Estado que no es Miembro de las Naciones Unidas presente de conformidad con el Artículo 35, párrafo 2, y salvo lo dispuesto en el Artículo 12, podrá hacer recomendaciones acerca de tales cuestiones al Estado o Estados interesados o al Consejo de Seguridad o a éste y a aquéllos. Toda cuestión de esta naturaleza con respecto a la cual se requiera acción será referida al Consejo de Seguridad por la Asamblea General antes o después de discutirla".

313 Dicho artículo 14 se refiere a la siguiente posibilidad de actuación de la Asamblea General, dejando patente la posibilidad de actuación de la Asamblea en este marco: "Salvo lo dispuesto en el Artículo 12, la Asamblea General podrá recomendar medidas para el arreglo pacífico de cualesquiera situaciones, sea cual fuere su origen, que a juicio de la Asamblea puedan perjudicar el bienestar general o las relaciones amistosas entre naciones, incluso las situaciones resultantes de una violación de las disposiciones de esta Carta que enuncian los Propósitos y Principios de las Naciones Unidas".

Diversas fórmulas se arbitran en la Carta para que la Asamblea General debata cualquier cuestión relacionada con estos temas: sesiones ordinarias o bien convocar, en virtud del artículo 20, sesiones extraordinarias, cuando las circunstancias lo exijan. Tal y como establece dicha disposición:

> "La Asamblea General se reunirá anualmente en sesiones ordinarias y, cada vez que las circunstancias lo exijan, en sesiones extraordinarias. El Secretario General convocará a sesiones extraordinarias a solicitud del Consejo de Seguridad o de la mayoría de los Miembros de las Naciones Unidas".

Puede afirmarse que las competencias de la Asamblea General han sufrido una expansión enorme de sus funciones en este terreno. Diversas fórmulas utilizadas en controversias concretas, e incluso la puesta en práctica de la controvertida Resolución 377 (V) de la Asamblea General, conocida como *Unión pro Paz*, corroboran esta realidad[314].

Suele darse el caso en que la Asamblea General solicita al Secretario General que ejerza sus buenos oficios/mediación. Un ejemplo, que sin duda no culminó con éxito, fue el protagonizado por el Asamblea General respecto de la solicitud que elevó al Secretario General para que ejerciese sus buenos oficios respecto de la soberanía sobre las Islas Malvinas (Falkland),

---

314 Si bien desde el momento en que se adoptó esta Resolución, en 1950, todo hacía presagiar que su uso iba a estar limitado, desde hace algún tiempo se observa un auge inusitado del recurso a la misma, como corrobora la posibilidad de solicitar períodos extraordinarios de sesiones de emergencia para tratar numerosos temas, actuando la Asamblea General como un auténtico *by-pass* del Consejo de Seguridad, ante la inacción de este último. Véase toda la información que suministra la web, relacionada con estas sesiones, dedicadas a temas tan delicados como la guerra en Ucrania, la cuestión de los territorios palestinos ocupados, Namibia, y otros, respecto a los que puede consultarse toda la información en https://www.un.org/es/ga/sessions/emergency.shtml.

que enfrentó de manera muy virulenta a Argentina y Reino Unido, a la que hemos aludido con anterioridad.

Un hito fundamental en el avance respecto del incentivo de la mediación como mecanismo de arreglo pacífico de controversias, bajo los auspicios de la Asamblea General, lo constituyó sin duda el Debate General que se llevó a cabo durante el 66° período de sesiones, del 21 al 23 y del 26 al 30 de septiembre de 2011, cuyo tema fue precisamente "El papel de la mediación en el arreglo de controversias por medios pacíficos"[315]. La Resolución 65/283, a la que ya hemos aludido con anterioridad, y que puede ser considerada como la primera resolución relativa a la mediación –en exclusiva- elaborada por este órgano principal de Naciones Unidas, que ha sido seguida por otras muchas, ha dado pie a la implicación de una forma muy directa de la propia Secretaría General de la Organización, como veremos en el siguiente apartado.

c. El Secretario General de Naciones Unidas

Si bien el artículo 99 de la Carta de Naciones Unidas (referido a las funciones del Secretario General de la Organización)[316] no menciona de manera explícita las labores de mediación que el mismo –o sus enviados/representantes especiales- pueden llevar a cabo, no cabe duda de que dicha labor ha conformado

---

315 En el momento en que redactamos estas líneas, se pueden consultar los discursos ofrecidos en español por diversos Estados durante este 66° período de sesiones, accesible en https://www.un.org/es/ga/66/meetings/generaldebate/2109.shtml.

316 Y que dice así: "El Secretario General podrá llamar la atención del Consejo de Seguridad hacia cualquier asunto que en su opinión pueda poner en peligro el mantenimiento de la paz y la seguridad internacionales".

uno de los ejes fundamentales de actuación del máximo representante de la Organización a lo largo de los años[317].

Concretamente, uno de los Secretarios Generales de Naciones Unidas que ha definido de manera más clara esta posibilidad de actuación como buen oficiante-mediador fue U Thant, al señalar entre otras cuestiones las siguientes:

> "Hay un aspecto del trabajo del Secretario General que tal vez merezca observaciones especiales en este agitado período, en que tanto los gobiernos como las Naciones Unidas con frecuencia ven frustrados sus esfuerzos por dar solución a los problemas difíciles. Me refiero a la vasta gama de actividades oficiosas y confidenciales que a veces se engloban en la amplia expresión "buenos oficios". Tales actividades abarcan una gran variedad de materias y representan una proporción considerable del volumen de trabajo del Secretario General; no obstante, a mi entender el carácter y las posibilidades de las mismas a veces no se comprenden cabalmente. Más aún, muy a menudo el público no tiene conocimiento alguno respecto de las actividades concretas de este tipo"[318].

Constituyen un sinfín los casos en los que el Secretario General de la Organización ha actuado como buen oficiante/mediador en diversas situaciones, prácticamente desde la década de los años cincuenta del siglo pasado[319]. De manera particular,

---

317 En este mismo sentido se pronuncia Jorge Peirano Basso, *Buenos oficios y mediación, op.cit.*, p. 42.

318 Resultan de sumo interés numerosos párrafos (hemos reproducido concretamente el párr. 176, contenido en p. 23, de la Introducción a la Memoria Anual del Secretario General sobre la labor de la Organización, de septiembre de 1969 (Doc. A/7601, Add.1), al que puede accederse en https://documents-dds-ny.un.org/doc/UNDOC/GEN/N69/237/24/PDF/N6923724.pdf?OpenElement.

319 Son legión los supuestos en los que el Secretario General ha dejado su impronta en este sentido, tanto en el cese o prevención de hostilidades, en problemas relacionados con la libre determinación de los pueblos durante la década de los sesenta y setenta especialmente, o

su actuación como canal de comunicación, cuando el diálogo entre las partes se ha roto o no ha existido nunca, es ineludible. La capacidad del Secretario General de poner en contacto Estados que se encuentran en guerra (ejemplo de Irán e Iraq), o ante la inexistencia de relaciones diplomáticas, es incuestionable, sin que de ello quepa deducir reconocimiento o legitimación, ni por la ONU ni por los Estados miembros[320].

En este sentido, ha sido Dag Hammarskjöld uno de los adalides de lo que algunos han denominado "la diplomacia tranquila", y jugando un papel muy activo como Secretario General de Naciones Unidas en lo que a la labor mediadora concierne[321].

---

en relación con problemas relacionados con rehenes, contenciosos territoriales en diversos continentes, o refugiados, entre otras cuestiones. Sobre ello, véase el estudio que realiza Jorge Peirano Basso, en *Buenos oficios y mediación, op. cit.*, p. 41.

320 Véase Guillermo R. Moncayo, "La médiation…", *loc.cit.*, p. 229.

321 Sobre ello, véase Guillermo R. Moncayo, "La médiation…", *loc.cit.*, p. 229 y el ejemplo concreto que cita en relación con el viaje que llevó a cabo a Pekín en 1955 (cuando el lugar de China en Naciones Unidas estaba ocupado por el gobierno sito en Taipei), con el objetivo de que fuesen liberados los miembros de la tripulación de un avión estadounidense abatido sobre Corea del Norte, y que culminó con la liberación de los rehenes unos meses más tarde. Esto abrió una vía de diálogo en Ginebra entre los diplomáticos estadounidenses y de la China continental. Sobre la labor de este Secretario General, de manera específica véase Danish Tapa, "Dag Hammarksjöld: Apostle of Mediation", *Revista de Mediación* (2016), vol. 9, n.2, accesible en https://revistademediacion.com/en/articulos/dag-hammarskjold-apostol-la-mediacion/index.html, que puede también consultarse en su versión en español, cortesía de la revista, en https://revistademediacion.com/articulos/dag-hammarskjold-apostol-la-mediacion/index.html. De manera concreta, en p. 6 se pueden ver veinte intervenciones de mediación de este Secretario General en diversos conflictos internacionales, durante el período transcurrido entre 1953 y 1961, antes de su trágica muerte en un accidente de avión.

En el conflicto de Chipre, en Kampuchea, en el conflicto árabe-israelí, en la cuestión de Namibia, en conflictos armados de Centroamérica, en el caso del Sáhara Occidental, entre otros muchos, podemos encontrar ejemplos claros de la actuación del Secretario General[322]. Un ejemplo destacable en el que cabe mencionar el papel activo jugado por el entonces Secretario General Kofi Annan, que concluyó en la firma el 12 de junio de 2006, de un acuerdo fronterizo entre Nigeria y Camerún, poniendo fin a décadas de disputas entre dichos Estados[323] merece ser reseñado como situación en la que la mediación fue exitosa. En otras situaciones no lo ha sido tanto, como ha ocurrido respecto de Siria[324].

Resulta enormemente destacable la labor desempeñada por el Secretario General de Naciones Unidas (junto con la llevada a cabo por sus representantes y/o enviados), bien por iniciativa propia, o atendiendo a una petición del Consejo de Seguridad y/o de la Asamblea General. Su labor en relación con el

---

322 Véase Guillermo R. Moncayo, "La médiation...", *loc.cit.*, p. 216.

323 Véase https://news.un.org/es/story/2006/06/1080871.

324 Kofi Annan presentó un plan de paz, que inicialmente parecía que iba a arrojar resultados positivos, pero la realidad compleja ha impedido que la paz vuelva a la zona, produciéndose la renuncia de Annan como mediador en 2012. Sobre ello, por ejemplo, véase https://www.rtve.es/noticias/20120504/annan-asegura-su-plan-paz-siria-funciona-aunque-forma-irregular-lenta/521781.shtml. Todo ello, pese al apoyo que el 21 de marzo de 2012 ofreció el Consejo de Seguridad de Naciones Unidas respecto a dicho plan (véase https://news.un.org/es/story/2012/03/1237691). Sobre la labor de Staffan de Mistura, como Enviado del Secretario General, de 2014 a 2018, así como los retos que plantea la inclusión de diversos grupos en aras a tratar de solventar la situación en Siria, véase en Sara Hellmüller, "Meaning-Making in Peace-Making: The Inclusion Norm at the Interplay between the United Nations and Civil Society in the Syrian Peace Process", *Swiss Political Science Review* (2021), vol. 26, n. 4, pp. 407-428.

desenvolvimiento de la mediación es innegable, como se ponen de relieve en las "UN/DPA Mediation Start-Up Guidelines":

> "The Secretary-General can play a key role in UN-led or UN-supported mediation endeavours. "Equal parts diplomat, advocate, civil servant and CEO", the Secretary-General is a central figure who can bring particular situations to the attention of the United Nations Security Council on any matter which in his opinion may threaten the maintenance of international peace and security (Article 99 of the United Nations Charter). He may also engage the broader UN membership, conflict parties and other stakeholders directly or through "telephone diplomacy" and visits. As the Chief Administrative Officer of the UN, the Secretary-General also oversees the appointment of special envoys and the establishment of UN presences in the field"[325].

Ejemplos destacados de ello fueron la mediación de Javier Pérez de Cuéllar entre el Gobierno de El Salvador y el FMLN, conducentes al Acuerdo de Chapultepec de 1992, o la relacionada con el incidente del *Rainbow Warrior*, diferencia que oponía a Francia y Nueva Zelanda y donde el Secretario General de Naciones Unidas jugó un relevante papel, yendo mucho más allá en este segundo caso, al aceptar las partes en disputa la solución patrocinada por el Secretario General como obligatoria[326].

---

325 Véase p. 32, de este documento, accesible en https://peacemaker.un.org/sites/peacemaker.un.org/files/MediationStartupGuidalines_UNDPA2011.pdf.

326 Véase Kjell Skjelsbæk, "The UN Secretary-General and the Mediation of International Disputes", *Journal of Peace Research* (February 1991), vol. 28, n.1, pp. 99-115, en particular en p. 111. En este caso fue el entonces Secretario General Javier Pérez de Cuéllar el que llevó a cabo dicha labor en el problema que enfrentó a Nueva Zelanda y Francia por el atentado que sufrió este buque en Auckland, imputable a Francia. Sobre ello, Eric Wyler, "Le médiateur…", *loc. cit.*, p. 988.

Dicha labor ha sido reconocida por la propia Organización, cuando en el documento emanado de la Cumbre Mundial de 2005 se dejaba patente lo siguiente:

> "Reconociendo la importante función de buenos oficios que desempeña el Secretario General, incluida la mediación en las controversias, apoyamos sus esfuerzos por fortalecer su capacidad en este ámbito"[327].

También resulta destacable la función desempeñada por los enviados del Secretario General de Naciones Unidas, prácticamente desde el comienzo de la vida de la Organización. El recurso a personalidades políticas y diplomáticas –por ejemplo, el conde Bernadotte en relación con el conflicto de Palestina, pese a lo luctuoso de la situación- resulta destacable[328].

En esa senda, destaca el incentivo de la mediación por parte de la Secretaría, de manera particular, al hilo de los intentos de

---

[327] Véase el Documento Final de la Cumbre Mundial 2005, aprobado el 16 de septiembre de 2005, A/RES/60/1, p. 23, párr. 76.

[328] La Asamblea General de Naciones Unidas instó a un comité, compuesto por los cinco miembros permanentes del Consejo de Seguridad, a que nombrase en 1947 a un mediador para Palestina. El primero sería el conde Folke Bernadotte, que falleció en un atentado terrorista, y al que sucedió el Dr. Ralph Bunche. A ello le siguió una Comisión de Conciliación de tres Estados. El mediador dejó de cumplir su papel en virtud de la Resolución de 11 de agosto de 1949. Sobre ello, véanse las Resoluciones 72 y 73 del Consejo de Seguridad de la fecha citada, en las que se pone fin a dicha mediación y además se ponen de relieve "las dotes de paciencia, perseverancia y devoción al ideal de la paz internacional del difunto Conde Folke Bernadotte", así como "las dotes de tacto, comprensión, perseverancia y celo en el cumplimiento del deber del Dr. Ralph J. Bunche, Mediador Interino de las Naciones Unidas en Palestina, que ha llevado a feliz término la conclusión de las negociaciones de los acuerdos de armisticio entre Egipto, Jordania, Líbano y Siria, por una parte, e Israel por la otra".

la Asamblea General y del Consejo de Seguridad por avanzar en estas cuestiones, como se puso de relieve en el Informe del Secretario General sobre el mejoramiento de la mediación y sus actividades de apoyo, de 8 de abril de 2009[329], documento que marca una senda inicial seguida de otros muchos. Dicho informe se elaboró en cumplimiento de una solicitud hecha por el Consejo de Seguridad después de su sesión de alto nivel sobre mediación y arreglo de controversias, que tuvo lugar el 23 de septiembre de 2008. Como el propio Secretario General de Naciones Unidas recalcó en su Informe de 2012, desde que se elaboró este documento al que hemos aludido, en 2009:

> "las partes en controversias y conflictos han utilizado la mediación, la facilitación y los buenos oficios dirigidos o apoyados por las Naciones Unidas en el Afganistán, Bangladesh, Chipre, Côte d'Ivoire, Ecuador, Georgia, Guinea, Guinea Ecuatorial, el Gabón, Guyana-Venezuela[330], Fiji, el Iraq, las Islas Salomón, Honduras, Kenya, Kirguistán, el Líbano, Libia, Madagascar, Malawi, Maldivas, Myanmar, Nepal, Panamá, el Perú, la República Árabe Siria, Sri Lanka, el Sudán (Darfur), Sudán-Sudán del Sur, Tailandia, Túnez y el Yemen, así como en la región de los Grandes Lagos, el Sáhara Occidental, la Península de Corea y el Oriente Medio (Israel-Palestina)"[331].

El segundo informe del Secretario General vería la luz unos años después, incluyendo las "Directrices de las Naciones Unidas para una Mediación Eficaz"[332]; el tercer informe se centró

---

329 Véase Doc. S/2009/189, accesible en https://documents-dds-ny.un.org/doc/UNDOC/GEN/N09/278/81/PDF/N0927881.pdf?OpenElement.

330 Respecto de este conflicto, entre Guyana y Venezuela, en abril de 2010 fue nombrado un nuevo mediador de las Naciones Unidas, como señala Alejandro Carballo Leyda, "Mecanismos de resolución pacífica de disputas fronterizas…", *op. cit.*, p. 154.

331 Véase Doc. A/66/811, p. 8, párr. 22.

332 Doc. A/66/811, de 25 de junio de 2012, accesible en https://peacemaker.un.org/sites/peacemaker.un.org/files/InformeSG_Fortale-

en la cooperación entre las Naciones Unidas y las organizaciones regionales y subregionales en materia de mediación[333] y el cuarto en esta senda, de 27 de junio de 2017, lleva por título "Actividades que llevan a cabo las Naciones Unidas para apoyar la mediación"[334]. De este último informe, destacaría algunas ideas que continúan plenamente vigentes en las controversias internacionales actuales, en el momento en que redactamos estas líneas, lo que provoca un estancamiento –e incluso un recrudecimiento- del conflicto, sin que los medios de arreglo pacífico permitan ofrecer fórmulas realistas. Decía el Secretario General:

> "En muchos contextos, el uso de tácticas de terror y la presencia de grupos extremistas cuyos objetivos maximalistas constituyen un desafío para la negociación contribuyen a que se dé preferencia a una respuesta militar y centrada en la seguridad

---

cimientodelaFunciondeMediacion_A66811%28spanish%29_0.pdf. Se trata de un extenso documento de 138 páginas (en su versión en español, donde se pone de manifiesto la relevancia de la mediación, las tendencias y desafíos a los que se enfrenta la misma, el relevante papel de las organizaciones regionales y locales, de las mujeres, la necesidad de capacitación, las "Directrices para una mediación eficaz", y un Anexo de cien páginas que contiene las observaciones de diversos Estados miembros que respondieron a un cuestionario de cinco preguntas relacionadas con la mediación y su puesta en práctica. El documento concreto donde se contienen las "Directrices de las Naciones Unidas para una Mediación Eficaz", de septiembre de 2012, se puede consultar en https://peacemaker.un.org/sites/peacemaker.un.org/files/GuidanceEffectiveMediation_UNDPA2012%28spanish%29_0.pdf.

333 Doc. A/70/328, de 19 de agosto de 2015, accesible en https://documents-dds-ny.un.org/doc/UNDOC/GEN/N15/258/19/PDF/N1525819.pdf?OpenElement.

334 Doc. A/72/115, accesible en https://documents-dds-ny.un.org/doc/UNDOC/GEN/N17/185/61/PDF/N1718561.pdf?OpenElement.

que puede crear complicaciones en la aplicación de un enfoque político amplio"[335].

La crisis desatada en octubre de 2023 en Israel y Gaza, unida a la respuesta que han provocado estos hechos y su escalada

---

[335] Doc. A/72/115, p. 4, párr. 7. Un ejemplo significativo de ello es la crisis desatada entre Israel y la franja de Gaza en octubre de 2023, cuyas consecuencias son completamente imprevisibles en el momento en que redactamos estas líneas. Un llamamiento a la mediación internacional para frenar esta guerra parece ser una constante; Egipto o Catar han sido nombres que han salido a relucir en esa línea. No es la primera vez que Egipto trata de mediar en situaciones parecidas, como aconteció en el pasado en diversas ocasiones y atestiguan las siguientes noticias: https://es.euronews.com/2021/05/20/israel-y-hamas-alcanzan-un-alto-el-fuego-con-la-mediacion-de-egipto, https://unrwa.es/actualidad/noticias/gaza-informe-diario-de-situacion-10-julio/. Igualmente, el caso de Catar es bastante significativo, al existir diversas situaciones en las que dicho Estado ha actuado como mediador; como ejemplo, puede citarse el caso del acuerdo al que llegaron Djibouti y Eritrea en junio de 2010, solicitando la mediación de Catar en sus negociaciones sobre la disputa fronteriza de la Península de Ras Doumeira y la isla de Doumeira. Sobre ello, véase Alejandro Carballo Leyda, "Mecanismos de resolución pacífica...", *op. cit.*, p. 154. Respecto al papel que ha desempeñado Catar como mediador, véase Rachid Aarab, "La mediación de Catar en el Mediterráneo", en *La aplicación de la mediación en la resolución de los conflictos en el Mediterráneo (Iniciativa para la Mediación en el Mediterráneo), op. cit.*, pp. 51-60. Concretamente, en p. 60, este autor señala lo siguiente: "El papel que ha jugado como mediador en Líbano, Palestina y en otros países árabes, le ha permitido acumular prestigio de mediador creíble y honesto en el Mediterráneo. Para Catar, la mediación es una estrategia eficaz y eficiente para mantener la neutralidad en una región de conflictos. La estrategia de mediación emprendida por Catar se basaba sobre dos componentes básicos, por un lado, la neutralidad y la imparcialidad que procura el país tener con las partes del conflicto; y por el otro, los incentivos financieros que facilita a los dos bandos del conflicto para la reconstrucción del país".

de consecuencias dramáticas, ofrecen claramente un ejemplo de las limitaciones que el Secretario General y la ONU en su conjunto tienen cuando "están sujetos a presiones por parte de Estados miembros individuales en varios temas. Por ejemplo cuando los Estados miembros son partes de un conflicto, o bien actores externos con opiniones muy fuertes sobre cómo se debería enfocar el conflicto"[336]. Se trata de una situación caracterizada por su complejidad, por la atrocidad de las imágenes que los medios de comunicación nos suministran, por el sufrimiento de la población civil y la carestía de recursos, como agua, comida, medicamentos, recursos energéticos, en la franja de Gaza. En este contexto se desarrolló en El Cairo, la denominada "Cumbre por la Paz", el 21 de octubre de 2023, sin que lamentablemente se pudiese llegar a una declaración conjunta de los Estados participantes[337]. La diplomacia, al igual que los intentos de mediación de diversos Estados son elementos clave para tratar de limitar los efectos de esta crisis, permitir la liberación de rehenes y el acceso a la franja de Gaza de ayuda humanitaria, en momentos muy críticos para la población.

3. LOS ORGANISMOS ESPECIALIZADOS DE NACIONES UNIDAS Y SU APUESTA POR LA MEDIACIÓN INTERNACIONAL

Tanto en el ámbito de Naciones Unidas, de forma general, como hemos visto anteriormente, como en la mayor parte de sus organismos especializados, las figuras de los buenos oficios/mediación encuentran su acomodo en los instrumentos

---

336 Véase Teresa Whitfield, "Actores externos en la mediación. Dilemas y opciones para mediadores", *loc. cit.*, p. 4.

337 La posición de nuestro país en dicha Cumbre puede verse en https://www.lamoncloa.gob.es/multimedia/videos/presidente/Paginas/2023/211023_sanchez_egipto.aspx.

convencionales y en ocasiones se acude a las mismas para resolver las controversias. A continuación, mencionaremos algunos ejemplos, sin ánimo de exhaustividad, que permiten verificar en la práctica internacional que la mediación ocupa un lugar relevante en las actuaciones que dichos organismos especializados de Naciones Unidas llevan a cabo. Eso sí, partiendo de la siguiente premisa: si bien la libre elección de medios de arreglo pacífico para la resolución de controversias se configura como un principio básico en Derecho Internacional, cuando nos enfrentamos al análisis de la aplicación del arreglo pacífico en el contexto de las Organizaciones Internacionales podemos encontrar una quiebra de dicho principio, dado que "los tratados constitutivos de la mayoría de las organizaciones internacionales contienen cláusulas de arreglo de controversias, en las que se prescriben taxativamente uno o varios procedimientos de arreglo"[338].

La OACI (Organización de la Aviación Civil Internacional) establece un papel relevante para el Consejo de la Organización en cuestión de arreglo de controversias. Si bien se trata de un sistema poco utilizado, el mismo destaca por su consideración cuasi-judicial. Controversias entre India y Paquistán (1952), Reino Unido y España (1969), Paquistán e India (1971), Cuba y Estados Unidos (1998), o Estados Unidos y la Unión Europea (2000) son casos que cabe destacar, en los que el Consejo intervino en su resolución[339].

---

338 Véase Paz Andrés Sáenz de Santa María, "El arreglo pacífico de controversias en el ámbito de las Organizaciones Internacionales", *loc. cit.*, p. 90.

339 Un análisis completo de este mecanismo y de los aspectos del sistema que podrían mejorarse, véase en Norberto Ezequiel Luongo, "El sistema de solución de diferencias entre Estados de la OACI. ¿Mecanismo en crisis o en proceso de revitalización?", 22 *Revista del Derecho del Transporte Terrestre, Marítimo, Aéreo e Intermodal* (2018), pp. 41-60 y en particular pp. 45-47, y que puede consultarse en https://papers.

En el ámbito de la UNESCO (Organización de Naciones Unidas para la Educación, la Ciencia y la Cultura) son numerosos los lugares en los que las figuras de los buenos oficios y/o la mediación han hecho su aparición. Por ejemplo, el Protocolo para instituir una Comisión de conciliación y buenos oficios facultada para resolver las controversias a que pueda dar lugar la Convención relativa a la lucha contra las discriminaciones en la esfera de la enseñanza, hecho en París el 18 de diciembre de 1962[340]. De igual modo, en el contexto de la misma Organización, el Comité Intergubernamental para fomentar el retorno de los bienes culturales a sus países de origen o su restitución en caso de apropiación ilícita, prevé un procedimiento de mediación y conciliación para conseguir dicho propósito[341].

En el marco de la OMPI (Organización Mundial de la Propiedad Intelectual), desde 1994 lleva a cabo su labor el Centro de Arbitraje y Mediación de la OMPI, como servicio de la Oficina Internacional de esta Organización[342], sistema que la propia organización califica como "solución de controversias para el siglo XXI", dadas las ventajas que el mismo proporciona. La labor desarrollada durante estas décadas permite atestiguar

---

ssrn.com/sol3/papers.cfm?abstract_id=3201652. Asimismo, véase Paz Andrés de Santa María, "El arreglo pacífico de controversias en el ámbito de...", *loc. cit.*, pp. 117-121.

340 Véase *BOE* núm. 193, de 12 de agosto de 1992, así como la información acerca de la Convención mencionada y del Protocolo a la misma en https://www.unesco.org/en/legal-affairs/protocol-instituting-conciliation-and-good-offices-commission-be-responsible-seeking-settlement-any?hub=66535#item-2.

341 Como puede verse en https://unesdoc.unesco.org/ark:/48223/pf0000378896_spa.

342 Una visión muy completa de la labor de la Organización en materia de mediación puede verse en el folleto explicativo accesible en https://www.wipo.int/edocs/pubdocs/es/wipo_pub_449_2018.pdf. La distinción entre mediación-facilitación y mediación-evaluación conforma un elemento relevante.

una apuesta decidida de esta Organización por los mecanismos alternativos de resolución de controversias, entre los que ocupa un lugar preeminente la mediación[343]. La mayoría de los supuestos se refieren a instituciones en controversia y su actuación guarda relación con patentes (por ejemplo patentes farmacéuticas, sector automotriz, licencias de patentes en diversos ámbitos, en particular en el sector de las telecomunicaciones o en el sector de la aviación, cuestiones relativas a marcas, sector editorial, derechos de gestión colectiva, biotecnología, I+D…)[344]. Destaca además una iniciativa conjunta de esta Organización y el Consejo Internacional de Museos (ICOM) relativo a un procedimiento especial de mediación relativo al arte y al patrimonio cultural[345].

En el contexto del Banco Internacional de Reconstrucción y Fomento, Peirano Basso suministra dos ejemplos relevantes de la práctica en la materia, tales como la actuación llevada a cabo por el entonces Presidente del BIRF, que protagonizó una gestión de buenos oficios-mediación en 1957 entre el gobierno de la entonces República Árabe Unida y la compañía de Suez, al haberse nacionalizado la Compañía de Suez en 1956 por parte de Egipto. En julio de 1958 se llevó a cabo un arreglo, que se

---

343 Todos los detalles de la mediación y el desarrollo de la misma en el marco de la OMPI pueden verse en https://www.wipo.int/amc/es/mediation/guide/index.html.

344 Algunos ejemplos que la propia OMPI suministra, relacionados con su labor mediadora, pueden verse en https://www.wipo.int/amc/es/mediation/case-example.html. Un indicio de la expansión de esta labor de la OMPI puede verse en la extensión de la colaboración con ASEAN, a través de la oficina de la OMPI en Singapur, como puede verse en https://www.wipo.int/about-wipo/en/offices/singapore/news/2023/news_0011.html.

345 Se puede consultar la información respecto a este procedimiento específico de mediación en https://www.wipo.int/amc/es/center/specific-sectors/art/icom/.

formalizó mediante dos acuerdos, entre la RAU y Francia, por una parte, y la RAU y Reino Unido, poniendo fin a esta crisis. Dos años más tarde, tres instrumentos firmados en septiembre de 1960 pusieron fin a la diferencia que enfrentaba a India y Paquistán sobre la utilización de las aguas del río Indo, siendo cruciales las gestiones de buenos oficios-mediación desarrolladas por el BIRF[346].

Resulta una práctica frecuente que cuando sucede alguna situación controvertida que versa sobre alguna cuestión de interés de algún organismo especializado de Naciones Unidas, los Estados suelen acudir a solicitar que la citada organización (normalmente su representante u órgano competente) medie[347].

---

[346] Sobre ambas situaciones, véase Jorge Peirano Basso, *Buenos oficios y mediación, op. cit.,* p. 45.

[347] Un ejemplo ha sido el caso de Panamá, que en 2021 solicitó la mediación de la Organización Marítima Internacional (OMI) ante la situación de numerosos cargueros (más de 74 buques) que se encontraban en puertos y aguas de la República Popular China. Sobre ello, véase https://www.amp.gob.pa/noticias/notas-de-prensa/panama-solicita-mediacion-de-la-organizacion-maritima-internacional-omi/.

Capítulo V

El papel de distintos organismos internacionales regionales e instituciones para incentivar la mediación internacional

Desde la segunda mitad del siglo XX, especialmente, la posibilidad de acudir a la mediación internacional como mecanismo de arreglo pacífico de las controversias, se ha revelado como un instrumento útil. Y de dicha utilidad se han hecho eco los tratados internacionales multilaterales de múltiple tipo, sin que quepa ofrecer un criterio unívoco relacionado con ámbitos regionales o geográficos concretos, ni con materias específicas. Como veremos en algunos de los ejemplos reseñados (sin ánimo de exhaustividad), la posibilidad de acudir a los buenos oficios-mediación parece configurarse como una constante, como a continuación se puede verificar. Esta realidad puede constatarse prácticamente en todas las regiones del mundo, figurando la mediación entre los mecanismos de arreglo que se han tratado de llevar a efecto, tanto por dichos organismos de carácter regional[348] de forma individualizada,

---

348 Como acertadamente ha señalado Sonia Hernández Pradas, "La mediación…", *op. cit.*, p. 268: "En todas las regiones del mundo se ha podido registrar un incremento de las labores de mediación desarrolladas por las organizaciones internacionales regionales tales como Comunidad Económica de los Estados de África Occidental, la Comunidad del África Meridional para el Desarrollo, la Autori-

como en cooperación directa con Naciones Unidas u otras instituciones, conformando así un marco de actuación mediante el cual se pretende reactivar el recurso a este mecanismo de arreglo pacífico de controversias.

Existen diversos elementos que hacen que las organizaciones regionales –y/o los Estados vecinos de la región donde se ha desatado la controversia- "medien con las ventajas de una mayor proximidad al conflicto, conocimiento del mismo y a menudo influencias sobre las partes"[349]. Pero este rasgo, que podría parecer como el aspecto más positivo, puede ser también la mayor debilidad de dichas organizaciones[350], al estar

dad Intergubernamental para el Desarrollo y la Comunidad Económica de los Estados del África Central, en África; la Unión Europea, la Organización para la Seguridad y la Cooperación Internacional en Europa, en Europa; la Organización de los Estados Americanos en América; y la Liga de los Estados Árabes y la Organización de la Conferencia Islámica en Oriente Medio. Cada una de ellas ha adoptado un enfoque propio para la mediación, basado en el contexto histórico y cultural particular de la región y la organización y en la experiencia adquirida en iniciativas multilaterales previas". Sobre la cooperación entre Naciones Unidas y la inicial Conferencia Islámica (que pasó a denominarse Organización de Cooperación Islámica desde 2011), en particular, en materia de capacitación en mediación, véase Doc. A/66/811, p. 15, párr. 50. Asimismo, es de interés por el énfasis que se pone en la mediación y su impulso, el Doc. A/73/L.45, relativo a la cooperación entre Naciones Unidas y la Organización de Cooperación Islámica.

349 Teresa Whitfield, "Actores externos en la mediación. Dilemas y opciones para mediadores", *loc. cit.*, p. 5.

350 Como caso relativamente reciente de este siglo XXI, cabe citar el de la Unión de Naciones Suramericanas (UNASUR) que, si bien surgió con un fuerte empuje, se vio superada por la inestabilidad política que azota la región, haciendo prácticamente inviable el logro de los objetivos previstos de manera general y, concretamente en materia de resolución de conflictos. Véase, especialmente enfocado en los inicios de esta Organización Internacional, Juan Pablo

sometidas a presiones y ser vulnerables frente a los posicionamientos de los Estados miembros.

La existencia de lazos culturales constituye un elemento al que se ha prestado especial atención para que la mediación pueda ser efectiva. Como ponen de relieve Bakaki, Böhmelt y Bove:

> "In turn, a common identity may make it more likely that the antagonists agree on a mediator (due to shared norms, such as the norm of conflict resolution) and can more easily negotiate with each other (e.g. due to the same negotiation styles, perceptions, ideas, understandings or interests). (...)
>
> Second, cultural dissimilarities make coordination more costly (*sic.*). If the cultural distance between the actors is high, there might be different norms, different perceptions and more misunderstandings. Agreeing on some form of third-party intervention or even negotiating the terms of a peace agreement may not be impossible then, but certainly more difficult"[351].

Pasaremos a continuación a analizar aquellos supuestos de organismos regionales e instituciones que han jugado un papel de cierta relevancia en materia de mediación, sin ánimo de exhaustividad.

Soriano, "Una nueva gobernanza en seguridad para Sudamérica: la UNASUR y la resolución de conflictos", en *El arreglo pacífico de controversias internacionales…*, *op. cit.*, pp. 851-865.

351 Véase Zorzeta Bakaki, Tobias Böhmelt y Vincenzo Bove, "Barriers to Coordination? Examining the Impact of Culture on International Mediation Occurrence and Effectiveness", *Political Studies*, vol. 64 (3), (2016), pp. 492-512, en p. 493.

1. LA LABOR MEDIADORA DE LA UNIÓN EUROPEA: ALGUNOS APUNTES Y DIFERENCIACIONES

Debe destacarse, en primer lugar, que la labor llevada a cabo por la Unión Europea en materia de mediación es enormemente diversa, moviéndose en ámbitos tan dispares como su intervención en controversias internacionales (interestatales, básicamente, que atañen a cuestiones como las que hemos venido señalando en las líneas anteriores), así como en el ámbito civil-mercantil. Esta última cuestión, que ha recibido el máximo interés por parte de la doctrina internacional-privatista, ocupa un papel enormemente relevante en numerosos y recientes trabajos[352], a cuya lectura remitimos, al escapar del ámbito de análisis que aquí nos ocupa. La puesta en práctica de Mecanismos Alternativos de Resolución de Conflictos (MARC o ADR, según queramos remitirnos a sus siglas en español o en inglés), entre los que la mediación ocupa un lugar preeminente, ha dado lugar a lo que la profesora Pilar Diago calificó con acierto como el "renacer de 'métodos dulces de resolución de conflictos'"[353].

---

352 Sin ánimo de exhaustividad puede verse, por ejemplo, el libro editado por Nadja Alexander; Sabine Walsh y Martin Svatos (eds.), *EU Mediation Law Handbook: Regulatory Robustness Ratings for Mediation Regimes*, Wolters Kluwer, Kluwer Law International, Alphen aan den Rijn, 2017. En particular, el capítulo inicial de Nadja Alexander, "Introducing Regulatory Robustness Ratings for Mediation Regimes in the EU", pp. 1-32, así como el dedicado a "España", realizado por Mercedes Tarrazón y Marian Gili Saldaña, en pp. 739-759.

353 Véase María Pilar Diago Diago, "Modelos normativos para una regulación de los MARC (Mecanismos Alternativos de Resolución de Conflictos)", en *Estudios sobre Contratación Internacional*, Alfonso Luis Calvo Caravaca y Javier Carrascosa González (dirs.), Ed. Colex, Madrid, 2006, pp. 151-178, en p. 151. De manera particular, el análisis que dedica esta autora a los pasos previos que han conducido a la Directiva 2008/52/CE del Parlamento Europeo y del Consejo de 21

Existe un ejemplo de mediación transfronteriza en el ámbito privado, SOLVIT, que puede definirse como "una red en línea de resolución de problemas en los que los Estados miembros de la Unión Europea, incluyendo además a Noruega, Islandia y Liechtenstein, trabajan en colaboración para resolver de manera pragmática los problemas que provoca la aplicación incorrecta de la legislación relativa al mercado interior por parte de autoridades públicas"[354]. Los ámbitos en los que se ha

---

de mayo de 2008 sobre ciertos aspectos de la mediación en asuntos civiles y mercantiles (*DOUE L* 136, de 24 de mayo de 2008), especialmente en pp. 153-154; en esa misma línea, Carmen Parra Rodríguez, "La presencia de los ADR en los conflictos internacionales de Derecho privado, una aproximación a su delimitación", *El arreglo pacífico de controversias, op. cit.*, pp. 745-757. Desde el Derecho Internacional Privado se ha prestado también una especial atención a la mediación internacional, si bien esta perspectiva escapa de la óptica que estudiamos en este libro. Cabe citar, entre otros, a Guillermo Palao Moreno, "Mediación y Derecho Internacional Privado", *El arreglo pacífico de controversias, op. cit.*, pp. 649-674. Escapa completamente de nuestro contexto de análisis todo lo relacionado con la Comisión de Naciones Unidas para el Derecho Mercantil Internacional (CNUDMI por sus siglas en español, o bien UNCITRAL por sus siglas en inglés) y su labor en materia de mediación civil y mercantil. Cabe citar, por ejemplo, los trabajos de Elisabetta Silvestri, "The Singapore Convention on Mediated Settlement Agreements: A New String to the Bow of International Mediation?", *Access to Justice in Eastern Europe* (2019), issue n. 3 (4), pp. 5-11; o Christina G. Hioureas, "The Singapore Convention on International Settlement Agreements Resulting for Mediation: A New Way Forward?", *Berkeley Journal of International Law* (2019), vol. 37, issue 2, pp. 215-224.

354 Véase sobre ello Gloria Lapuente Sastre, Mercedes de Prada Rodríguez y Patricia Dávila de Cossío, "La mediación transfronteriza europea: SOLVIT, una aplicación práctica", en *La mediación. Presente, pasado y futuro de una institución jurídica*, Jaime Rodríguez-Arana Muñoz, Mercedes de Prada Rodríguez (dirs.) y José María Carabante Muntada (coord.), Netbiblo SL, La Coruña, 2010, pp. 271-289, en especial p. 279.

desarrollado este sistema son fundamentalmente el reconocimiento de cualificaciones profesionales, el derecho de residencia y visados, comercio y servicios (en relación con empresas), vehículos y permisos de conducir, prestaciones familiares, derechos de pensión, trabajo en el extranjero, prestaciones de desempleo, seguro de enfermedad, acceso a la educación, circulación de capitales y pagos transfronterizos y devoluciones del IVA[355]. Tal y como se indica en su página web, existen una serie de temas acerca de los cuales SOLVIT no puede actuar, tales como los problemas entre empresas, los relacionados con la protección de los consumidores, respecto de indemnizaciones de daños y perjuicios, o respecto de asuntos que ya se encuentren ante los tribunales, dado que SOLVIT no puede actuar en paralelo con procedimientos formales o legales[356].

En otro orden de cosas, por lo que atañe a nuestra perspectiva relacionada con el rol de la UE como mediadora en conflictos interestatales, se puede decir que esta cuestión encuentra un marco perfecto dentro de este contexto, atendiendo al rol que desde siempre ha ejercido desde el momento en que se conformaron las primigenias Comunidades Europeas. Si bien es cierto que cuando se lleva a cabo un desarrollo más amplio del desenvolvimiento de este rol es a partir de la puesta en práctica de la "Estrategia de Seguridad Europea" (2003) y el Informe del Alto Representante de 2008, en el que se recomendaba la expansión de las capacidades de mediación de la UE.

Una materia en la que la UE ha jugado un papel crucial la constituye el papel protagonizado por la persona que desarrolla la

---

355 Cumplida información de ello, así como ejemplos de numerosos casos que han sido resueltos acudiendo a este sistema, pueden verse en https://ec.europa.eu/solvit/what-is-solvit/index_es.htm.

356 Como puede verse en su página web, accesible en https://ec.europa.eu/solvit/what-is-solvit/index_es.htm, *in fine*.

labor de Alto Representante de la Unión Europea para Asuntos Exteriores y Política de Seguridad. Este cargo lo lleva a cabo actualmente Josep Borrell[357], pero debemos mencionar la labor ardua que muchos de sus predecesores/as han jugado en controversias internacionales de toda índole. Los ejemplos que cabe citar son muy numerosos, tales como el papel jugado por Javier Solana cuando desempeñaba el rol de "Mr. PESC", en relación con Montenegro. En este contexto, como ha tenido ocasión de señalar Vuković:

> "Hence, a redefinition of the damaged relationship between authorities in Podgorica and Belgrade became a matter of utmost priority for the then-EU High Representative for Common Foreign and Security Policy (CFSP), Javier Solana (...). By mid-March 2002, Solana managed to broker a compromise agreement (i.e. the Belgrade Agreement) between two sides that prioritized two competing international norms: self-determination and state sovereignty (which includes principles of territorial integrity). The solution managed to balance their conflicting aspirations by instituting an interim arrangement for the two sides for a period of three years after which Montenegro would have the right to organize a referendum on independence"[358].

En relación con Kosovo, y el proceso de normalización de relaciones entre dicho territorio y Serbia, destaca la labor desarrollada por la entonces Alta Representante, Catherine Ashton, que desembocó, en buena medida auspiciado dicho proceso por la labor mediadora de la Unión Europea, en el Acuerdo de 19 de abril de 2013, sobre los principios que rigen

---

[357] Sobre esta figura, véase https://eur-lex.europa.eu/ES/legal-content/glossary/high-representative-of-the-union-for-foreign-affairs-and-security-policy.html#:~:text=El%20actual%20AR%20es%20Josep.un%20per%C3%ADodo%20de%20cinco%20a%C3%B1os.

[358] Véase Siniša Vuković, "Peace Mediators as Norms Entrepreneurs: The EU's Norm Diffusion Strategy in Montenegro's Referendum on Independence", *Swiss Political Science Review* (2021), vol. 26, n.4, pp. 449-467, en p. 458.

la normalización de relaciones entre Serbia y Kosovo. No conviene, sin embargo, como ya nos alertaban hace unos años el profesor Gutiérrez Espada y la profesora Cervell Hortal, lanzar las campanas al vuelo, ya que, como indican estos autores, a pesar de que dicho acuerdo:

> "(...) se ha vendido, en definitiva, como una gran victoria, y sin embargo dos detalles parecen olvidarse:
>
> (...) Algunos de los Estados miembros de la UE continúan sin reconocer a Kosovo y es poco probable que lo hagan pese al Acuerdo. (...)
>
> El Acuerdo, según algunos, vuelve a caer en un error ya cometido en el proceso de mediación entre Pristina y Belgrado: la ambigüedad (...)"[359].

El entonces Presidente del Consejo Europeo (Herman Van Rompuy), puso de manifiesto ante la Asamblea General de Naciones Unidas el 22 de septiembre de 2011 que uno de los medios más eficaces de la Unión para contribuir a la paz y seguridad en el mundo es la mediación. En esa misma línea se encuentra lo que entonces se denominó como el Programa de Gotemburgo para la prevención de conflictos violentos de 2001[360], respecto al cual la Unión Europea había depositado muchas esperanzas y que, lamentablemente, el volátil contexto

---

359 Sobre ello, véase Cesáreo Gutiérrez Espada y María José Cervell Hortal, "Acuerdo, de 19 de abril de 2013, sobre los principios que rigen la normalización de relaciones entre Serbia y Kosovo, con la mediación de la Unión Europea", *REDI*, vol. LXV (2013), 2, pp. 341-349, en p. 347.

360 Hace ya más de una década manifestaba sus dudas al respecto Julia Schünemann, en "La política de prevención de conflictos de la UE 10 años después de Gotemburgo. ¿En la vanguardia o a la deriva? 10 años desde el Programa de Prevención de Conflictos de la UE", *Policy Paper Institut Català Internacional per la Pau* (junio de 2011, vol. 1), accesible en https://www.icip.cat/wp-content/uploads/2020/12/policy_paper_espa_4.pdf, 7 pp.

que ha traído consigo el avance del siglo XXI se ha encargado de difuminar. Pese a todo, la cooperación entre Naciones Unidas y la Unión Europea desde *larga data* en materia de mediación se lleva adelante con más ahínco si cabe gracias a la creación de una dependencia de apoyo a la mediación propia en el Servicio Europeo de Acción Exterior de la Unión Europea[361]. Ello, unido a la labor desarrollada en el contexto de la UE, en diferentes dimensiones, como ha señalado López Paz:

> "(...) la Unión Europea se sirve de las técnicas de mediación internacional para el objetivo de sus propósitos en donde se pueden destacar algunos organismos e instrumentos como: el diálogo político multinivel, las políticas en el ámbito de la cooperación internacional para el desarrollo y los Derechos Humanos, las Misiones de Observación Electoral, las Misiones de Mantenimiento de la Paz y las Misiones de la Política Común de Seguridad y Defensa (PCSD), la red de Representantes Especiales de la Unión Europea (REUE) que actúan en diferentes áreas geopolíticas o la "Single Intelligence Analysis Capacity" (SIAC) y el Centro Conjunto de Situaciones para el Análisis de Inteligencia (SITCEN)"[362].

Un momento clave en lo concerniente al impulso de la mediación en conflictos por parte de la Unión Europea lo constituye la adopción en 2009 del "EU Concept on Strenghthening Mediation and Dialogue Capacities"[363], la puesta en práctica

---

361 Sobre ello, véase Doc. A/66/811, p. 14, párr. 48, así como la información suministrada en https://www.eeas.europa.eu/eeas/conflict-prevention-peace-building-and-mediation_en.

362 Véase Laura López Paz, "La mediación como herramienta de resolución pacífica de conflictos internacionales", Documento de Opinión 107/2021, Instituto Español de Estudios Estratégicos, 107/2021, 30 de septiembre de 2021, https://www.ieee.es/Galerias/fichero/docs_opinion/2021/DIEEEO107_2021_LAULOP_Mediacion.pdf, 12 pp., en particular en p. 10.

363 Véase el documento https://data.consilium.europa.eu/doc/document/ST%2015779%202009%20INIT/EN/pdf.

del denominado "Instrumento de Estabilidad"[364], seguido en diciembre de 2020 por un Nuevo Concepto de Mediación[365], junto con las Conclusiones del Consejo de ese mismo año[366], donde se tratan de poner sobre la mesa los nuevos retos que en esta materia suponen los problemas del actual orden internacional, y el rol que como actor debe jugar la Unión Europea en este sentido[367]. Sin duda, dejando patente su visión en materia de prevención y resolución de conflictos "en particular a través de una mediación para la paz basada en valores", y con un enfoque integrado y múltiple, atendiendo a la complejidad

---

364 Un exhaustivo análisis de los orígenes, evolución normativa y todos los elementos relacionados con el Instrumento de Estabilidad pueden verse en Gloria Fernández Arribas, "La actividad mediadora de la Unión Europea a través del Instrumento de Estabilidad", en *La aplicación de la Mediación en la resolución..., op. cit.*, pp. 61-71. Como esta autora señala, en pp. 69-70, "La UE ha comprendido que la eficacia de la mediación no se consigue únicamente actuando directamente, sino financiando a expertos en mediación y a entidades locales que pueden generar una mayor confianza entre las partes. Para llevar a cabo esta financiación de manera eficaz es necesario disponer de un fondo de carácter flexible que permita el desarrollo de acciones inmediatas ante situaciones de crisis urgentes, y también el desarrollo de planes a largo plazo que permitan consolidar actividades de mediación duraderas, creando tanto equipos nacionales en Estados frágiles, como equipos internacionales con experiencia para desarrollar su actividad en cualquier Estado".

365 Cuyos elementos esenciales pueden verse en el documento https://www.eeas.europa.eu/sites/default/files/st13951.en20.pdf.

366 Véase el documento https://data.consilium.europa.eu/doc/document/ST-13573-2020-INIT/en/pdf.

367 Sobre ello, véase Elena Panchulidze & Julian Bergmann, "The New 'Concept on EU Peace Mediation': boosting EU capacities in crisis response and conflict resolution?", *College of Europe Policy Brief (CEPOB)*, April 2021, 5 pp., accesible en https://www.coleurope.eu/sites/default/files/research-paper/panchulidze_et_al_cepob_4_final_0.pdf.

de las controversias actuales, donde se tengan en cuenta, entre otros múltiples aspectos, temas como el cambio climático, la presencia de los actores implicados, o "la importancia que tiene el patrimonio cultural[368] en la prevención y resolución de conflictos", entre otra diversidad de temas conexos[369].

Son numerosos los casos en los que la UE ha intentado llevar a cabo su labor mediadora en conflictos recientes tales como Afganistán, República Centroafricana, Georgia[370], diálogo Belgrado-Pristina, Mali, Filipinas, Siria o Yemen[371]. Los lineamientos trazados en los instrumentos que hemos mencionado con anterioridad ofrecen los elementos clave de la actuación de

---

368 Sobre la importancia del patrimonio cultural en relación con algunas controversias recientes, de manera particular respecto de lo que acontece en Ucrania, véanse los siguientes trabajos de María Isabel Torres Cazorla, "La disputa por los tesoros arqueológicos de Crimea: arte y controversias territoriales en el punto de mira", *Anuario Español de Derecho Internacional* (2022), n. 38, pp. 253-286; "Protección de bienes culturales en tiempo de guerra: el caso de Ucrania", *El Derecho desde otra óptica: la cultura como cristal con que se mira,* Antonio J. Quesada Sánchez (dir.), Colex, A Coruña, 2023, pp. 417-453; así como el trabajo publicado en el ejemplar n. 149 de la revista *Tiempo de Paz* (2023), dedicada a "Arte y Valores", titulado "Patrimonio Cultural en peligro: el caso de Ucrania", pp. 136-143.

369 Como se desprende del documento citado que contiene las Conclusiones del Consejo sobre la mediación de la UE para la paz, Bruselas, 7 de diciembre de 2020, especialmente pp. 2-4, donde se desgranan las ideas mencionadas.

370 Véase María Victoria Rodríguez Prieto, "La Unión Europea ante el conflicto de Georgia: éxito en la mediación y resolución", en *Estados y organizaciones internacionales ante las nuevas crisis globales,* José Martín y Pérez de Nanclares (coord.), AEPDIRI, Iustel y Universidad de La Rioja, Madrid, 2010, pp. 745-754.

371 Sobre ello véase https://www.eeas.europa.eu/sites/default/files/isp2_mediation_factsheet_for_publication_20022021.pdf.

esta organización para mediar en conflictos[372]: un enfoque integrado, un análisis del conflicto (que conlleve tener presente el enfoque de género y de derechos humanos), sensibilidad en relación con el conflicto y "no herir", coordinación e inclusión de múltiples vías, ofrecer un enfoque de mujer, seguridad y paz, teniendo presentes los derechos humanos, la democracia y el estado de derecho, la religión, medio ambiente y cambio climático, junto con la dimensión psicosocial.

De igual modo, como se ha señalado, uno de los grandes activos de la UE en materia de mediación lo constituye su colaboración con otras Organizaciones Internacionales. En palabras de Belén Sánchez Ramos, la Unión Europea:

> "(...) colabora habitualmente tanto con la ONU –compartiendo mesa en procesos de mediación, colaborando con su Unidad de Apoyo a la Mediación o a través de la conclusión de acuerdos de cooperación- como con la Unión Africana o la OSCE"[373].

Pese a todo, no se deben dejar a un lado las limitaciones que la Unión Europea tiene para hacer frente al contexto internacional crítico en que vivimos, donde los retos superan con creces las previsiones acerca del papel que esta Organización Internacional puede jugar en este convulso siglo XXI. Los ejemplos de Libia[374], Siria, la crisis migratoria, la pandemia de

---

372 Como puede verse en el documento: https://www.eeas.europa.eu/sites/default/files/eeas_mediation_guidelines_14122020.pdf.

373 Véase Belén Sánchez Ramos, "Reforzando la mediación: principales avances en Naciones Unidas y la Unión Europea", en *La aplicación de la mediación en la resolución..., op. cit.*, pp. 111-120, en p. 118.

374 Justamente como ejemplo paradigmático, véase José Luis de Castro Ruano, "La Unión Europea y la gestión de crisis: entre las potencialidades del Tratado de Lisboa y la falta de voluntad de los Estados. Libia como evidencia", en *El arreglo pacífico de controversias internacionales, op. cit.*, pp. 881-912.

la COVID-19, la invasión de Ucrania por parte de Rusia o la crisis desatada en Oriente Medio (especialmente, pero no solo, entre Israel y Hamás en la franja de Gaza) son meros ejemplos de situaciones críticas a las que, también la UE debe hacer frente. De la UE en este ámbito de resolución de conflictos debe destacarse, en palabras de Guinea Llorente:

> "Igualmente es un elemento muy positivo el hecho de que no sea solamente una organización de seguridad, lo que le permite que, junto a las operaciones de gestión de crisis, pueda aplicar otros instrumentos políticos, económicos, sociales, comerciales, etc. con la finalidad de construir seguridad internacional"[375].

Sin embargo, no todo es ni mucho menos perfecto y, como continúa afirmando la profesora Mercedes Guinea:

> "El principal problema político, sin embargo, sigue siendo, y lo será por mucho tiempo, la falta de una concepción común de los Estados miembros sobre sus respectivos papeles en la paz y seguridad mundiales. (...) La falta de cohesión ante los grandes desafíos en materia de seguridad conduce a un bajo protagonismo en las negociaciones internacionales y a que sólo se produzca una asunción de responsabilidades en los temas menos controvertidos"[376].

Cabe deducir de todo ello, el relevante papel que debe jugar la UE en el marco de la mediación internacional –y de la prevención y resolución de controversias, en general- para ser un actor internacional de primer orden. Queda mucho camino por recorrer en esta senda.

---

375 Véase Mercedes Guinea Llorente, "La Unión Europea como actor internacional en materia de resolución de conflictos", en *El arreglo pacífico de controversias internacionales, op. cit.*, pp. 922-931, en p. 930.

376 Véase Mercedes Guinea Llorente, "La Unión Europea como actor internacional en materia de resolución de conflictos", *ibid.*, p. 930.

2. LA MEDIACIÓN EN OTROS CONTEXTOS REGIONALES: DE LA OEA A LA ASEAN

Tras detener nuestra atención en el contexto europeo, pasaremos a ver cómo en otros ámbitos regionales, también las Organizaciones Internacionales han prestado atención a la mediación como mecanismo para solventar controversias surgidas en dicho escenario geográfico. De manera particular, sin perjuicio de que en el siguiente apartado ampliemos las referencias a otros organismos –algunos de ellos también Organizaciones Internacionales-, centraremos el foco seguidamente en los principales objetivos que la OEA y la ASEAN han llevado a cabo en lo que a mediación respecta.

En primer término, haremos referencia a algunos instrumentos regionales adoptados en el ámbito del continente americano, que hunden sus raíces en antecedentes históricos previos del siglo XIX[377], así como en las primeras décadas del

---

[377] La idea de solución pacífica de las controversias internacionales encuentra numerosos antecedentes en el continente americano que van mucho más allá en el tiempo. A este respecto, resulta ilustrativo el trabajo de Mauricio Herdocia Sacasa "El resurgimiento del Pacto de Bogotá", *Agenda Internacional*, año XVI, n. 27, 2009, pp. 45-68, en especial pp. 46-50, donde pone como ejemplos históricos que contemplan el arreglo pacífico y las posibilidades de llevar a cabo el mismo acudiendo a diversas figuras, entre otros, el Tratado de Unión, Liga y Confederación Perpetua, de 15 de julio de 1826, el Tratado de Confederación, de 1848, el Tratado para Evitar o Prevenir conflictos entre los Estados Americanos (Tratado Gondra) de 1923, la Convención General de Conciliación Interamericana, el Tratado General de Arbitraje Interamericano y un Protocolo de Arbitraje Progresivo, de 1929, o el Tratado Antibélico de No Agresión y de Conciliación (Pacto Saavedra Lamas) de 1933, por citar algunos de los principales instrumentos adoptados en dicho ámbito regional. A ellos se suman, y por lo que a este trabajo respectan constituyen ejemplos indispensables, el Tratado de 23 de diciembre de 1936, sobre Buenos Oficios y Mediación o el de la misma fecha

siglo XX, y que se consolidarían aún más cuando Naciones Unidas comenzó su andadura, tras la Segunda Guerra Mundial. Cabe mencionar un texto que, si bien ha sido superado por el denominado "Pacto de Bogotá" al que nos referiremos seguidamente, resulta de interés para el tema que nos ocupa, al moverse además en el mismo ámbito regional que el anterior. Se trata del Tratado Interamericano sobre Buenos Oficios y Mediación, adoptado el 23 de diciembre de 1936 en Buenos Aires (Argentina)[378] que, a pesar de haber sido derogado por el Pacto de Bogotá al que haremos referencia con posterioridad, sigue rigiendo, sin embargo, entre aquellos Estados que no han ratificado el Pacto[379]. Se trata de un texto de nueve artículos, en los que ambas figuras (buenos oficios y mediación) se instauran como mecanismos a los que los Estados americanos podrían acudir "en primer término a los buenos oficios o a la mediación de un ciudadano eminente de cualquiera de los demás países americanos, escogido, de preferencia, de una lista general, formada de acuerdo con el artículo siguiente, cuando surja entre ellas una controversia que no pueda ser

---

sobre Prevención de las controversias. Sobre ello, así como acerca de los aspectos positivos que el Pacto traía consigo, constituyó un importante paso, pese a que diversos Estados formularon algunas reservas en el momento de la firma, si bien en otros ámbitos (mecanismos jurisdiccionales de solución especialmente). Véase Edgar Turlington, "The Pact of Bogota", *AJIL*, vol. 42, n. 3 (July 1948), pp. 608-611. Pese a todo, la realidad imperante entonces hizo que dichos instrumentos no tuviesen mayor efectividad que sus homólogos europeos. Sobre ello, véase Antonio Truyol y Serra, *Historia del Derecho Internacional Público, op. cit.*, p. 135.

378 El texto de dicho Tratado puede consultarse en https://www.oas.org/juridico/spanish/tratados/b-17.html.

379 Véase la información que se suministra a este respecto en https://www.oas.org/juridico/spanish/firmas/a-42.html. Entre ellos tendríamos el caso de Cuba, El Salvador, Estados Unidos y Guatemala.

resuelta por los medios diplomáticos usuales"[380]. Si bien el Tratado no define ambas figuras, ni las diferencia, sí establece algunas ideas novedosas: por ejemplo, el establecimiento de una lista, suministrada por los Gobiernos, nombrando cada uno de los Estados Parte a "dos de sus ciudadanos elegidos de entre los más eminentes por sus virtudes y versación jurídica" (conforme a lo dispuesto en el artículo II). También regula el procedimiento para nombrar buen oficiante/mediador, para lo cual el acuerdo entre los Estados entre los que se suscita la controversia es fundamental, contemplándose las hipótesis de acuerdo entre las partes y lo que debe hacerse en caso de desacuerdo (artículo III).

De igual modo, el sometimiento a plazo de la labor del mediador constituye un elemento de interés, señalando el artículo IV lo siguiente:

> "El mediador fijará un plazo que no excederá de seis meses ni será menor de tres, para que las Partes lleguen a alguna solución pacífica. Expirado este plazo sin haberse alcanzado algún acuerdo entre las Partes, la controversia será sometida al procedimiento de conciliación previsto en los Convenios interamericanos vigentes"[381].

Otra cuestión curiosa que el Tratado contempla es la relativa a los gastos, sufragando cada parte los suyos, y contribuyendo por mitad a los gastos comunes (artículo VI); se prevé asimismo que el mismo no afecte a los compromisos contraídos con anterioridad por las Partes (artículo VII).

Dentro del mismo marco de las Américas, la Carta de la Organización de Estados Americanos (OEA) dedica su Capítulo

---

380 Véase el artículo I de dicho texto, accesible en https://www.oas.org/juridico/spanish/tratados/b-17.html.

381 Véase el artículo IV, con el tenor expuesto anteriormente, en https://www.oas.org/juridico/spanish/tratados/b-17.html.

V a la solución pacífica de controversias[382]. Queda claro, a lo largo de los cuatro artículos que desarrollan esta cuestión (artículos 24 a 27), el compromiso de la mencionada Organización con la necesidad de que sus Estados miembros solventen las controversias de manera pacífica, en consonancia con lo establecido en la Carta de Naciones Unidas, a cuyos artículos 34 y 35 remite. El articulo 25 enumera dichos medios, con la particularidad de que incluye tanto los buenos oficios como la mediación, cosa que como cabe recordar no hacía la Carta de Naciones Unidas, así como deja un amplio margen de actuación a que los Estados acuerden otros medios. No menciona, sin embargo, los acuerdos regionales, tal vez en el bien entendido de que dicha fórmula se entiende subsumida en la Carta de la OEA, al tratarse de una organización regional. El texto de dicho precepto dice así:

> "Son procedimientos pacíficos: la negociación directa, los buenos oficios, la mediación, la investigación y conciliación, el procedimiento judicial, el arbitraje y los que especialmente acuerden, en cualquier momento, las Partes"[383].

En cualquier caso, la fórmula es completamente abierta, dejando a las partes la posibilidad de utilizar los medios que estimen oportunos con la finalidad de resolver la controversia. Tal es la idea que se desprende claramente del artículo 26, que anima a los Estados americanos a tratar de solventarla, en estos términos:

> "Cuando entre dos o más Estados americanos se suscite una controversia que, en opinión de uno de ellos, no pueda ser

---

382 El texto de la misma, con sus sucesivos Protocolos de Reforma, puede consultarse integramente en https://www.oas.org/es/sla/ddi/tratados multilaterales interamericanos A-41 carta OEA.asp#Cap%C3%ADtulo%20V.

383 Vease https://www.oas.org/es/sla/ddi/tratados multilaterales interamericanos A-41 carta OEA.asp#Cap%C3%ADtulo%20V.

> resuelta por los medios diplomáticos usuales, las Partes deberán convenir en cualquier otro procedimiento pacífico que les permita llegar a una solución"[384].

Se deja entrever además claramente que el recurso a los medios diplomáticos es la fórmula más sencilla para alcanzar un buen fin; si con ello no se logra resolver la controversia, la posibilidad de acudir a otros mecanismos es la pauta a seguir, conforme a lo establecido en la Carta de la OEA.

Asimismo, en este tratado constitutivo de la Organización se prevé ya lo que tendrá lugar poco tiempo después: la necesidad de adoptar un tratado específicamente dedicado a la solución pacifica de las controversias. De esta manera, el artículo 27 dice así:

> "Un tratado especial establecerá los medios adecuados para resolver las controversias y determinará los procedimientos pertinentes a cada uno de los medios pacíficos, en forma de no dejar que controversia alguna entre los Estados americanos pueda quedar sin solución definitiva dentro de un plazo razonable"[385].

Esta es la base para se adoptase el denominado "Tratado Americano de Soluciones Pacíficas"[386], o también conocido como "Pacto de Bogotá", suscrito en dicha ciudad el 30 de abril de 1948, que dedica su segundo capítulo a las figuras de los buenos oficios y la mediación (artículos IX a XIV). Cabe destacar que no todos los Estados miembros de la OEA son partes

---

384 Véase https://www.oas.org/es/sla/ddi/tratados_multilaterales_interamericanos_A-41_carta_OEA.asp#Cap%C3%ADtulo%20V.

385 Véase https://www.oas.org/es/sla/ddi/tratados_multilaterales_interamericanos_A-41_carta_OEA.asp#Cap%C3%ADtulo%20V.

386 Al texto de dicho Tratado, en su versión en español puede accederse en https://www.oas.org/xxxvga/espanol/doc_referencia/Tratado_SolucionesPacificas.pdf.

en dicho instrumento, destacando sonoras ausencias, como es el caso de Estados Unidos (que solamente firmó, si bien con reservas) o de Canadá (que ni siquiera llegó a firmarlo) seguidos de otros Estados de la región que tampoco son partes (por ejemplo, Argentina y Venezuela firmaron pero no han ratificado ni se han llegado a adherir a dicho texto)[387].

Entre los aspectos reseñables que el Pacto de Bogotá presenta respecto de los buenos oficios/mediación, cabe destacar los siguientes:

Se contemplan ambas figuras, de manera diferenciada, tratando de establecer la distinción entre ellas. En este sentido, los buenos oficios se conciben como "la gestión de uno o más Gobiernos Americanos o de uno o más ciudadanos eminentes de cualquier Estado Americano, ajenos a la controversia, en el sentido de *aproximar a las partes, proporcionándoles la posibilidad de que encuentren directamente una solución adecuada*"[388].

La mediación se analiza con mucho mayor detalle en cuatro de los artículos que siguen en dicha Parte II del Pacto de Bogotá, pudiendo ser mediador cualquiera de las figuras que podría ser buen oficiante, antes descrita: "uno o más gobiernos americanos, o a uno o más ciudadanos eminentes de cualquier Estado Americano extraños a la controversia", tal y como establece el artículo XI. La limitación en este caso viene establecida por el hecho de que "el mediador o los mediadores serán escogidos de común acuerdo por las partes" (inciso segundo de este mismo artículo XI). Asimismo, las funciones que debe desempeñar el mediador son "asistir a las partes en el arreglo de las

---

387 Toda la información al respecto puede consultarse en http://www.oas.org/juridico/spanish/firmas/a-42.html#4.

388 Véase Pacto de Bogota, artículo IX del mencionado texto. La cursiva es nuestra, señalando de manera específica los rasgos configuradores de los buenos oficios como figura en el ámbito del Derecho Internacional.

controversias de la manera más sencilla y directa, evitando formalidades y *procurando hallar una solución aceptable*. El mediador se abstendrá de hacer informe alguno y, en lo que a él atañe, los procedimientos serán absolutamente confidenciales"[389]. Esa nota, la confidencialidad, constituye una característica reseñable de la figura de la mediación, como ha quedado patente en otra parte de este trabajo.

Ambas figuras, buenos oficios y mediación, se configuran en el Pacto de Bogotá como medidas caracterizadas por su transitoriedad; dicho texto hace hincapié en el final de los buenos oficios, con el tenor siguiente:

> "Una vez que se haya logrado el acercamiento de las partes y que éstas hayan reanudado las negociaciones directas quedará terminada la gestión del Estado o del ciudadano que hubiere ofrecido sus Buenos Oficios o aceptado la invitación a interponerlos"[390].

Ello no constituye un obstáculo para que, pese a todo, por acuerdo de las partes el/los bueno/s oficiante/s puedan estar presentes en las negociaciones. La flexibilidad y el acuerdo configuran la máxima a seguir en lo que compete al arreglo pacífico de las controversias internacionales.

Tanto el inicio de la mediación (dos meses), como el transcurso de la mediación sin haber alcanzado éxito en dichas gestiones (5 meses) se someten a plazo en el Pacto de Bogotá. Esto se caracteriza por su originalidad, pues no suele ser frecuente encontrar limitaciones de índole alguna (y aún menos de carácter temporal) que establezcan el principio o el final en lo concerniente a la puesta en práctica de esta figura. Así lo establece el artículo XIII del Pacto, con el tenor siguiente:

---

389 Artículo XII del Pacto de Bogota. La cursiva es nuestra.

390 Artículo X del Pacto de Bogota.

> "En el caso de que las Altas Partes Contratantes hayan acordado el procedimiento de mediación y *no pudieren ponerse de acuerdo en el plazo de dos meses sobre la elección del mediador o mediadores;* o si iniciada la mediación transcurrieren hasta *cinco meses sin llegar a la solución de la controversia,* recurrirán sin demora a cualquiera de los otros procedimientos de arreglo pacífico establecidos en este Tratado"[391].

La mediación puede ser tanto individual[392] como colectiva, tal y como pone de relieve el artículo XIV; dicha disposición además deja patente el segundo plano que ocupa la mediación como mecanismo de arreglo pacífico, en detrimento de otras figuras, al menos tal y como queda configurada la misma en el Pacto de Bogotá. En este sentido, se insta a las Altas Partes Contratantes a no ofrecer la mediación "mientras la controversia esté sujeta a otro de los procedimientos establecidos en el presente Tratado"[393]. De esta manera, intenta evitar el solapamiento de medios de arreglo diversos que confluyan a la vez, temporalmente hablando. Se trata más de una situación deseable que una realidad, puesto que nada obsta para que varios medios de arreglo pacífico de controversias se utilicen de manera conjunta, siguiendo las estipulaciones generales que la Carta de Naciones Unidas plantea en este mismo sentido en su artículo 33, tantas veces citado.

Desde *larga data,* la OEA ha llevado a cabo actuaciones de buenos oficios/mediación en numerosas controversias que

---

[391] Vease artículo XIII del Pacto. La cursiva es nuestra.

[392] Por ejemplo, cabe mencionar aquí la mediación del Dr. José Luis Bustamante y Rivero en el conflicto entre El Salvador y Honduras, que desembocó exitosamente en un Tratado General de Paz firmado en Lima el 30 de octubre de 1980. A este respecto, véase Jorge Peirano Basso, *Buenos oficios y mediación, op. cit.*, pp. 54-55.

[393] Artículo XIV del Pacto de Bogota, *in fine.*

han aquejado a diversos Estados del continente americano[394]. Incluso la creación de fórmulas como lo fue la denominada Comisión Interamericana de Paz en 1940, creada por la Resolución XV de la II Reunión de Consulta de Ministros de Relaciones Exteriores de La Habana, cuyo cometido "era velar permanentemente para que los Estados entre los cuales exista o surja algún conflicto, sea cual fuere su naturaleza, encuentren al mismo una pronta y justa solución"[395]. Los buenos oficios y mediación de la citada Comisión se hicieron visibles en algunas ocasiones, como cuando el 27 de febrero de 1956 el representante de Cuba ante el Consejo de la OEA solicitó su convocatoria para que interviniese en el conflicto entre dicho Estado y la República Dominicana, cosa que tuvo lugar en abril de dicho año; igualmente, pese a que República Dominicana no aceptó las bases de acuerdo planteadas en su conflicto con Ecuador, al negarse el primero de los Estados mencionados a

---

394 Jorge Peirano Basso, en *Buenos oficios y mediación, op. cit.*, pp. 46-47, nota a pie 29, se hace eco de numerosas situaciones tales como, entre otras, las siguientes: los buenos oficios de la Comisión Interamericana de Paz en el diferendo entre Cuba y República Dominicana, en febrero de 1956; la mediación de la Comisión Interamericana de Paz en febrero de 1960, en el diferendo entre Ecuador y República Dominicana; la mediación de la Comisión Interamericana de Paz en febrero de 1961 en el caso Honduras-Nicaragua acerca de la ejecución de la sentencia de la CIJ de 18 de noviembre de 1960 sobre cuestiones de límites entre dichos Estados; los buenos oficios desempeñados en enero de 1964 por dicha Comisión en el conflicto entre Panamá y Estados Unidos respecto del funcionamiento del Canal de Panamá; la mediación de los cancilleres de Costa Rica, Guatemala y Nicaragua respecto al conflicto entre El Salvador y Honduras, que contó con asistencia técnica de la OEA, antes del estallido de la guerra en 1969; la propuesta de Estados Unidos en diciembre de 1978 para que la OEA mediase en el conflicto del Beagle; o en 1978, cuando una Comisión *ad hoc* de la OEA propuso una solución a la diferencia entre Costa Rica y Nicaragua.

395 Véase Jorge Peirano Basso, en *Buenos oficios y mediación, op. cit.*, p. 48.

otorgar a la embajada ecuatoriana las facilidades para ejercer sus funciones, la Comisión Interamericana de Paz ejerció su mediación e intentó que ambos Estados llegasen a un acuerdo sentando unas "Bases de entendimiento"; la Comisión también intervino en 1961 en la controversia entre Honduras y Nicaragua respecto a la ejecución de la sentencia de la CIJ en torno al laudo emitido por el Rey de España en 1906, elaborando unas "Bases de arreglo"; asimismo, intervino en la diferencia suscitada entre Panamá y Estados Unidos en 1964, respecto al enarbolamiento de banderas de ambos países en la zona del Canal, así como respecto al libre tránsito de personas y de vehículos[396].

Tras la reforma de la Carta de la OEA en virtud del Protocolo de Buenos Aires en 1967, el Consejo Permanente de la Organización tendrá un rol fundamental en la resolución de controversias, tal y como se pone de relieve en el artículo 85 de dicho texto, que dice así:

> "Con arreglo a las disposiciones de la Carta, cualquier Parte en una controversia en la que no se encuentre en trámite ninguno de los procedimientos pacíficos previstos en la Carta, podrá recurrir al Consejo Permanente para obtener sus buenos oficios. El Consejo, de acuerdo con lo establecido en el artículo anterior, asistirá a las Partes y recomendará los procedimientos que considere adecuados para el arreglo pacífico de la controversia"[397].

Durante las décadas de los años sesenta y setenta del pasado siglo, sin duda han llamado la atención los numerosos casos que en la práctica latinoamericana han dado lugar a la puesta en práctica de los buenos oficios/mediación, considerados en aquella época, junto con la negociación, como los

---

396 Véase Jorge Peirano Basso, en *Buenos oficios y mediación, op. cit.*, pp. 49-50.

397 Véase https://www.oas.org/es/sla/ddi/tratados_multilaterales_interamericanos_A-41_carta_OEA.asp#Cap%C3%ADtulo%20V.

procedimientos más aptos para resolver los problemas fronterizos en dicha región, a juicio de Gros Espiell[398]. En tiempos más recientes, los ofrecimientos de buenos oficios/mediación entre los Estados latinoamericanos para resolver sus crisis, han seguido sucediéndose[399]. También debe ponerse de relieve la cooperación entre Naciones Unidas y la OEA respecto de la capacitación del personal de esta última organización, colaborando para incentivar el uso de la mediación en conflictos regionales[400].

En otro orden de cosas, el contexto regional del continente asiático presenta ejemplos en los que mediación y buenos oficios emergen en los textos conformadores de las organizaciones de este ámbito geográfico. Concretamente, en el contexto de la Asociación de Naciones del Sudeste Asiático (ASEAN), el Protocolo a la Carta de la ASEAN, sobre Mecanismos de Arreglo Pacífico de controversias, de 8 de abril de 2010[401]. En particular, el artículo 6 de dicho texto se refiere a los buenos oficios, la mediación y la conciliación, aunando en una sola disposición los mecanismos de arreglo de carácter no jurisdiccional, en los que interviene un tercero. Las funciones del buen

---

398 Véase Héctor Gros Espiell, "Débats" respecto del estudio de Jacqueline Dutheil de la Rochère, "Les procédures de règlement des différends frontaliers", en *La frontière,* Colloque de Poitiers, Société Française pour le Droit International, Pedone, París, 1979, pp. 112-150, en pp. 175-176.

399 Por ejemplo, el 6 de marzo de 2008 Chile reiteraba su ofrecimiento de buenos oficios entre Ecuador y Colombia, para tratar de buscar una solución al conflicto diplomático entre ambos Estados por el ingreso de tropas colombianas en territorio ecuatoriano el 1 de marzo de ese año. Véase https://cooperativa.cl/noticias/mundo/america-latina/conflicto-colombia-ecuador/bachelet-reitero-oferta-de-buenos-oficios-para-resolver-conflicto/2008-03-05/151857.html.

400 Véase Doc. A/66/811, p. 14, párr. 49.

401 Véase el texto del mismo en https://agreement.asean.org/media/download/20200128121018.pdf.

oficiante, mediador y conciliador se exponen en detalle en el artículo 7 de dicho texto. A ello, además, se suman los Anexos, en los que se describe con sumo detalle el desarrollo de los buenos oficios (Anexo 1), de la mediación (Anexo 2) y de la conciliación (Anexo 3), cobrando un papel protagonista la Secretaría -el Secretario General de la Organización- así como la regulación en detalle de diversidad de aspectos de la mediación (el nombramiento de un mediador, los plazos temporales a los que se somete el discurrir de dicha figura, así como el desenvolvimiento de la misma, entre otras cuestiones dignas de ser reseñadas)[402].

No resulta desdeñable asimismo la cooperación entre ASEAN y Naciones Unidas en materia de buenos oficios, facilitación y mediación, como el Secretario General de la ONU puso de relieve, al hacer mención a este ámbito de actuación, en los siguientes términos:

> "Como parte de nuestra amplia asociación con la ASEAN, hemos mejorado el conocimiento de la labor de las Naciones Unidas y la ASEAN en el ámbito de los buenos oficios, la facilitación y la mediación; intercambiado experiencias adquiridas y mejores prácticas; determinado esferas para la creación de capacidad; facilitado actividades de capacitación conjuntas e implantado las modalidades de cooperación adecuadas. Estas iniciativas se plasmaron en la visita de estudio realizada por la ASEAN a la Dependencia de Apoyo a la Mediación (septiembre de 2011) y los seminarios conjuntos sobre las experiencias adquiridas y las mejores prácticas en materia de establecimiento, mantenimiento y consolidación de la paz celebrados en Yakarta en diciembre de 2011 y febrero de 2012"[403].

Destaca en este Foro regional el plan de trabajo de diplomacia preventiva, con el objetivo de explorar y estudiar el potencial

---

[402] Véase https://agreement.asean.org/media/download/20200128121018.pdf.

[403] Véase Doc. A/66/811, p. 14, párr. 47.

para realizar labores de mediación, facilitación del diálogo y reconciliación. Son numerosos los Estados que colaboran estrechamente en el impulso a esta iniciativa, como por ejemplo Australia, Singapur e Indonesia, entre otros[404].

3. OTRAS ENTIDADES QUE LLEVAN A CABO ACTIVIDADES DE MEDIACIÓN

Se puede afirmar que el arreglo pacífico de controversias (y, por ende, las figuras de los buenos oficios/mediación) han sido objeto de atención de un modo u otro por numerosas organizaciones internacionales regionales. Ejemplos como los de la ya extinta OCAM (Organización de Cooperación Africana y Malgache), que ofreció su mediación en la crisis del Congo en 1965; de la antigua OUA, que auspició una comisión de mediación exitosa en 1963, conformada por un Comité compuesto de varios Estados nombrados en una reunión de Ministros de Exteriores de dicha Organización, cuya mediación puso fin a la controversia entre Argelia y Marruecos en su frontera común[405]; de la Liga Árabe, cuyo Consejo en 1975 creó una comisión técnica de mediación para solucionar la diferencia entre Siria e Irak relativa a las aguas del río Éufrates[406]; el caso de la

---

404 Véase Doc. A/66/811, p. 42.

405 Destaca el Protocolo en el que se establecía la Comisión de Mediación, Conciliación y Arbitraje de dicha Organización. Un análisis de distintas actuaciones de la extinta OUA en materia de mediación puede verse en Pablo Arconada-Ledesma, "La mediación de la Organización de la Unidad Africana durante los conflictos del Cuerno de África (1963-1991)", *Estudios de Asia y África,* vol. 56 (3) (2021), pp. 485-516.

406 El Pacto de la Liga de Estados Árabes contempla la labor mediadora del Consejo de dicha Organización Internacional desde sus inicios. De manera particular, el artículo 5 del tratado constitutivo de la Organización señala que el Consejo mediará en toda diferencia que

OTAN (Organización del Tratado del Atlántico Norte), cuyo Secretario General ofreció sus buenos oficios el 22 de marzo de 1957 para tratar de solventar el conflicto de Chipre, si bien no fueron aceptados por Grecia; el Consejo de Europa, ha llevado a cabo algunas intervenciones como buen oficiante/mediador desde el comienzo de su actividad, como se pone de relieve en el acuerdo auspiciado por la organización de 23 de octubre de 1954, entre Francia y Alemania Federal respecto del Sarre, en el acuerdo de 1962 celebrado entre Austria e Italia relativo a las minorías austríacas residentes en territorio italiano (Tirol del Sur), o su intervención en el asunto de Chipre (en 1965)[407]; o el caso de la OPEP (Organización de Países Exportadores de Petróleo) que intervino en la diferencia fronteriza entre Irak y Kuwait en 1975[408]. El continente americano no ha permanecido ni mucho menos ajeno a esta situación, como ya hemos visto, destacando además los intentos por avanzar en una senda hacia ciertos visos de integración, donde un sistema de solución de controversias bastante avanzado y que ha sido

---

amenace conducir a la guerra entre dos Estados miembros o entre un Estado miembro y un tercer Estado con miras a su reconciliación; las decisiones del Consejo en estos temas (así como cuando lleve a cabo un arbitraje) se tomarán por mayoría.

407 No debemos olvidar que el 29 de abril de 1957 fue adoptada por parte del Consejo de Europa la Convención Europea para el Arreglo Pacífico de Controversias (*ETS* núm. 023, accesible en https://www.coe.int/en/web/conventions/full-list?module=signatures-by-treaty&treatynum=023). El escaso número de ratificaciones que obtuvo la misma debe ponerse de manifiesto, así como la apuesta decidida por el mecanismo de la conciliación. España no es parte en la citada Convención.

408 Véanse todos estos ejemplos en Jorge Peirano Basso, *Buenos oficios y mediación, op. cit.*, pp. 46-47 y nota a pie 30.

objeto de una evolución paulatina puede verse, por ejemplo, en el MERCOSUR[409].

No cabe duda alguna de que la cooperación entre organismos internacionales de toda índole como fórmula que permita promover el uso de la mediación constituye un elemento esencial. En este sentido, el Secretario General de Naciones Unidas ha hecho hincapié en esta colaboración entre organizaciones, mencionando diversos casos, como el de la Unión Africana, que ha descrito de la forma siguiente:

> "La Unión Africana ha implantado una innovadora estructura en el ámbito de la paz que comprende su sistema de alerta temprana, el Grupo de Sabios y su lista de preselección para tareas de mediación. Nuestro apoyo a la Unión Africana, detallado en dos programas de trabajo sobre creación de capacidad de mediación (2009-2010 y 2011-2012), abarca la elaboración de directrices sobre asociaciones entre las Naciones Unidas y la Unión Africana a efectos de mediación, la asistencia al gestor de la lista de preselección para tareas de mediación de la Unión Africana, reuniones semestrales entre los servicios de la Unión Africana y las Naciones Unidas, actividades de capacitación sobre género y mediación y seminarios sobre experiencias adquiridas en materia de cooperación entre las Naciones Unidas, la Unión Africana y las comunidades económicas regionales. El establecimiento de la Oficina de las Naciones Unidas ante la Unión Africana ha aumentado aún más nuestra capacidad para trabajar en estrecha colaboración con la Unión Africana en cuestiones de mediación, así como otros aspectos de la actividad relacionada con la paz y la seguridad"[410].

---

409 Véase https://www.mercosur.int/quienes-somos/solucion-controversias/. Entre otros estudios, uno de los que puede considerarse pioneros en este marco regional es el realizado por Ernesto J. Rey Caro, *La solución de controversias en los procesos de integración en América. El MERCOSUR*, Marcos Lerner Editora Córdoba, Córdoba, República Argentina, 1998.

410 Véase Doc. A/66/811, p. 13, párr. 45.

En este caso mencionado de la Unión Africana, dicha labor se lleva a cabo en colaboración con numerosas Organizaciones no Gubernamentales y entidades relacionadas con la mediación y resolución de controversias, tales como la Iniciativa de Gestión de Crisis (Crisis Management Initiative)[411], el Centro para el Diálogo Humanitario (Centre for Humanitarian Dialogue)[412] al que nos referiremos más adelante, el Centro Africano para la Solución Constructiva de Controversias (con sus siglas ACCORD, en inglés, al ser su denominación "African Centre for the Constructive Resolution of Disputes")[413], la Academia Folke Bernadotte (Folke Bernadotte Academy)[414], el International Peace Institute[415], el Centre for Mediation in Africa de la Universidad de Pretoria[416] y el Institute for Security Studies[417]. Siguiendo lo expresado por el Secretario General de Naciones Unidas, todas ellas

> "también han contribuido a reforzar la capacidad de mediación de la Unión Africana ofreciendo actividades de capacitación y análisis, desarrollando la capacidad institucional o participando directamente en el apoyo a los procesos de mediación de la Unión Africana"[418].

---

411 Sobre ello, véase https://cmi.fi/.

412 Valga como ejemplo este documento, referido a un caso específico de cooperación para solventar un conflicto, https://hdcentre.org/wp-content/uploads/2016/07/The-AU-and-the-search-for-Peace-and-Reconciliation-in-Burundi-and-Comoros-FINAL-September-2011.pdf.

413 Toda la información relacionada con ello se encuentra en https://www.accord.org.za/.

414 Sobre ello, https://fba.se/en/.

415 Véase https://www.ipinst.org/.

416 Sobre dicho centro, véase https://centreformediationafrica.org/.

417 Todo lo relacionado con el mismo, véase en https://issafrica.org/.

418 Véase Doc. A/66/811, p. 14, párr. 46. Sobre la Unión Africana y su rol mediador, véase Obinna F. Ifediora, "Formulative Strategy: Why the African Union-led International Mediation in South

Cabe sumar otras numerosas iniciativas. Se observa desde hace unos años una mayor preocupación por incentivar y promover el uso de la mediación, también en el contexto internacional, con el objetivo de avanzar en la resolución de controversias, cada vez más complejas. Una iniciativa de hace algunos años, que suscitó una enorme expectación la conformó el denominado "Grupo de Amigos de la Mediación", creado el 24 de septiembre de 2010 en los márgenes de la Semana Ministerial de la Asamblea General de Naciones Unidas, a iniciativa de Alexander Stubb, Ministro de Asuntos Exteriores finlandés, y su homólogo turco, Ahmet Davutoglu[419]. Si bien dicha iniciativa suscitó una enorme expectación, y España no ha permanecido ni mucho menos ajena al incentivo y participación en ella, la realidad ha hecho que la misma, a pesar de que continúa vigente[420], haya pasado a segundo plano, siendo las iniciativas individuales de mediación, por las implicaciones que de ellas se derivan, las que continúan con mayor auge en los tiempos recientes. Ello no ha impedido que, al hilo de la misma y de la labor de impulso a la mediación promovida por el Secretario General de Naciones Unidas hayan surgido otras conexas, de ámbito regional, como la Iniciativa para la Mediación en el

---

Sudan Failed to Prevent Atrocity Crimes", *International Studies Perspectives* 22 (2021), pp. 301-320.

419 Véase Doc. A/66/811, donde el Secretario General de Naciones Unidas se refiere a este Grupo, en p. 17, párr. 60. En palabras de Ángel Carrascal Gutiérrez, "La mediación internacional en el sistema de Naciones Unidas y en la Unión Europea: evolución y retos de futuro", *Revista de Mediación*, año 4, n. 8, semestre de 2011, pp. 28-33, en p. 30, el propósito de dicho Grupo "es subrayar la importancia de la mediación en el sistema de Naciones Unidas, formar una red de mediadores y desarrollar centros regionales de alerta temprana".

420 Tal y como puede verse en la web https://peacemaker.un.org/friendsofmediation, donde se da cuenta de los miembros de esta iniciativa (52 en la actualidad, que incluye a numerosos Estados, diversas organizaciones regionales y la propia Naciones Unidas).

Mediterráneo (Med-Med), promovida por España y Marruecos[421]. Como tuvimos ocasión de señalar hace unos años, cuando se promovió esta iniciativa:

> "La Iniciativa de la Mediación para el Mediterráneo tiene como uno de sus objetivos base promover la mediación como sistema de resolución de conflictos en la región. Auspiciada conjuntamente por nuestro país y nuestro vecino del Sur, Marruecos, intenta ofrecer soluciones realistas para tratar de hacer frente a los problemas de este escenario singular que la región Mediterránea y sus aledaños presenta en esta segunda década del siglo XXI"[422].

En el actual escenario convulso que vivimos, quizá sean más necesarios que nunca los vaticinios que realizaban Rafael Grasa, Antoni Blanc y Pilar Diago, cuando planteaban hace algunos años lo siguiente:

---

[421] De la que da cuenta la siguiente comunicación de nuestro Ministerio de Exteriores: https://www.exteriores.gob.es/ca/Comunicacion/NotasPrensa/Paginas/2015_NOTAS_P/20150316_NOTA056.aspx. Como ejemplo de interés despertado por dicha Iniciativa y su puesta en práctica, véase el libro *La aplicación de la mediación en la resolución de los conflictos en el Mediterráneo (Iniciativa para la Mediación en el Mediterráneo)*, Rafael Grasa Hernández, Antoni Blanc Altemir y Pilar Diago Diago (dirs.), Carmen Martínez Capdevila (coord.), Ministerio de Asuntos Exteriores y Cooperación, AEPDIRI, 2015, accesible en https://www.exteriores.gob.es/es/ServiciosAlCiudadano/PublicacionesOficiales/La%20aplicaci%C3%B3n%20de%20la%20Mediaci%C3%B3n%20en%20la%20resoluci%C3%B3n%20de%20los%20conflictos%20en%20el%20Mediterr%C3%A1neo.%20(Iniciativa%20para%20la%20Mediaci%C3%B3n).pdf.

[422] Véase María Isabel Torres Cazorla y Pilar Diago Diago, "La formación de mediadores especializados en la resolución de litigios en la región del Mediterráneo: descriptores y capacidades", en *La aplicación de la mediación en la resolución de los conflictos en el Mediterráneo (Iniciativa para la Mediación en el Mediterráneo), op. cit.*, pp. 121-133, en p. 124.

"(...) a corto y medio plazo el Mediterráneo necesitará de iniciativas fuertes y continuadas de mediación y éstas van a exigir no tanto, o al menos no sólo, voluntad y decisión de resolver problemas, sino particularmente capacidades de índole pública, plurales y flexibles, para ello"[423].

A todas las entidades e iniciativas planteadas, donde el elemento gubernamental está muy presente, cabe sumar algunas otras, en las que los protagonistas mediadores cobran un cariz diferente. Nos referiremos en particular al rol que juega el Comité Internacional de la Cruz Roja (CICR) y el Centre for Humanitarian Dialogue.

En relación con el CICR y su labor, debe ponerse de relieve que las cuatro Convenciones de Ginebra de 12 de agosto de 1949 realizan una mención a la figura de los buenos oficios como mecanismo de arreglo pacífico de las controversias. Concretamente, el artículo 11 de tres de estas Convenciones (I, II y III, esto es, el Convenio de Ginebra para mejorar la suerte de los heridos y enfermos de las fuerzas armadas en campaña[424], el Convenio de Ginebra para mejorar la suerte de los heridos, enfermos y náufragos de las fuerzas armadas en el mar[425] y el Convenio de Ginebra relativo al trato de los prisioneros de guerra[426]) y con un tenor muy similar el artículo 12 del Convenio de Ginebra relativo a la protección de personas civiles

---

423 Véase Rafael Grasa, Antoni Blanc Altemir y Pilar Diago Diago, "Informe General. Análisis y resolución de conflictos como marco para mediaciones públicas. Una propuesta orientada a la formación de mediadores en y para la región Mediterránea", en *La aplicación de la mediación en la resolución de los conflictos en el Mediterráneo (Iniciativa para la Mediación en el Mediterráneo, op. cit.*, pp. 13-47, en p. 17.

424 *BOE* núm. 236, de 23 de agosto de 1952.

425 *BOE* núm. 239, de 26 de agosto de 1952.

426 *BOE* núm. 249, de 5 de septiembre de 1952.

en tiempo de guerra[427] refiriéndose a la figura de los buenos oficios del modo siguiente:

> "En todos aquellos casos en que lo juzguen conveniente en interés de las personas protegidas, especialmente en caso de desacuerdo entre las Partes contendientes acerca de la aplicación o interpretación de las disposiciones del presente Convenio, las Potencias protectoras prestarán sus buenos oficios para allanar la discrepancia.
>
> A tal efecto, cada una de las Potencias protectoras podrá proponer, por invitación de una Parte o espontáneamente, a las Partes contendientes, una reunión de sus representantes y, en particular, de las autoridades encargadas de la suerte de las personas protegidas, eventualmente en territorio neutral convenientemente elegido. Las Partes contendientes tendrán la obligación de poner en práctica las proposiciones que se les hagan en tal sentido. Eventualmente, las Potencias protectoras podrán proponer a la aprobación de las Partes contendientes una personalidad perteneciente a una Potencia neutral, o una personalidad delegada por el Comité Internacional de la Cruz Roja, a la cual se requerirá para que participe en la dicha reunión"[428].

De igual manera, el Protocolo I adicional a dichas Convenciones, relativo a la protección de las víctimas de los conflictos armados internacionales, hecho en Ginebra el 8 de junio de 1977[429].

---

427 *BOE* núm. 246, de 2 de septiembre de 1952.

428 La cursiva es nuestra. Véase este artículo, que sería el 12 de la IV Convención de Ginebra, cuyo contenido es muy similar al artículo 11 de los Convenios I, II y III, en *BOE* núm. 246, de 2 de septiembre de 1952, p. 3999.

429 *BOE* núm. 177, de 26 de julio de 1989, en cuyo artículo 90, referido a la creación de una Comisión Internacional de Encuesta, determina en el apdo. 2 c) ii, que dicha Comisión tendrá competencia para "facilitar, mediante *sus buenos oficios*, el retorno a una actitud de respeto de los Convenios y del presente Protocolo". La cursiva es nuestra.

La institución de la potencia protectora, tal y como la misma es delineada en las Convenciones de Ginebra, encargada de salvaguardar los intereses de las partes en el conflicto, resulta fundamental. Como señala Wyler, se suele acudir precisamente a esta figura en situaciones de conflicto armado:

> "comme si celui-ci représentait l'ultime étincelle susceptible d'allumer un feu juridique dans la nuit de la guerre"[430].

En el conflicto de Biafra (Nigeria), en 1969, destacó la labor de buenos oficios/mediación de la Cruz Roja, en un contexto plagado de enormes dificultades[431]. También se ha especulado bastante acerca de la labor del CICR en relación con la situación en Colombia. En este contexto, resulta sumamente esclarecedor el análisis que lleva a cabo Jenatsch, al preguntarse acerca de los requisitos que han de cumplirse para que la mediación en asuntos humanitarios tenga posibilidades de éxito, llegando a las siguientes conclusiones, que de forma resumida reproducimos: 1) una mediación del CICR sólo tiene posibilidades de éxito cuando se trata de fenómenos, limitados en el tiempo y en el espacio, cuyos participantes están claramente definidos; 2) si el CICR se persona inmediatamente después de haberse desencadenado una crisis, sus posibilidades de éxito son mucho mayores que si se incorpora más tarde al proceso; 3) perseverancia, buenos conocimientos técnicos, pragmatismo y flexibilidad son muy necesarias para el desarrollo de esta labor; 4) el CICR rara vez suele resolver los problemas de índole humanitaria por sí solo, siendo muy importante contar con numerosos protagonistas de la sociedad civil; 5) la mediación

---

430 Véase Eric Wyler, "Le médiateur…", *op. cit.*, p. 992.

431 Véase Marie-Luce Desgrandchamps, "'Organising the unpredictable': the Nigeria-Biafra war and its impact on the ICRC", *International Review of the Red Cross*, vol. 94, núm. 888, winter 2012, pp. 1409-1432, accesible en https://international-review.icrc.org/sites/default/files/irrc-888-desgrandchamps.pdf.

es un proceso largo y complejo, por lo que constituye todo un desafío para los delegados del CICR a los que les gusta actuar por cuenta propia y con rapidez[432].

Debe ponerse de relieve, siguiendo a Wallensteen y Svennson, que no se ha prestado la suficiente atención por parte de la doctrina al análisis cuantitativo de la mediación en los conflictos armados, así como a la ecuación relativa al éxito/fracaso de la mediación en estos contextos, confrontando los argumentos con la realidad práctica más reciente. En palabras de estos autores:

> "There is a qualitative difference between termination through military victory and termination after a negotiated settlement. If mediation facilitates the reaching of military victories–for instance, by providing breathing space for the re-armament of fighters–then the causal processes are not the same as when mediators facilitate negotiated settlements. Using conflict behaviour termination to measure mediation success is therefore highly problematic, and mediation research needs to move forward by disaggregating conflict endings in order to detect actual casual processes"[433].

Por otro lado, en tiempos recientes está cobrando un inusitado protagonismo (y no solamente en lo relativo a controversias internacionales propiamente dichas) el conocido como Centre Henri Dunant (HD) o Centre for Humanitarian Dialogue. Radicado en una mansión a orillas del Lago Lemán en Ginebra (Suiza), constituye sin duda un ejemplo singular de

---

432 Sobre ello, véase Thomas Jenatsch, "El CICR, mediador humanitario en el conflicto colombiano: posibilidades y límites", *Revista Internacional de la Cruz Roja,* núm. 146, junio de 1998, pp. 331-347, en particular pp. 343-344, accesible en https://international-review.icrc.org/sites/default/files/S025056 9X00018458a.pdf.

433 Véase Peter Wallensteen & Isak Svennson, "Talking peace: International mediation in armed conflicts", *Journal of Peace Research,* vol. 51 (2) (2014), pp. 315-327, en p. 323.

entidad que media en conflictos. Es una fundación de carácter privado cuya misión principal, y han hecho de ello su lema, es prevenir y solventar conflictos armados a través del diálogo, la mediación y la diplomacia discreta[434]. Inició sus actividades como tal fundación en 1999, sustituyendo al anterior Instituto Henri Dunant, que funcionaba desde hacía varias décadas. Humanidad, independencia e imparcialidad conforman los principios fundamentales de su actuación[435]. La confidencialidad es una de sus divisas, así como la creatividad, la flexibilidad y la agilidad[436].

La labor de este centro se ha extendido respecto de conflictos armados en múltiples lugares del planeta (África, Oriente Medio, Europa, Asia y América Latina), desde su creación. Algunas de las situaciones en las que se ha llevado a cabo su actuación, que en su página web califica como "highlights" serían los casos de Ucrania, la región del Sahel, Nigeria, Senegal, España, Túnez, Libia, el Mar de la China Meridional, Filipinas o Colombia, entre otros muchos en los que ha intervenido[437].

Son numerosos los Estados y organismos que a lo largo del tiempo han contribuido a la financiación de las actividades de este centro. Tradicionalmente, Estados como Suiza, Noruega o Suecia han financiado más de la mitad del presupuesto, a lo que se suman otros como Alemania, Países Bajos,

---

434 Como puede verse en la información que suministra su propia página web: https://hdcentre.org/about/.

435 Tal y como se desprende del documento "The HD Way. The Centre for Humanitarian Dialogue's Approach to Effective Mediation", al que puede accederse en https://hdcentre.org/wp-content/uploads/2023/09/The-HD-Way-Final-01.03.2023.pdf, pp. 4-5.

436 Un esquema gráfico que muestra la forma en que desarrolla sus funciones el Centro, véase en https://hdcentre.org/our-approach/.

437 Información que puede verse en https://hdcentre.org/, donde localiza en el mapa y explica estas diez situaciones mencionadas.

Canadá, Dinamarca, Reino Unido, Australia, Irlanda y algunos otros Estados, junto con diversas instituciones y organismos de la Unión Europea y Naciones Unidas[438].

Además de sus actividades sobre el terreno y sus labores de mediación en conflictos, resultan de sumo interés los análisis que en materia de mediación lleva a cabo el Centro, situando el foco en cuestiones fundamentales como la mediación en tiempos complejos como los actuales[439], en el uso de nuevas tecnologías que juegan un papel crucial en la actualidad[440], en la perspectiva de género en materia de mediación[441], en el rol que juegan los jóvenes, en la mediación regional y local y los beneficios que se pueden alcanzar con la misma, así como en cuestiones relacionadas con el medio ambiente[442] y las controversias que encuentran su origen en estos temas, entre muchos otros.

---

438 Tal y como podemos ver en la información que se proporciona en https://hdcentre.org/our-donors/.

439 Véase Teresa Whitfield, "Mediating in a Complex World", 2019, 12 pp., accesible en https://hdcentre.org/wp-content/uploads/2020/05/Mediating-in-a-complex-world.pdf.

440 Por ejemplo, resulta muy útil el documento de Joëlle Jenny, Rosi Greenberg, Vincent Lowney y Guy Banin, editado por Jonathan Harlander, titulado "Peacemaking and new technologies. Dilemmas and options for mediators", December 2018, 56 pp., accesible en https://hdcentre.org/wp-content/uploads/2018/12/MPS-8-Peacemaking-and-New-Technologies.pdf.

441 Véase Günther Baechler, "A Mediator's perspective: Women and the Nepali peace process", August 2010, 9 pp., accesible en https://hdcentre.org/wp-content/uploads/2016/08/1AmediatorsperspectiveWomenandtheNepalipeaceprocessFINAL-August-2010.pdf; igualmente Antonia Potter, "G is for Gendered: taking the mystery out of gendering peace agreements", April 2011, 19 pp., accesible en https://hdcentre.org/wp-content/uploads/2016/08/25GisforGenderedrev200411_0-April-2011.pdf.

442 En particular, véase https://hdcentre.org/news/oslo-forum-reflections-heating-up-mediation-and-climate-change/.

A modo de colofón: la necesaria apuesta por la mediación internacional

Respecto de la práctica internacional más reciente en materia de mediación se observa una cierta situación paradójica. Si bien se suele acudir a este mecanismo de arreglo pacífico con menor frecuencia cuando el mismo (junto a otros medios de carácter no jurisdiccional como la determinación de hechos o los buenos oficios e incluso la mediación) aparece contemplado en instrumentos multilaterales de codificación, esto "no implica que su presencia quede eliminada del panorama de medios de arreglo de controversias. Al contrario, gracias al carácter difuso que presentan sus contornos jurídicos, estos métodos se articulan de distinta manera para aprovechar mejor sus posibilidades con miras a facilitar el arreglo de la controversia"[443].

Hace ya algunas décadas, en su obra *Buenos oficios y mediación: la práctica internacional en el último cuarto de siglo*, a la que nos hemos referido en reiteradas ocasiones a lo largo de este libro, Jorge Peirano Basso realizaba la siguiente afirmación en sus "conclusiones finales", que resultan plenamente extrapolables a nuestra realidad actual en este contexto:

> "Hablar de conclusiones finales en una materia como ésta y en un estudio de este tipo, podría parecer demasiado ambicioso,

---

443 Como señala Millán Requena Casanova, en *El arreglo pacífico de controversias en los convenios multilaterales de codificación*, Universidad de Alicante, Tirant lo Blanch, Valencia, 2009, pp. 320-321.

> porque la solución pacífica de controversias es un sector del derecho internacional público que, quizás más que ningún otro, está sometido a los avatares de las siempre cambiantes políticas y conductas internacionales. Y porque un estudio como el que realizáramos, a pesar del interés que toda investigación ceñida a los hechos lleva consigo, necesariamente importa una simplificación de la realidad"[444].

De todas las ideas expuestas con anterioridad en las páginas que el lector tiene en sus manos, cabe deducir una afirmación que podría parecer simplista, pero que refleja claramente la realidad. La mediación internacional es una labor enormemente compleja, pero también muy necesaria. Aunque el mediador sienta que no ha alcanzado el objetivo que pretendía, el simple hecho de intentarlo ya habrá merecido la pena. El acercamiento de posturas, especialmente en situaciones en las que el enconamiento de las partes en liza resulta difícil de superar, hace que la labor del mediador internacional constituya ya de por si un halo de esperanza.

La práctica internacional a lo largo del siglo XX nos suministra algunos ejemplos de mediación internacional que cabe calificar como exitosos, así como otros muchos que al menos han permitido un acercamiento[445] entre las partes, lo cual podría calificarse como un logro.

---

444 Véase Jorge Peirano Basso, *op. cit.*, p. 67.

445 Tal fue el caso del papel jugado por el entonces Rey de España en el conflicto que enfrentó a Argentina y Uruguay respecto de las plantas de celulosa (papeleras) en 2007 (https://www.elmundo.es/elmundo/2007/04/19/internacional/1176987492.html, y en https://www.lavanguardia.com/internacional/20070419/51331788926/el-rey-busca-solucion-al-conflicto-entre-argentina-y-uruguay-por-la-construccion-de-papeleras.html), recibiendo a los representantes de ambos Estados en Madrid, tratando así de lograr un acercamiento en las partes; el nombramiento del embajador Yáñez Barnuevo como facilitador, pese a que el tema terminase ante la Corte

Sin duda alguna, uno de los casos que ha recibido muchísima atención por parte de la doctrina, y al que ya hemos hecho referencia en diversas ocasiones con anterioridad, lo constituyó la mediación papal desarrollada durante los años 1978 a 1984 entre Chile y Argentina[446]. Ambos Estados aceptaron la mediación de la Santa Sede en dos Acuerdos firmados el 8 de enero de 1979, en Montevideo[447]. Dicha mediación duró cinco años y concluyó con el Tratado de Paz y Amistad firmado el 29 de noviembre de 1984[448].

Algunos supuestos de mediación que cita Lucius Caflisch, ponen de manifiesto el papel central jugado por la mediación, en aras al alcance posterior de acuerdos de paz (Oriente Medio –Camp David, Oslo- y ex Yugoslavia –Dayton, Belgrado-)[449]. La complejidad en el número de las partes en liza en el caso de la ex Yugoslavia que, sin embargo, permitió que los Acuerdos de Paz de Dayton llegasen a buen puerto, es utilizada como argumento para poner de relieve que la existencia de múltiples intereses, en ocasiones contrapuestos, permitió dar mayor

---

Internacional de Justicia, merece ser mencionado. Véase https://news.un.org/es/story/2007/07/1109361.

446 Véase Ian Brownlie, "The Peaceful Settlement…", p. 271. Sobre ello, véase 82 *ILR*, p. 671.

447 Como relata Jorge Peirano Basso, en *Buenos oficios y mediación, op. cit.*, p. 55. Se trata de dos acuerdos en los que, como describe este autor, en el primero de ellos "los dos Estados solicitan formalmente la Mediación Papal en su diferendo en la zona austral y se declaran dispuestos a tomar en consideración las ideas que la Santa Sede les proponga. En el segundo acuerdo, el Cardenal Samoré en nombre del Papa acepta la Mediación, reclamando al mismo tiempo, que dicha aceptación debe ser acompañada por el compromiso de ambos Estados de no recurrir a la fuerza en sus relaciones mutuas, lo cual fue aceptado por estos". Un análisis exhaustivo de todo ello, véase en Guillermo R. Moncayo, "La médiation…", *ibid.*, pp. 345-381.

448 Véase 24 *ILM*, p. 11.

449 Véase Lucius Caflisch, "Cent ans…", *loc. cit.*, p. 279.

preponderancia al mediador[450], pese a que, a priori, pudiera deducirse lo contrario. La participación de los diferentes grupos relacionados con la problemática se demuestra como un factor clave para que la mediación se lleve a cabo y cumpla sus objetivos.

Se ha llegado incluso a hablar del incremento en el uso de la mediación por parte de las que cabe denominar como "potencias regionales emergentes", como puede observarse en el caso de la República Popular China[451],

---

450 Sobre esta cuestión, véase Jennifer De Maio y Katja Favretto, "Diverse interests facilitate conflict mediation in international crises", *Cooperation and Conflict* (2018), vol. 53 (1), pp. 118-135.

451 Durante la presidencia de H. Jintao (2002-1013), donde este Estado medió respecto de Corea del Norte, así como Myanmar, o respecto de Sudán. Sobre ello, véase Milena Dieckhoff, "International Mediation: A Specific Diplomatic Tool for Emerging Countries?", *European Review of International Studies,* vol. 1, n.2 (2014), pp. 107-123, especialmente p. 110, donde contiene un cuadro enormemente ilustrativo sobre esta cuestión. El papel actual que está cobrando China en el ámbito de la mediación resulta igualmente destacable, tanto ofreciéndose como mediadora e igualmente apoyando las iniciativas de mediación en diversas controversias: por ejemplo, la petición que formuló ante el Consejo de Seguridad de Naciones Unidas para que se intensificasen los esfuerzos de mediación para desescalar la situación de Myanmar en 2021 (como puede verse en https://www.laestrella.com.pa/internacional/mundo/210312/china-pide-mediacion-diplomatica-desescalar-situacion-myanmar). Asimismo, en tiempos relativamente recientes, la mediación de China entre Arabia Saudí e Irán, así como los intentos de hacer lo propio respecto de Ucrania, dejan sentada la relevancia que para este gigante asiático tiene el ámbito diplomático y los posibles réditos que para su ascenso en el ámbito internacional pudieran reportarle estas intervenciones. Sobre esta cuestión, véase Guillermo Moya Barba, "El ascenso de China como mediador internacional: construyendo la Nueva Ruta de la Seda", *Documento de Opinión del Instituto Español de Estudios Estratégicos* 69/2023, 1 de septiembre de 2023, accesible

Brasil[452], Turquía[453] o Sudáfrica[454]. Los casos de Turquía y

---

en https://www.ieee.es/Galerias/fichero/docs_opinion/2023/DIEEEO69_2023_GUIMOY_China.pdf. No cabe duda de que el ámbito comercial constituye otro frente en el que China quiere jugar un papel relevante, también en lo que a resolución de controversias se refiere. Sobre ello, véase Ignacio de la Rasilla, "'Sharp Ears to Hear a Thunderclap'? The rise of mediation in the international dispute prevention and settlement system of the belt and road initiative", *Asia Pacific Law Review* (2021), vol. 29, issue 1, pp. 167-188.

452 Durante la presidencia de F.H. Cardoso (1995-2003), en el conflicto entre Ecuador y Perú, y durante la primera presidencia de Lula da Silva (2003-2011) respecto de Bolivia, Paraguay, Colombia o Venezuela, e inclusive respecto de Irán y Oriente Medio, conforme puede verse en Milena Dieckhoff, "International Mediation: A Specific Diplomatic Tool for Emerging Countries?", *loc.cit.*, p. 110. De igual modo, durante la presidencia de Lula da Silva en 2023 se están haciendo esfuerzos por acercar a las partes en relación con la situación que se vive en Ucrania, aunque en ocasiones ha habido declaraciones polémicas del Presidente brasileño (https://www.vozdeamerica.com/a/lula-dice-que-ni-putin-ni-zelenski-preparados-la-paz-/7208930.html).

453 El presidente Erdogan viene jugando un rol enormemente activo en la mediación en controversias internacionales, como señala Milena Dieckhoff, "International Mediation: A Specific Diplomatic Tool for Emerging Countries?", *loc. cit.*, p. 110, poniendo como ejemplos desde 2003 sus intervenciones respecto del Cáucaso, Israel, Irak, Siria, Palestina, Irán, así como en Afganistán, Pakistán y Bosnia-Herzegovina. Sin duda Turquía jugó un papel muy activo en todos los conflictos desatados en la región a raíz de las denominadas "Primaveras árabes". Su rol muy activo desde que comenzó la agresión rusa contra Ucrania en febrero de 2022, auspiciando rondas de negociación entre las partes, merece la pena destacarse (https://www.lavanguardia.com/internacional/20231009/9281560/erdogan-rusia-ucrania-guerra-turquia-invasion-mar-negro.html).

454 Siguiendo los ejemplos que cita Milena Dieckhoff, "International Mediation: A Specific Diplomatic Tool for Emerging Countries?", en *loc. cit.*, p. 110, cabe mencionar el rol jugado por el entonces presidente Nelson Mandela desde 1994 a 1999 respecto de Angola,

Sudáfrica son especialmente emblemáticos constituyendo en el primer caso un ejemplo de "niche diplomacy" y en el segundo un caso de "mediador natural" desde que dejó atrás el apartheid[455].

En los últimos tiempos, una figura que está cobrando bastante importancia como mediador –ofreciéndose como tal y en ocasiones siendo aceptada su mediación- es el Papa Francisco. El papel jugado por el mismo ha sido destacado, por ejemplo, para el restablecimiento de las relaciones entre Estados Unidos y Cuba[456], promoviendo el acercamiento entre los líderes

---

Lesotho y Burundi, por el Presidente T. Mbeki de 1999 a 2008 en relación con la República Democrática del Congo, Burundi, Sudán, las Comoras, Zimbabwe, Ivory Coast y Kenia, así como el conflicto de Oriente Medio. Durante la presidencia de J. Zuma desde 2009 cabe citar los casos de Madagascar, Zimbabwe o Libia, entre otros.

455 En palabras de Milena Dieckhoff, "International Mediation: A Specific Diplomatic Tool for Emerging Countries?", en *loc. cit.*, p. 122.

456 Como se pone de relieve en una noticia de 12 de julio de 2015, a la que puede accederse en https://www.eluniverso.com/noticias/2015/07/12/nota/5016007/papa-francisco-mediador-conflictos/, al referirse al papel jugado por el Papa Francisco, señalaba lo siguiente: "Su discreta mediación en el descongelamiento de las relaciones entre EE.UU. y Cuba, develada el 17 de diciembre pasado por sus mandatarios, Barack Obama y Raúl durante un anuncio simultáneo, le ha valido el calificativo de mediador de la paz y los elogios de la comunidad internacional". Numerosos medios se han hecho eco del papel del Pontífice en el acercamiento de ambas partes: https://www.telegraph.co.uk/news/worldnews/the-pope/11300391/Pope-Francis-brokered-US-Cuba-deal-at-secret-Vatican-meetings.html; https://elpais.com/internacional/2014/12/17/actualidad/1418837510_239458.html; https://es.catholic.net/op/articulos/55527/cat/685/la-mediacion-papal-entre-cuba-y-estados-unidos.html; https://www.lavanguardia.com/internacional/20141217/54421929260/papa-crucial-acercamiento-cuba-estados-unidos.html. Acerca del restablecimiento de relaciones, véase https://obamawhitehouse.archives.

de Israel (Shimon Peres) y Palestina (Mahmud Abbas), en un encuentro histórico entre ambos que tuvo lugar en El Vaticano el 8 de junio de 2014. También ha recibido numerosas peticiones para que medie en conflictos internos que enfrentan a distintos gobiernos del continente con la oposición política en el país (Venezuela[457], Ecuador...).

Es justamente en esa medida, atendiendo al cariz que numerosos acontecimientos están cobrando en la realidad internacional contemporánea, donde hemos de afrontar la posibilidad de que la mediación también evolucione, al igual que lo hacen las controversias actuales. Como algún autor ha señalado:

> "New forms of mediation are thus required to address the more sophisticated ethico-political analogue and digital claims that are arising as a consequence"[458].

En línea con los nuevos conflictos que surgen en tiempos recientes, con ese dilema que se traduce en la existencia de múltiples actores en liza, que van mucho más allá del ente estatal tradicional, así como en una cierta vuelta al tribalismo de tiempos pasados, surge la posibilidad de referirnos a una especie de Mediación 3.0, en palabras de José Pascal da

---

gov/the-press-office/2015/07/01/statement-president-re-establishment-diplomatic-relations-cuba.

457 En el caso de Venezuela y la situación de inestabilidad política que vive dicho Estado, han sido numerosas las ofertas de mediación formuladas por distintos Estados. Entre otras, por ejemplo, la de Rusia, en 2019, de la que da cuenta la noticia https://www.dw.com/es/rusia-lista-para-mediaci%C3%B3n-internacional-por-venezuela/a-47294240.

458 Véase Oliver P. Richmond, "A genealogy of mediation in international relations: from 'analogue' to 'digital' forms of global justice or managed war?", *Cooperation and conflict* (2018), vol. 53 (3), pp. 301-319, en p. 315.

Rocha[459]. Justamente esa complejidad, ante la presencia de actores no estatales[460], así como ante la existencia de conflictos internos muy graves e incluso verdaderas guerras civiles en muchas controversias actuales, hace emerger la cuestión acerca de la necesidad de tener presentes estos elementos, que se alejan de la situación tradicional de las controversias interestatales[461], donde el rol del mediador-mediadores podría –al menos a priori- resultar aparentemente más sencillo. La complejidad del panorama internacional actual sin duda ha impactado también en las dificultades que encuentra la mediación para cumplir un papel activo y constructivo en situaciones enconadas de conflicto armado de larga data y/o donde las posiciones enfrentadas hacen prácticamente imposible que los mecanismos de arreglo pacífico de controversias jueguen un papel activo[462].

---

459 Véase José Pascal da Rocha, "The Changing Nature of International Mediation", *Global Policy*, vol. 10, issue supplement 2 (June 2019), pp. 101-107, en especial p. 105.

460 Como señala Laurie Nathan, planteando un dilema presente en numerosas situaciones actuales, en "The International Peacekeeping Dilemma: Ousting or Including the Villains?", *Swiss Political Science Review* (2021), vol. 26, n.4, pp. 468-486.

461 Como ponen de relieve Molly M. Melin & Isak Svensson, "Incentives for Talking: Accepting Mediation in International Civil Wars", *International Interactions* (2009), vol. 35, pp. 249-271, en p. 251: "In terms of mediation acceptance, we find disputants in civil conflicts only accept mediation in the most costly conflicts. The same is not true of the disputants in international conflicts. Importantly, we also find that historical ties between the potential mediators and the parties in conflict have a very different effect on the likelihood of acceptance in civil wars compared to interstate conflicts: it decreases the likelihood of civil war participant's acceptance but increases the likelihood of acceptance in an interstate conflict".

462 Se ha llegado incluso a proponer un enfoque que trata de poner el acento en vencer esas barreras, adoptando una perspectiva psicoanalítica que lo permita, como pone de relieve Hana Salaam Abdel-Malek, "A group psychoanalytic approach to international

Es justamente en esa medida donde se aboga por la necesidad de que la mediación se adapte a la complejidad de las controversias actuales y, como se ha indicado:

> "the new agenda of international mediation must become more complex, inclusive, flexible, interconnected and sophisticated, in one word, smarter"[463].

Incluso, la necesidad de adoptar una nueva perspectiva que ponga el énfasis en la visión de las partes en la controversia, la posición que adoptan las partes enfrentadas, que puede resultar muy útil también para el propio mediador. Como afirma Richmond:

> "when mediation is viewed from the inside-out, it is a very different phenomenon to that which has traditionally been viewed from the outside-in. This approach illustrates the dynamism of the process of mediation and indicates that the weaknesses of the process may often stem from the attitudes and views of the adversaries. Its contribution lies in the fact that the disputants' views and devious objectives are part of the conflict environment and need to be treated as such by the mediation"[464].

Pero no por ello debemos ser ilusos. Como hace ya algunos años señalaba Javier Olivares, al analizar algunos casos de mediación que se habían visto culminados con el éxito:

> "En conclusión, la mediación es un proceso lleno de obstáculos donde la experiencia y profesionalidad del mediador resultan vitales para reconducir un conflicto bélico hacia la paz. El

---

mediation", *International Journal of Applied Psychoanalytic Studies* (2021), vol. 18, pp. 30-40.

463 Véase Ramona Alexandra Neagoş, "Smart Paradigms of Modern International Mediation", *Studia UBB. Europaea* (2022), LXVII, 2, pp. 243-252, en p. 250.

464 Véase Oliver Richmond, "Devious Objectives and the Disputants' View of International Mediation: A Theoretical Framework", *Journal of Peace Research* (1998), vol. 35, n.6, pp. 707-722, en p. 721.

> respaldo internacional, el reconocimiento como interlocutor legítimo, el conocimiento del conflicto, la creatividad, la capacidad persuasiva y el carácter conciliador de cada uno de ellos fueron elementos claves para la resolución de estos conflictos"[465].

Ciertamente, el contexto internacional en el momento en que redactamos estas líneas no presenta un ambiente proclive a la resolución pacífica de las controversias, ni tampoco al uso de la mediación internacional (al menos en apariencia). La truculencia parece haberse apoderado del imaginario colectivo, ante situaciones como las que denunciaba el Director General de la Organización Mundial de la Salud, en noviembre de 2023, al advertir de que "los hospitales no son campos de batalla", en referencia a las incursiones y bombardeos por parte de las fuerzas israelíes en la franja de Gaza[466]. Sin ánimo de pecar de ilusos, puesto que la realidad ha dado muestras de que esto es solo un mínimo rayo de luz al final del túnel, la Resolución adoptada por el Consejo de Seguridad de Naciones Unidas el pasado 15 de noviembre de 2023[467], constituye un exponente de que, incluso en las situaciones más dramáticas y enconadas, el acuerdo –aunque sea de mínimos- es posible.

Abogamos, en consecuencia, por la necesidad de tratar de que se imponga la cordura en el escenario internacional. Con realismo, pero también tratando de conseguir que el arreglo pacífico de las controversias internacionales sea la norma, y no la excepción, así como que la mediación internacional, cuyo

---

465 Véase Javier Olivares, "Cinco Mediadores Internacionales que auspiciaron la paz", *Foreign Policy, edición en español, loc. cit.*, p. 5.

466 Véase https://news.un.org/es/story/2023/11/1525682.

467 A/RES/2712 (2023). Sobre dicho texto, adoptado por 12 votos a favor, y las abstenciones de Estados Unidos, Reino Unido y la Federación de Rusia, véase https://press.un.org/en/2023/sc15496.doc.htm.

incentivo tratan de lograr numerosas instituciones desde larga data, se configure como uno de los pilares esenciales para alcanzar dicho objetivo.

Y ello, desde una óptica sumamente realista, cuya esencia la encontramos reflejada en las palabras de la profesora Paz Andrés, que nos advertía lo siguiente, refiriéndose a los acordes y desacordes del Derecho Internacional en este convulso siglo XXI:

> "No podemos pretender que en este ordenamiento todo sean acordes. Los desacordes son inevitables e incluso pueden acabar contribuyendo al cambio positivo. Pero debemos velar por que no acaben afectando a los principios sobre los que se estructura nuestro ordenamiento y por tanto no supongan un retroceso en el progreso hacia una sociedad internacional más democrática y solidaria"[468].

Precisamente, entre esos principios figuran como elementos fundamentales el arreglo pacífico de las controversias internacionales y la prohibición del recurso a la fuerza, tal y como se delinearon en la Carta de Naciones Unidas. Los principios ya existen; el paso que la humanidad debe dar de forma decidida es ponerlos en práctica y que no caigan en el olvido, o sean meramente el reflejo de un pasado que nunca se hizo realidad, vencidos por las relaciones de poder de este siglo XXI sumido en un mar de contradicciones. Mientras existan mediadores, o se postulen para ello, no habremos perdido del todo la esperanza.

---

468 Véase Paz Andrés Sáenz de Santa María, "Las dinámicas del Derecho internacional en el siglo XXI: acordes y desacordes", *Estados y organizaciones internacionales ante las nuevas crisis globales, op. cit.*, pp. 81-101, en p. 101.

Bibliografía

1. OBRAS GENERALES

a) Monografías y capítulos de libro:

ANDRÉS SÁENZ DE SANTA MARÍA, PAZ, "Las dinámicas del Derecho internacional en el siglo XXI: acordes y desacordes", *Estados y organizaciones internacionales ante las nuevas crisis globales,* José Martín y Pérez de Nanclares (coord.), AEPDIRI, Iustel y Universidad de La Rioja, Madrid, 2010, pp. 81-101.

ASCENSIO, HERVÉ, *La Charte des Nations Unies. Commentaire article par article,* Jean-Pierre Cot, Alain Pellet (dirs.) y Mathias Forteau (secr. Ed.), Economica, París, 3ª ed., 2005, pp. 1047-1060.

BARBÉ, ESTHER, "El sistema internacional: imagen y análisis de las relaciones internacionales", en *Concepto y fuentes del Derecho Internacional,* José María Beneyto y Carlos Jiménez Piernas (dirs.), Tirant lo Blanch, Valencia, 2022, pp. 103-164.

CARRILLO SALCEDO, JUAN ANTONIO, *El Derecho Internacional en perspectiva histórica,* Tecnos, Madrid, 1991.

CASADO RAIGÓN, RAFAEL, *Derecho Internacional,* Tecnos, Madrid, 4ª ed., 2020.

EXPÓSITO GONZÁLEZ, PEDRO, "El arreglo pacífico de las controversias internacionales", en *Lecciones de Derecho Internacional Público,* Ana Salinas de Frías (dir.) et *al.,* Tecnos, Madrid, 2ª ed., 2019, pp. 383-407.

GARCÍA PICAZO, PALOMA, "Dialéctica de la secularización: una fenomenología de los conflictos en la sociedad internacional", *El arreglo pacífico de controversias internacionales,* Eva María Vázquez Gómez, María Dolores Adam Muñoz y Noé Cornago Prieto (coords.), Tirant lo Blanch, Valencia, 2013, pp. 965-1002.

GROS ESPIELL, HÉCTOR, "Débats" respecto del estudio de Jacqueline Dutheil de la Rochère, "Les procédures de règlement des différends frontaliers", en *La frontière,* Colloque de Poitiers, Société Française pour le Droit International, Pedone, París, 1979, pp. 112-150.

PÉREZ VERA, ELISA, *Naciones Unidas y los principios de la coexistencia* pacífica, Tecnos, Madrid, 1973.

PONS RAFOLS, XAVIER, "Los principios estructurales del Derecho Internacional", en *Concepto y Fuentes del Derecho Internacional,* José María Beneyto y Carlos Jiménez Piernas (dirs.), Tirant lo Blanch, Valencia, 2022, pp. 411-483.

RODRÍGUEZ CARRIÓN, ALEJANDRO JAVIER, *Uso de la fuerza por los Estados,* Málaga, Organización Sindical, 1974.

RODRÍGUEZ CARRIÓN, ALEJANDRO JAVIER, *Lecciones de Derecho Internacional Público,* 6ª ed., ed. Tecnos, Madrid, 2006.

RODRÍGUEZ CEDEÑO, VICTOR, BETANCOURT CATALÁ, MILAGROS y TORRES CAZORLA, MARIA ISABEL, *Diccionario de Derecho Internacional,* 3ª ed., Editorial UPC, Lima, 2023.

RODRÍGUEZ MANZANO, IRENE, "¿Más que víctimas?: una lectura teórico-discursiva de la Resolución 1325, relativa a las mujeres, la paz y la seguridad", *El arreglo pacífico de controversias internacionales,* Eva María Vázquez Gómez, María Dolores Adam Muñoz y Noé Cornago Prieto (coords.), Tirant lo Blanch, Valencia, 2013, pp. 1041-1053.

ROSENSTOCK, ROBERT, "The Declaration of Principles of International Law Concerning Friendly Relations: A survey", vol, 65, n.5 *AJIL* (1971), pp. 713-735.

TRUYOL Y SERRA, ANTONIO, *Historia del Derecho Internacional Público,* versión española de Paloma García Picazo, Tecnos, Madrid, 1998.

VON CLAUSEWITZ, CARL, *Vom Kriege (De la guerra,* en español), publicada originalmente en 1832, en Berlín. Una traduccion completa moderna titulada *De la guerra: version integra,* trad. de Carlos Fortea, La esfera de los libros, Madrid, 2005.

WALTER, FRANCIS PAUL, *Historia de la Sociedad de Naciones,* trad. de Federico Fernández de Castillejo, Tecnos, Madrid, 1971.

b) Artículos de revistas:

BORELLA, FRANÇOIS, "Évolution récente de l'Organisation de l'Unité Africaine", 20 *AFDI* (1974), pp. 215-225.

CASANOVAS Y LA ROSA, ORIOL, "En el centenario del Tratado de Versalles", *REDI,* vol. 71, 2019, pp. 17-22.

DESGRANDCHAMPS, MARIE-LUCE, "'Organising the unpredictable': the Nigeria-Biafra war and its impact on the ICRC", *International Review of the Red Cross*, vol. 94, núm. 888, winter 2012, pp. 1409-1432, accesible en https://international-review.icrc.org/sites/default/files/irrc-888-desgrandchamps.pdf.

REMIRO BROTÓNS, ANTONIO, "La declaración sobre los principios cumple cincuenta años. Rondó del poder taimado", *REDI*, vol. 72, num. 1, 2020, pp. 17-25.

ROSENSTOCK, ROBERT, "The Declaration of Principles of International Law Concerning Friendly Relations: A Survey", *AJIL* (October 1971), vol. 65, num. 5, pp. 713-735.

TRUJILLO DEL ARCO, ÁNGELA, "The 50th anniversary of the Declaration of Friendly Relations and its Role on the Jurisprudence of the International Court of Justice", *Anuario Español de Derecho Internacional*, t. 37 (2021), pp. 251-277.

WEHBERG, HANS, "La contribution des Conférences de la Paix de La Haye au progrès du droit international", *Rec. des Cours*, t. 37 (1931-III), pp. 527-669.

WHITE, NIGEL D., "The Legacy of the League of Nations: Continuity or Change?", *REDI*, vol. 71, 2019, pp. 277-283.

c) Otros documentos:

Instituto Español de Estudios Estratégicos (IEEE): *Panorama Geopolítico de los Conflictos*; accesible en https://www.ieee.es/publicaciones-new/panorama-geopolitico-de-los-conflictos/, desde el año 2011 hasta el 2022.

2. RELATIVAS AL ARREGLO PACÍFICO DE CONTROVERSIAS:

a) Monografías, capítulos de libro y enciclopedias:

ANDRÉS SÁENZ DE SANTA MARÍA, PAZ, "El arreglo pacífico de controversias en el ámbito de las Organizaciones Internacionales", *Cursos de Derecho Internacional de Vitoria-Gasteiz*, 1986, pp. 79-144.

ANDRÉS SÁENZ DE SANTA MARÍA, PAZ, "El arreglo arbitral de las controversias internacionales: aspectos recientes", *El arreglo pacífico de controversias internacionales,* Eva María Vázquez Gómez, María Dolores Adam Muñoz y Noé Cornago Prieto (coords.), Tirant lo Blanch, Valencia, 2013, pp. 79-98.

AZNAR GÓMEZ, MARIANO J., "El Tribunal Internacional de Derecho del Mar", en *El arreglo pacífico de controversias internacionales,* Eva María Vázquez Gómez, María Dolores Adam Muñoz y Noé Cornago Prieto (coords.), Tirant lo Blanch, Valencia, 2013, pp. 371-412.

BADIA MARTÍ, ANNA, *El arreglo pacífico de controversias en la Organización de Naciones Unidas,* J.M. Bosch Editor, S.A., Barcelona, 1994.

BADENES CASINO, MARGARITA, "La Corte Permanente de Arbitraje: una institución decimonónica en el siglo XXI", *Nuevas controversias internacionales y nuevos mecanismos de solución,* Valentín Bou Franch (coord.), Tirant lo Blanch, Valencia, 2005, pp. 13-66.

BENEDEK, WOLFGANG, "Drago-Porter Convention (1907)", *EPIL* January 2007, accesible en https://opil.ouplaw.com/display/10.1093/law:epil/9780199231690/law-9780199231690-e73.

CARRILLO SALCEDO, JUAN ANTONIO, "Don Rafael de Altamira, Magistrado español en la Corte Permanente de Justicia Internacional", Eva María Vázquez Gómez, María Dolores Adam Muñoz y Noé Cornago Prieto (coords.), *El arreglo pacífico de controversias internacionales,* Tirant lo Blanch, Valencia, 2013, pp. 29-38.

COLLIER, JOHN y LOWE, VAUGHAN, *The Settlement of Disputes in International Law: Institutions and Procedures,* Oxford University Press, Oxford, 1999, pp. 27-29.

DE CASTRO RUANO, JOSÉ LUIS, "La Unión Europea y la gestión de crisis: entre las potencialidades del Tratado de Lisboa y la falta de voluntad de los Estados. Libia como evidencia", *El arreglo pacífico de controversias internacionales,* Eva María Vázquez Gómez, María Dolores Adam Muñoz y Noé Cornago Prieto (coords.), *El arreglo pacífico de controversias internacionales,* Tirant lo Blanch, Valencia, 2013, pp. 881-912.

DIAGO DIAGO, MARIA PILAR, "Modelos normativos para una regulación de los MARC (Mecanismos Alternativos de Resolución de Conflictos)", en *Estudios sobre Contratación Internacional,* Alfonso Luis Calvo Caravaca y Javier Carrascosa González (dirs.), Ed. Colex, Madrid, 2006, pp. 151-178.

ESPALIÚ BERDUD, CARLOS, "Profecías de tiempos de la Convención de Naciones Unidas sobre el Derecho del Mar acerca de los medios jurisdiccionales de arreglo pacífico de las controversias", *El arreglo pacífico de controversias internacionales,* Eva María Vázquez Gómez, María Dolores Adam Muñoz y Noé Cornago Prieto (coords.), Tirant lo Blanch, Valencia, 2013, pp. 331-341.

FERREIRO PRADO, LUCÍA, "La cooperación entre la OSCE y la alianza de las civilizaciones como mecanismo para resolver conflictos internacionales culturales", *El arreglo pacífico de controversias internacionales,* Eva María Vázquez Gómez, María Dolores Adam Muñoz y Noé Cornago Prieto (coords.), Tirant lo Blanch, Valencia, 2013, pp. 841-849.

FILIBI, IGOR, "La UE y la resolución de conflictos internos: el caso de Irlanda del Norte", *El arreglo pacífico de controversias internacionales,* Eva María Vázquez Gómez, María Dolores Adam Muñoz y Noé Cornago Prieto (coords.), Tirant lo Blanch, Valencia, 2013, pp. 933-947.

FISAS, VICENÇ, *Procesos de paz y negociación en conflictos armados,* Paidós, Barcelona, 2004.

GARCÍA RICO, ELENA DEL MAR, GARCIA SAN JOSÉ, DANIEL y TORRES CAZORLA, MARÍA ISABEL, "La práctica reciente de la Corte Internacional de Justicia en controversias jurídicas con un componente científico: un análisis crítico", en *El arreglo pacífico de controversias internacionales,* Eva María Vázquez Gómez, María Dolores Adam Muñoz y Noé Cornago Prieto (coords.), Tirant lo Blanch, Valencia, 2013, pp. 101-112.

GUINEA LLORENTE, MERCEDES, "La Unión Europea como actor internacional en materia de resolución de conflictos", *El arreglo pacífico de controversias internacionales,* Eva María Vázquez Gómez, María Dolores Adam Muñoz y Noé Cornago Prieto (coords.), Tirant lo Blanch, Valencia, 2013, pp. 922-931.

JIMÉNEZ PIERNAS, CARLOS, "La jurisprudencia sobre delimitación de los espacios marinos: una prueba de la unidad del ordenamiento internacional", *El arreglo pacífico de controversias internacionales,* Eva María Vázquez Gómez, María Dolores Adam Muñoz y Noé Cornago Prieto (coords.), Tirant lo Blanch, Valencia, 2013, pp. 241-273.

REINALDA, BOB, "The 1899 and 1907 Peace Conferences in The Hague and The Hague System", *Routledge History of International Organizations: from 1815 to the Present Day,* Taylor and Francis Group, Londres y Nueva York, 2009.

REQUENA CASANOVA, MILLÁN, *El arreglo pacífico de controversias en los convenios multilaterales de codificación,* Universidad de Alicante, Tirant lo Blanch, Valencia, 2009.

REY CARO, ERNESTO J., *La solución de controversias en los procesos de integración en América. El MERCOSUR,* Marcos Lerner Editora Córdoba, Córdoba, República Argentina, 1998.

SALAMANCA RANGEL, MANUEL ERNESTO (coord.), *Las prácticas de la resolución de conflictos en América Latina,* Universidad de Deusto, Bilbao, 2008.

SÁNCHEZ PATRÓN, JOSÉ MANUEL, "La existencia de una controversia internacional en la jurisprudencia del Tribunal Internacional de Justicia", en *El arreglo pacífico de controversias internacionales,* Eva María Vázquez Gómez, María Dolores Adam Muñoz y Noé Cornago Prieto (coords.), Tirant lo Blanch, Valencia, 2013, pp. 129-136.

SORIANO, JUAN PABLO, "Una nueva gobernanza en seguridad para Sudamérica: la UNASUR y la resolución de conflictos", *El arreglo pacífico de controversias internacionales,* Eva María Vázquez Gómez, María Dolores Adam Muñoz y Noé Cornago Prieto (coords.), Tirant lo Blanch, Valencia, 2013, pp. 851-865.

STUYT, ALEXANDER MARIE (ed.), *Survey of International Arbitrations 1794-1989,* Martinus Nijhoff Publishers, T.M.C. ASSER Instituut, Dordrecht, Boston, Londres, 3ª ed. actualizada, 1990.

TANAKA, YOSHIFUMI, *The Peaceful Settlement of International Disputes,* Cambridge University Press, Cambridge, 2018.

TERRETT, STEVE, *The Dissolution of Yugoslavia and the Badinter Arbitration Commission. A Contextual Study of Peace-Making Efforts in the Post-Cold War World,* Routledge Revivals, 2018.

TORRES CAZORLA, MARÍA ISABEL, *El Derecho Internacional Público explicado a través de las sentencias y opiniones consultivas de la Corte Internacional de Justicia/Public International Law explained through the Judgments and Advisory Opinions of the International Court of Justice,* Tirant lo Blanch, Valencia, 2020.

TORRES CAZORLA, MARÍA ISABEL, "Protección de bienes culturales en tiempo de guerra: el caso "de Ucrania", *El Derecho desde otra óptica: la cultura como cristal con que se mira,* Antonio J. Quesada Sánchez (dir.), Colex, A Coruña, 2023, pp. 417-453.

UNTERHALTER, DAVID, "What makes the WTO Dispute Settlement Procedure Particular: Lessons to be Learned for the Settlement of International Disputes in General?", Rudiger Wolfrum, Ina Gatzschmann (eds.), *International Dispute Settlement: Room for Innovations?*, Springer, Heidelberg, Nueva York, Dordrecht, Londres, 2013, pp. 5-12.

b) Artículos de revistas:

AHMAD, AZHAR, "Indus Waters Treaty. A Dispassionate Analysis", *Policy-Perspectives* (July-December 2011), vol. 8, n.2, pp. 73-83.

ANDRÉS SÁENZ DE SANTA MARÍA, PAZ, "Nuevas perspectivas del arreglo pacífico de conflictos en Europa: teoría y práctica", *Revista de Instituciones Europeas*, vol. 19, n.2 (1992), pp. 461-490.

BADIA MARTÍ, ANNA, "El manual sobre el arreglo pacífico de controversias entre Estados elaborado por el Secretario General de las Naciones Unidas", *REDI*, vol. 44-1 (1992), pp. 266-269.

BOWETT, DEREK WILLIAM, "Contemporary Developments in Legal Techniques in the Settlement of Disputes", 180 *Rec. des Cours* (1983-II), pp. 169-235.

BROWNLIE, IAN, "The Wang Tieya Lecture in Public International Law. The Peaceful Settlement of International Disputes", *Chinese Journal of International Law* (2009), vol. 8, n.2, pp. 267-283.

CAFLISCH, LUCIUS, « Cent ans de règlement pacifique des différends interétatiques », 288 *Rec. des Cours* (2001), pp. 245-468.

CRAWFORD, JAMES, "Continuity and Discontinuity in International Dispute Settlement: An Inaugural Lecture", *Journal of International Dispute Settlement* (2010), vol.1, n. 1, pp. 3-24.

CRESPO NAVARRO, ELENA, "La Segunda Conferencia de Paz de La Haya (1907) y la posición de España", LX *REDI* (2008), pp. 113-128.

ECONOMIDÈS, CONSTANTIN, "La Déclaration de Manille sur le règlement pacifique des différends internationaux", *AFDI* (1982), vol. 28, pp. 613-633.

FERNÁNDEZ ILLANES, SAMUEL, "La solución pacífica de controversias y el mantenimiento de la paz", *Revista Chilena de Derecho* (1985), vol. 12, pp. 279-311.

GEAMĂNU, GRIGORE, "Théorie et pratique des négociations en droit international", 166 *Rec. des Cours* (1980-I), pp. 364-448.

HERDOCIA SACASA, MAURICIO, "El resurgimiento del Pacto de Bogotá", *Agenda Internacional*, año XVI, n. 27, 2009, pp. 45-68.

ISOART, PAUL, « L'accord de Paris sur la cessation de la guerre et le rétablissement de la paix au Sud-Vietnam », *AFDI* (1972), T. XVIII, pp. 101-121, accesible en https://www.persee.fr/doc/afdi_0066-3085_1972_num_18_1_1692.

JIMÉNEZ PIERNAS, CARLOS, "El papel de España en la Conferencia de La Haya de 1899", 51 *REDI* (1999), pp. 775-782.

LUONGO, NORBERTO EZEQUIEL, "El sistema de solución de diferencias entre Estados de la OACI. ¿Mecanismo en crisis o en proceso de revitalización?", 22 *Revista del Derecho del Transporte Terrestre, Marítimo, Aéreo e Intermodal* (2018), pp. 41-60, en https://papers.ssrn.com/sol3/papers.cfm?abstract_id=3201652.

MARIÑO MENÉNDEZ, FERNANDO, "Solución pacífica de controversias por órganos políticos de Naciones Unidas", 13 *Revista de la Facultad de Derecho de la Universidad Complutense* (1987), pp. 155-186.

PARDOS PÉREZ, JOSÉ LUIS, "Notas sobre la Convención Europea de 1957 para la resolución pacífica de controversias internacionales", en *Anales de la Universidad de Murcia (Derecho)*, vol. XVII; n.1, 1959, pp. D-79-D-119, accesible en https://revistas.um.es/analesumderecho/article/view/104041.

RIQUELME CORTADO, ROSA M., "La promoción de medios y métodos de arreglo pacífico de las controversias en la conmemoración del centenario de la primera conferencia internacional de la Paz (1899-1999)", *Anuario de Derecho Internacional*, vol. 15, 1999, pp. 385-478, accesible en https://revistas.unav.edu/index.php/anuario-esp-dcho-internacional/article/view/28501/24410.

SCHÜNEMANN, JULIA, "La política de prevención de conflictos de la UE 10 años después de Gotemburgo. ¿En la vanguardia o a la deriva? 10 años desde el Programa de Prevención de Conflictos de la UE", *Policy Paper Institut Català Internacional per la Pau* (junio de 2011, vol. 1), accesible en https://www.icip.cat/wp-content/uploads/2020/12/policy_paper_espa_4.pdf.

SCOTT, GEORGE WINDFIELD, "International Law and the Drago Doctrine", *The North American Law Review*, vol. 183, n. 600 (October 5, 1906), pp. 602-610.

SCOTT, GEORGE WINDFIELD, "Hague Convention Restricting the Use of Force to Recover on Contract Claims", *AJIL*, vol. 2, issue 1, January 1908, pp. 78-94.

SCOTT, JAMES BROWN, "The Work of the Second Hague Peace Conference", *AJIL*, vol. 2, issue 1, January 1908, pp. 1-28.

TORRES CAZORLA, MARÍA ISABEL, "La disputa por los tesoros arqueológicos de Crimea: arte y controversias territoriales en el punto de mira", *Anuario Español de Derecho Internacional* (2022), n. 38, pp. 253-286.

TORRES CAZORLA, MARÍA ISABEL, "Patrimonio cultural en peligro: el caso de Ucrania", n. 149 de la revista *Tiempo de Paz* (2023), dedicado a "Arte y Valores", pp. 136-143.

TURLINGTON, EDGARD, "The Pact of Bogota", *AJIL*, vol. 42, n. 3 (July 1948), pp. 608-611.

3. RELATIVAS A LOS BUENOS OFICIOS Y LA MEDIACIÓN DE FORMA ESPECÍFICA:

a) Monografías y capítulos de libros:

AARAB, RACHID, "La mediación de Catar en el Mediterráneo", en *La aplicación de la mediación en la resolución de los conflictos en el Mediterráneo (Iniciativa para la Mediación en el Mediterráneo)*, Ministerio de Asuntos Exteriores, AEPDIRI, Madrid, 2015, accesible en https://www.exteriores.gob.es/es/ServiciosAlCiudadano/PublicacionesOficiales/La%20aplicaci%C3%B3n%20de%20la%20Mediaci%C3%B3n%20en%20la%20resoluci%C3%B3n%20de%20los%20conflictos%20en%20el%20Mediterr%C3%A1neo.%20(Iniciativa%20para%20la%20Mediaci%C3%B3n).pdf, pp. 51-60.

ALEXANDER, NADJA; WALSH, SABINE y SVATOS, MARTIN (eds.), *EU Mediation Law Handbook: Regulatory Robustness Ratings for Mediation Regimes*, Wolters Kluwer, Kluwer Law International, Alphen aan den Rijn, 2017.

ALEXANDER, NADJA, "Introducing Regulatory Robustness Ratings for Mediation Regimes in the EU", Nadja Alexander, Sabine Walsh y Martin Svatos (eds.), *EU Mediation Law Handbook: Regulatory Robustness Ratings for Mediation Regimes*, Wolters Kluwer, Kluwer Law International, Alphen aan den Rijn, 2017, pp. 1-32.

BARGIACCHI, PAOLO, "El equipo de expertos en mediación de las Naciones Unidas", *El arreglo pacífico de controversias internacionales,* Eva María Vázquez Gómez, María Dolores Adam Muñoz y Noé Cornago Prieto (coords.), Tirant lo Blanch, Valencia, 2013, pp. 811-817.

BUKOVIĆ, SINIŠA, *International Multiparty Mediation and Conflict Management. Challenges of cooperation and coordination,* Routledge, Londres y Nueva York, 2016.

CARBALLO LEYDA, ALEJANDRO, "Mecanismos de resolución pacífica de disputas fronterizas (2009-2011)", *El arreglo pacífico de controversias internacionales,* Eva María Vázquez Gómez, María Dolores Adam Muñoz y Noé Cornago Prieto (coords.), Tirant lo Blanch, Valencia, 2013, pp. 152-157.

FERNÁNDEZ ARRIBAS, GLORIA, "La actividad mediadora de la Unión Europea a través del Instrumento de Estabilidad", *La aplicación de la Mediación en la resolución de los conflictos en el Mediterráneo (Iniciativa para la Mediación en el Mediterráneo),* Ministerio de Asuntos Exteriores, AEPDIRI, Madrid, 2015, accesible en https://www.exteriores.gob.es/es/ServiciosAlCiudadano/PublicacionesOficiales/La%20aplicaci%C3%B3n%20de%20la%20Mediaci%C3%B3n%20en%20la%20resoluci%C3%B3n%20de%20los%20conflictos%20en%20el%20Mediterr%C3%A1neo.%20(Iniciativa%20para%20la%20Mediaci%C3%B3n).pdf, pp. 61-71.

GRASA, RAFAEL, BLANC ALTEMIR, ANTONI, y DIAGO, PILAR, "Informe General. Análisis y resolución de conflictos como marco para mediaciones públicas. Una propuesta orientada a la formación de mediadores en y para la región Mediterránea", *La aplicación de la mediación en la resolución de los conflictos en el Mediterráneo (Iniciativa para la Mediación en el Mediterráneo),* Ministerio de Asuntos Exteriores, AEPDIRI, Madrid, 2015, accesible en https://www.exteriores.gob.es/es/ServiciosAlCiudadano/PublicacionesOficiales/La%20aplicaci%C3%B3n%20de%20la%20Mediaci%C3%B3n%20en%20la%20resoluci%C3%B3n%20de%20los%20conflictos%20en%20el%20Mediterr%C3%A1neo.%20(Iniciativa%20para%20la%20Mediaci%C3%B3n).pdf, pp. 13-47.

HERNÁNDEZ PRADAS, SONIA, "La mediación en conflictos internacionales", *La mediación. Presente, pasado y futuro de una institución jurídica,* Jaime Rodríguez-Arana Muñoz, Mercedes de Prada Rodríguez (dirs.) y José María Carabante Muntada (coord.), Netbiblo SL, La Coruña, 2010, pp. 257-270.

LAPUENTE SASTRE, GLORIA, DE PRADA RODRÍGUEZ, MERCEDES y DÁVILA DE COSSÍO, PATRICIA, "La mediación transfronteriza europea: SOLVIT, una aplicación práctica", *La mediación. Presente, pasado y futuro de una institución jurídica,* Jaime Rodríguez-Arana Muñoz, Mercedes de Prada Rodríguez (dirs.) y José María Carabante Muntada (coord.), Netbiblo SL, La Coruña, 2010, pp. 271-289.

NORDQUIST, KJELL-ÅKE, "Understanding Mediation. Dimensions, Dynamics and Outcome", Manuel Ernesto Salamanca Rangel (coord.), *Las prácticas de la resolución de conflictos en América Latina,* Universidad de Deusto, Bilbao, 2008, pp. 31-41.

PALAO MORENO, GUILLERMO, "Mediación y Derecho Internacional Privado", *El arreglo pacífico de controversias, La aplicación de la mediación en la resolución de los conflictos en el Mediterráneo (Iniciativa para la Mediación en el Mediterráneo),* Ministerio de Asuntos Exteriores, AEPDIRI, Madrid, 2015, accesible en https://www.exteriores.gob.es/es/ServiciosAlCiudadano/PublicacionesOficiales/La%20aplicaci%C3%B3n%20de%20la%20Mediaci%C3%B3n%20en%20la%20resoluci%C3%B3n%20de%20los%20conflictos%20en%20el%20Mediterr%C3%A1neo.%20(Iniciativa%20para%20la%20Mediaci%C3%B3n).pdf, pp. 649-674.

PAREJA ALCARAZ, PABLO y QUERO ARIAS, JORDI, "La diplomacia del 'second track' en la gestión de la conflictividad del Sudeste Asiático: lecciones para el espacio mediterráneo", *La aplicación de la mediación en la resolución de los conflictos en el Mediterráneo (Iniciativa para la Mediación en el Mediterráneo),* Ministerio de Asuntos Exteriores, AEPDIRI, Madrid, 2015, accesible en https://www.exteriores.gob.es/es/ServiciosAlCiudadano/PublicacionesOficiales/La%20aplicaci%C3%B3n%20de%20la%20Mediaci%C3%B3n%20en%20la%20resoluci%C3%B3n%20de%20los%20conflictos%20en%20el%20Mediterr%C3%A1neo.%20(Iniciativa%20para%20la%20Mediaci%C3%B3n).pdf, pp. 99-109.

PARRA RODRÍGUEZ, CARMEN, "La presencia de los ADR en los conflictos internacionales de Derecho privado, una aproximación a su delimitación", *El arreglo pacífico de controversias,* Eva María Vázquez Gómez, María Dolores Adam Muñoz y Noé Cornago Prieto (coords.), Tirant lo Blanch, Valencia, 2013 pp. 745-757.

PEIRANO BASSO, JORGE, *Buenos Oficios y Mediación: la práctica internacional en el último cuarto de siglo,* Montevideo, Ediciones Idea, 1983.

RODRÍGUEZ PRIETO, MARÍA VICTORIA, "La Unión Europea ante el conflicto de Georgia: éxito en la mediación y resolución", *Estados y organizaciones internacionales ante las nuevas crisis globales*, José Martín y Pérez de Nanclares (coord.), AEPDIRI, Iustel y Universidad de La Rioja, Madrid, 2010, pp. 745-754.

SÁNCHEZ RAMOS, BELÉN, "Reforzando la mediación: principales avances en Naciones Unidas y la Unión Europea", *La aplicación de la mediación en la resolución de los conflictos en el Mediterráneo (Iniciativa para la Mediación en el Mediterráneo)*, Ministerio de Asuntos Exteriores, AEPDIRI, Madrid, 2015, accesible en https://www.exteriores.gob.es/es/ServiciosAlCiudadano/PublicacionesOficiales/La%20aplicaci%C3%B3n%20de%20la%20Mediaci%C3%B3n%20en%20la%20resoluci%C3%B3n%20de%20los%20conflictos%20en%20el%20Mediterr%C3%A1neo.%20(Iniciativa%20para%20la%20Mediaci%C3%B3n).pdf, pp. 111-120.

TORRES CAZORLA, MARIA ISABEL, "Una relectura de los medios de arreglo pacífico de controversias internacionales a la luz de la práctica reciente" (publicado en CD-ROM en el libro *Cultura de Paz, Conflictos, Educación y Derechos Humanos*, María Teresa Castilla Mesa, Víctor M. Martín Solbes y E.S. Vila Merino (coords.), GEU editorial, 2012.

TORRES CAZORLA, MARIA ISABEL y DIAGO, PILAR, "La formación de mediadores especializados en la resolución de litigios en la región del Mediterráneo: descriptores y capacidades", *La aplicación de la mediación en la resolución de los conflictos en el Mediterráneo (Iniciativa para la Mediación en el Mediterráneo)*, Ministerio de Asuntos Exteriores, AEPDIRI, Madrid, 2015, accesible en https://www.exteriores.gob.es/es/ServiciosAlCiudadano/PublicacionesOficiales/La%20aplicaci%C3%B3n%20de%20la%20Mediaci%C3%B3n%20en%20la%20resoluci%C3%B3n%20de%20los%20conflictos%20en%20el%20Mediterr%C3%A1neo.%20(Iniciativa%20para%20la%20Mediaci%C3%B3n).pdf, pp. 121-133.

WYLER, ERIC, "Le médiateur, tiers impartial au coeur du droit", en *Promoting Justice, Human Rights and Conflict Resolution through International Law. Liber Amicorum Lucius Caflisch*, M.G. Cohen (ed.), Martinus Nijhoff Publishers, Madrid, 2007, pp. 973-992.

b)Artículos de revistas:

ARCONADA-LEDESMA, PABLO, "La mediación de la Organización de la Unidad Africana durante los conflictos del Cuerno de África (1963-1991)", *Estudios de Asia y África,* vol. 56 (3) (2021), pp. 485-516.

BAKAKI, ZORZETA, BÖHMELT, TOBIAS y BOVE, VINCENZO, "Barriers to Coordination? Examining the Impact of Culture on International Mediation Occurrence and Effectiveness", *Political Studies,* vol. 64 (3), (2016), pp. 492-512.

BERCOVITCH, JACOB y HOUSTON, ALLISON, "Why Do They Do It Like This? An Analysis of the Factors Influencing Mediation Behavior in International Conflicts", *The Journal of Conflict Resolution* (April 2000), vol. 44, n. 2, pp. 170-202.

BERCOVITCH, JACOB, "International Mediation", *Journal of Peace Research* (February 1991), vol. 28, n.1, pp. 3-6.

BERCOVITCH, JACOB, ANAGNOSON, J. THEODORE, y WILLE, DONNETTE L., "Some Conceptual Issues and Empirical Trends in the Study of Successful Mediation in International Relations", *Journal of Peace Research* (1991), vol. 28, n. 1, pp. 7-17.

BERCOVITCH, JACOB y LANGLEY, JEFFREY, "The Nature of the Dispute and the Effectiveness of International Mediation", *Journal of Conflict Resolution* (December 1993), vol. 37, n.4, pp. 670-691.

BÖHMELT, TOBIAS, "The spatial contagion of international mediation", *Conflict Management and Peace Science* (2015), vol. 32 (1), pp. 108-127.

BÖHMELT, TOBIAS, "Democratic Third Parties, Conflict Intensity, and International Mediation Tracking", *Negotiation Journal* (Fall 2021), pp. 451-484.

BROUILLET, ALAIN, "La mèdiation du Saint-Siège dans le différend entre l'Argentine et le Chili sur la zone australe", 25 *AFDI* (1979), pp. 47-73.

CARRASCAL GUTIÉRREZ, ÁNGEL, "La mediación internacional en el sistema de Naciones Unidas y en la Unión Europea: evolución y retos de futuro", *Revista de Mediación,* año 4, n. 8, semestre de 2011, pp. 28-33.

CHEN, FREDERYCK R., "Disentangling bias: national capabilities, regime type, and international conflict mediation", *Conflict Management and Peace Science* (2019), vol. 36, n.2, pp. 149-168.

DE LA RASILLA, IGNACIO, "'Sharp Ears to Hear a Thunderclap'? The rise of mediation in the international dispute prevention and settlement system of the belt and road initiative", *Asia Pacific Law Review* (2021), vol. 29, issue 1, pp. 167-188.

DE MAIO, JENNIFER y FAVRETTO, KATJA, "Diverse interests facilitate conflict mediation in international crises", *Cooperation and Conflict* (2018), vol. 53 (1), pp. 118-135.

DIECKHOFF, MILENA, "International Mediation: A Specific Diplomatic Tool for Emerging Countries?", *European Review of International Studies*, vol. 1, n.2 (2014), pp. 107-123.

GIDVANI, NEAL D., "The Peaceful Resolution of Kashmir: A United Nations Led Effort for Successful International Mediation and a Permanent Resolution to the India-Pakistan Conflict", *Transnational Law and Contemporary Problems*, vol. 18, Fall 2009, pp. 721-749.

GOETSCHEL, LAURENT, "Neutral States as Peace Mediators: Favoured or Restrained by Norms?", *Swiss Political Science Review* (2021), vol. 26, n. 4, pp. 527-534.

GREIG, J. MICHAEL, "Moments of Opportunity: Recognizing Conditions of Ripeness for International Mediation Between Enduring Rivals", *The Journal of Conflict Resolution* (December 2001), vol. 45, n. 6, pp. 691-718.

GUTIÉRREZ ESPADA, CESÁREO y CERVELL HORTAL, MARÍA JOSÉ, "Acuerdo, de 19 de abril de 2013, sobre los principios que rigen la normalización de relaciones entre Serbia y Kosovo, con la mediación de la Unión Europea", *REDI*, vol. LXV (2013), 2, pp. 341-349.

HASPESLAGH, SOPHIE, "The Mediation Dilemma of (Not) Talking to Terrorists", *Swiss Political Science Review* (2021), vol. 26, n. 4, pp. 506-526.

HELLMÜLLER, SARA, PRING, JAMIE y RICHMOND, OLIVER P., "How Norms Matter in Mediation: An Introduction", *Swiss Political Science Review* (2021), vol. 26, n. 4, pp. 345-363.

HELLMÜLLER, SARA, "Meaning-Making in Peace-Making: The Inclusion Norm at the Interplay between the United Nations and Civil Society in the Syrian Peace Process", *Swiss Political Science Review* (2021), vol. 26, n. 4, pp. 407-428.

HIOUREAS, CHRISTINA G., "The Singapore Convention on International Settlement Agreements Resulting for Mediation: A New Way Forward?", *Berkeley Journal of International Law* (2019), vol. 37, issue 2, pp. 215-224.

HOLPER, ANNE & KIRCHHOFF, LARS, "(Dys-) Functions and Potentials of Norms as a Guidance System for Peace Mediators", *Swiss Political Science Review* (2021), vol. 26, n. 4, pp. 384-406.

IFEDIORA, OBINNA F., "Formulative Strategy: Why the African Union-led International Mediation in South Sudan Failed to Prevent Atrocity Crimes", *International Studies Perspectives* 22 (2021), pp. 301-320.

INBAR, EFRAIM, "Great Power Mediation: The USA and the May 1983 Israeli-Lebanese Agreement", *Journal of Peace Research* (February 1991), vol. 28, n.1, pp. 71-84.

JENATSCH, THOMAS, "El CICR, mediador humanitario en el conflicto colombiano: posibilidades y límites", *Revista Internacional de la Cruz Roja,* núm. 146, junio de 1998, pp. 331-347, accesible en https://international-review.icrc.org/sites/default/files/S0250569X00018458a.pdf.

KASTNER, PHILIPP, "*Glocal* Peace Mediators and Norm Translators", *Swiss Political Science Review* (2021), vol. 26, n. 4, pp. 364-383.

KLEIBOER, MARIEKE, "Understanding Success and Failure of International Mediation", *The Journal of Conflict Resolution* (June 1996), vol. 40, n. 2, pp. 360-389, especialmente pp. 373-374.

LÓPEZ PAZ, LAURA, "La mediación como herramienta de resolución pacífica de conflictos internacionales", Documento de Opinión 107/2021, Instituto Español de Estudios Estratégicos, 107/2021, 30 de septiembre de 2021, https://www.ieee.es/Galerias/fichero/docs_opinion/2021/DIEEEO107_2021_LAULOP_Mediacion.pdf, 12 pp.

LORENTZEN, JENNY, "Women's Inclusion in the Malian Peace Negotiations: Norms and Practices", *Swiss Political Science Review* (2021), vol. 26, n.4, pp. 487-505.

LUNGREN, MAGNUS y SVENSSON, ISAK, "The surprising decline of international mediation in armed conflicts", *Research and Politics* (April-June 2020), pp. 1-7.

McCULLOCH, ALLISON y McEVOY, JOANNE, "The international mediation of power-sharing settlements", Cooperation and Conflict (2018), vol. 53 (4), pp. 467-485.

MARIÑO MENÉNDEZ, FERNANDO M., "La mediación de la Santa Sede en el Asunto del Canal de Beagle", XXXVII *REDI* (1985), pp. 423-448.

MARQUINA BARRIO, ANTONIO, "Planes internacionales de mediación durante la guerra civil", *Revista de Estudios Internacionales* (julio-septiembre 1984), vol. 5, n. 3, pp. 569-591.

MARTIN, ARAN, "International mediation in low intensity conflicts. Evaluating reputation outcomes for state mediators", *International Journal of Conflict Management*, vol. 27, n.4, 2016, pp. 505-522.

MELIN, MOLLY M., & SVENSSON, ISAK, "Incentives for Talking: Accepting Mediation in International Civil Wars", *International Interactions* (2009), vol. 35, pp. 249-271.

MONCAYO, GUILLERMO R., "La médiation pontificale dans l'affaire du Canal Beagle", 242 *Recueil des Cours* (1993-V), pp. 197-433.

MOYA BARBA, GUILLERMO, "El ascenso de China como mediador internacional: construyendo la Nueva Ruta de la Seda", *Documento de Opinión del Instituto Español de Estudios Estratégicos* 69/2023, 1 de septiembre de 2023, accesible en https://www.ieee.es/Galerias/fichero/docs_opinion/2023/DIEEEO69_2023_GUIMOY_China.pdf.

NATHAN, LAURIE, "The International Peacekeeping Dilemma: Ousting or Including the Villains?", *Swiss Political Science Review* (2021), vol. 26, n.4, pp. 468-486.

NEAGOŞ, RAMONA ALEXANDRA, "Smart Paradigms of Modern International Mediation", *Studia UBB. Europaea* (2022), LXVII, 2, pp. 243-252.

OLIVARES, JAVIER, "Cinco Mediadores Internacionales que auspiciaron la paz", *Foreign Policy*, edición en español, 18 de mayo de 2012 (https://www.esglobal.org/cinco-mediadores-internacionales-que-auspiciaron-la-paz/), 6 pp.

ORÚS ANDREU, RUTH, "La mediación en conflictos", 62 *Papeles de Cuestiones Internacionales* (1997), pp. 181-189.

PANCHULIDZE, ELENA & BERGMANN, JULIAN, "The New 'Concept on EU Peace Mediation': boosting EU capacities in crisis response and conflict resolution?", *College of Europe Policy Brief (CEPOB)*, April 2021, 5 pp., accesible en https://www.coleurope.eu/sites/default/files/research-paper/panchulidze_et_al_cepob_4_final_0.pdf.

PASCAL DA ROCHA, JOSÉ, "The Changing Nature of International Mediation", *Global Policy*, vol. 10, issue supplement 2 (June 2019), pp. 101-107.

PRINCEN, TOM, "Camp David: Problem-Solving or Power Politics as Usual?", *Journal of Peace Research* (February 1991), vol. 28, n.1, pp. 57-69.

PRING, JAMIE y PALMIANO FEDERER, JULIA, "The Normative Agency of Regional Organizations and Non-governmental Organizations in International Peace Mediation", *Swiss Political Science Review* (2021), vol. 26, n. 4, pp. 429-448.

RICHMOND, OLIVER, "Devious Objectives and the Disputants' View of International Mediation: A Theoretical Framework", *Journal of Peace Research* (1998), vol. 35, n.6, pp. 707-722.

RICHMOND, OLIVER P., "A genealogy of mediation in international relations: from 'analogue' to 'digital' forms of global justice or managed war?", *Cooperation and conflict* (2018), vol. 53 (3), pp. 301-319.

RODRÍGUEZ CARRIÓN, ALEJANDRO JAVIER y TORRES CAZORLA, MARIA ISABEL, "Una readaptación de los medios de arreglo pacífico de controversias: el caso de Isla Perejil y los medios utilizados para la solución de este conflicto", LIV *REDI* (2002-2), pp. 717-731.

SAKAWA MAGARA, IBRAHIM, "Complexities of international mediation at sub-regional levels in Africa: lessons from South Sudan", *Journal of Aggression, Conflict and Peace Research*, vol. 15, n.1 (2023), pp. 51-65.

SALAAM ABDEL-MALEK, HANA, "A group psychoanalytic approach to international mediation", *International Journal of Applied Psychoanalytic Studies* (2021), vol. 18, pp. 30-40.

SALLA, MICHAEL E., "Creating the "Ripe Moment" in the East Timor Conflict", *Journal of Peace Research* (1997), vol. 34, n. 4, pp. 449-466.

SILVESTRI, ELISABETTA, "The Singapore Convention on Mediated Settlement Agreements: A New String to the Bow of International Mediation?", *Access to Justice in Eastern Europe* (2019), issue n. 3 (4), pp. 5-11.

SKJELSBÆK, KJELL, "The UN Secretary-General and the Mediation of International Disputes", *Journal of Peace Research* (February 1991), vol. 28, n.1, pp. 99-115.

TAPA, DANISH, "Dag Hammarksjöld: Apostle of Mediation", *Revista de Mediación* (2016), vol. 9, n.2, accesible en https://revistademediacion.com/en/articulos/dag-hammarskjold-apostol-la-mediacion/index.html, que puede también consultarse en su versión en español, cortesía de la revista, en https://revistademediacion.com/articulos/dag-hammarskjold-apostol-la-mediacion/index.html, 7 pp.

UMBRICHT, VICTOR, "Une expérience de médiation: le cas de l'ancienne Communauté de l'Afrique orientale", 30 *AFDI* (1984), pp. 129-159.

VUKOVIĆ, SINIŠA, "Peace Mediators as Norms Entrepreneurs: The EU's Norm Diffusion Strategy in Montenegro's Referendum on Independence", *Swiss Political Science Review* (2021), vol. 26, n. 4, pp. 449-467.

WALLENSTEEN, PETER & SVENNSON, ISAK, "Talking peace: International mediation in armed conflicts", *Journal of Peace Research*, vol. 51 (2) (2014), pp. 315-327.

YIYI, CHEN, "Why Appoint a Weak Mediator? A Strategic Choice to Reduce Uncertainty in International Mediation", *The Chinese Journal of International Politics* (2019), pp. 427-466, en particular pp. 441-444.

ZHANG, AOYUAN & QI HAIXIA, "The effectiveness in international mediation of international organizations", *International Journal of Conflict Management* (2022), vol. 33, n. 4, pp. 684-713.

c) Otros materiales de interés:

A Manual for UN Mediators: Advice for UN Representatives and Envoys, UNITAR, 2010, accesible en : https://peacemaker.un.org/sites/peacemaker.un.org/files/ManualUNMediators_UN2010.pdf.

Mediation Start-up Guidelines, Department of Political Affairs, 2011, accesible en https://peacemaker.un.org/sites/peacemaker.un.org/files/MediationStartupGuidalines_UNDPA2011.pdf.

Directrices de las Naciones Unidas para una Mediación Eficaz (2012): https://peacemaker.un.org/sites/peacemaker.un.org/files/GuidanceEffectiveMediation_UNDPA2012%28spanish%29_0.pdf.

Guía de la mediación en el marco de la OMPI: http://arbiter.wipo.int.

Información y documentación del Centre for Humanitarian Dialogue y sus actividades: https://hdcentre.org/about/.

Documentos elaborados en el contexto del Centre for Humanitarian Dialogue (sin ánimo de exhaustividad):

BAECHLER, GÜNTHER, "A Mediator's perspective: Women and the Nepali peace process", August 2010, 9 pp., accesible en https://hdcentre.org/wp-content/uploads/2016/08/1AmediatorsperspectiveWomenandtheNepalipeaceprocessFINAL-August-2010.pdf.

JENNY, JÖELLE, GREENBERG, ROSI, LOWNEY, VINCENT y BANIN, GUY, editado por Jonathan Harlander, titulado "Peacemaking and new technologies. Dilemmas and options for mediators", December 2018, 56 pp., accesible en https://hdcentre.org/wp-content/uploads/2018/12/MPS-8-Peacemaking-and-New-Technologies.pdf.

POTTER, ANTONIA, "G is for Gendered: taking the mystery out of gendering peace agreements", April 2011, 19 pp., accesible en https://hdcentre.org/wp-content/uploads/2016/08/25GisforGenderedrev200411_0-April-2011.pdf.

WHITFIELD, TERESA, "Actores externos en la mediación. Dilemas y opciones para mediadores", *Mediación, Serie Práctica,* Centre for Humanitarian Dialogue, Febrero de 2010, 14 pp. accesible en https://www.yumpu.com/es/document/view/48684737/1-actores-externos-en-la-mediacion-dilemas-y-opciones-para-.

WHITFIELD, TERESA, "Mediating in a Complex World", 2019, 12 pp., accesible en https://hdcentre.org/wp-content/uploads/2020/05/Mediating-in-a-complex-world.pdf.